新世紀
亞太情勢與區域安全

主 編／朱松柏・副主編／蔡增家

國立政治大學國際關係研究中心
中文叢書系列 ⑬⑧

編者序

　　為慶祝本中心成立五十週年紀念，本所同仁幾經商議後，決定集思廣益共同執筆撰寫「亞太情勢」相關論文，並於今（九十二）年四月二十九日假本中心圖書大樓新簡報室舉行「新世紀亞太情勢與區域安全」學術研討會，邀請所內外學者專家四十餘人共襄盛舉，相關論文經作者修正後，集結成論文集，計入中文叢書系列，做為本中心五十歲生日的獻禮。

　　依照本中心組織章程的規定，亞太研究所又稱為第二研究所，研究的範圍包括亞洲大陸與環太平洋地區，如果以地域性來區分則可以劃分為：東北亞、東南亞、南亞、西亞、大洋洲以及北美、中南美等環太平洋國家共七大區域，若以議題來區分則可劃分為亞太政治、亞太經濟、亞太安全、國際組織、國際公法等五大項目，因此亞太所可以說是國關中心四個所當中研究區域最為廣泛，研究領域最為多樣的一個所。

　　以目前的國際情勢發展來看，亞太地區具有如下幾點特性：

　　一、亞太地區幅員廣闊、人口眾多、資源豐富：亞洲大陸的土地面積占全球陸地面積三分之一以上，加上太平洋水域和星羅棋佈的海島，占世界海洋面積的一半，擁有二十八億人口約占世界人口的一半以上，這裡的自然資源和勞動力資源是世界上最豐富和最充足的地區。

　　二、亞太地區種族、宗教、語言複雜有著不同內涵的多元文化色彩：亞洲是世界三大宗教佛教、基督教和伊斯蘭教的發源地，因此在這塊土地上有著天主教、基督教、佛教、回教、道

教、原始宗教等不同的宗教信仰，有傳承西方基督教文明的美加紐澳、代表儒教文明的中國、佛教印度教文明的印度、混合儒佛神道教文明的日本，以及混雜著不同文明的東南亞後殖民地區。文化的衝突不僅在區域間發生，在各國內部亦時有所聞，並以不同的面貌形式展現它們的差異性。

三、除了美加日紐澳外全為發展中或開發中國家：亞太地區以發展中國家為主體，同時也是目前全球經濟發展最為熱絡的區域，各國的經濟發展極為不平衡，有已開發的工業化國家，有新興的工業化國家，有開發中國家，還有極端貧窮落後的國家。近年來受到經濟集團化和一體化的影響，尤其是在東北亞和東南亞這兩大區塊，也逐漸形成一個自由貿易的區域體，各國對亞太地區的經濟研究也從過去的發展國家論，進入自由貿易區的形成及加入 WTO 後對這些發展中國家的經濟衝擊為主。

四、亞太地區多重的政治型態各具特色：有先進的民主國家，也有的趕上二十世紀末的民主浪潮，從威權走向民主，但其中有的仍然無法擺脫派系金權政治，有的仍舊依靠地域群體的支持，來建構其政權的合法性，它們有著美麗的民主外衣，但是骨子裡還是殘存威權時期的心態與習性；有的標舉著社會主義的旗幟，走的卻是資本主義的道路；有的高喊民主主義的口號，但行的卻是軍隊操控選舉與軍人專制內閣；有的自我認定是政黨政治，但在別人眼中卻是不折不扣的一黨專政，這些都是亞太地區政治發展的最佳寫照。

五、亞太地區是國際衝突最為頻繁的區域：除了中東地區以外，目前全世界最容易爆發大規模戰爭的區域首推亞太地區，例如南亞的印巴衝突、朝鮮半島的核武危機、台海的軍事對峙、南中國海的領土主權糾紛等等，這些潛在的衝突使得亞太地區成為

全球安全關注的焦點。由於亞太地區國家不論在政治、經濟、軍事、文化、社會等的多樣性以及與大國之間微妙複雜的依存關係，亞太地區一直無法像歐洲一樣建立起集體的安全機制，因此如何建立起一套有效解決區域紛爭的安全機制，實為亞太各國的當務之急。

台灣位處亞太地區的重要戰略樞紐，位居東北亞與東南亞的交會處，冷戰時期在兩極化的國際體系下，曾扮演制衡共黨勢力擴張的重要角色並蒙受其利，然而冷戰後隨著亞太地區政治經濟的發展，國際體系從兩極對抗轉變為一超多強格局，經濟集團化和非傳統安全的重要性不斷升高之際，台灣必須審視自身的地緣政治經濟位置，在變動不定的亞太情勢中，追求台灣的生存與發展空間以及最高的國家利益。

本書得以順利出版，首先要感謝所內同仁的齊心協力惠賜大作，也要感謝本中心主任何思因博士的鼎力支持與鼓勵，對副主編蔡增家博士及東亞所研究生翁昇耀、陳振偉的辛勞一併致上謝意，本書在匆促間編排完成，疏漏與缺失在所難免，尚祈學界先進不吝批評與指教。

第二研究所所長　朱松柏　謹序
中華民國九十二年五月十二日

編者序

目　次

北韓發展核武與東亞區域安全

朱 松 柏

國立政治大學國際關係研究中心第二研究所研究員兼所長

壹、前　言

　　去年（二○○二年）十月初旬美國總統布希派遣特使助理國務卿凱利（James Kelly）到平壤，恢復兩國中斷將近兩年之久的對話，美國所關心的課題是北韓的飛彈生產與輸出，要求北韓的核子設施接受國際檢查並放棄核武發展計畫，當凱利根據美國情報資料質問北韓是否秘密發展核武時，北韓官員憤怒反駁並坦言過去數年來一直並未放棄核武發展計畫，而且擁有大規模毀滅性生化武器，北韓的聲明引發軒然大波。

　　美國以北韓背棄一九九四年日內瓦「核子架構協議」①為由，於去年十一月間與日、韓兩國共同決定停止繼續供應北韓燃料

註① 美國與北韓於一九九四年十月二十一日於日內瓦簽署一項結束朝鮮半島核子擴散威脅的「核子架構協議」（The Agreed Framework），北韓同意重新加入「禁止核子擴散條約」（Nuclear Non-proliferation Treaty 簡稱 NPT），履行條約的義務並接受國際原子能總署的例行及特別檢查，停止正在興建的兩座五萬千瓦與二十萬千瓦的石墨式核子反應爐，美國則同意在二○○三年之前提供北韓兩座各一百萬千瓦的輕水式反應爐，以取代能生產鈽元素的石墨式反應爐，所需費用由國際財團共同負擔，在輕水式反應爐完工前每年提供五十萬噸燃料油作為替代能源及發電之用。

油，這對電力基礎建設落後，冬季酷寒漫長的北韓而言，是相當嚴厲的制裁，另外根據核子架構協議「朝鮮半島能源開發組織」（KEDO）②應在二〇〇三年也就是今年完成輕水式核子反應爐的興建工程，結果工程進度僅達到百分之十五完工日期可能拖延到二〇〇八年以後，造成北韓的不滿憤而宣布重啟寧邊的石墨式核能電廠，此舉事實上已使日內瓦的「核子架構協議」形同廢紙，朝鮮半島的緊張情勢再度升高。

北韓發展核武對東亞地區的和平與安全，無疑的是一大挑戰，特別是日、韓兩國對此一問題表示嚴重的關切，就日本而言，因為北韓已擁有射程一千五百至二千公里的中程彈道飛彈，加上殺傷力極大的核生化彈頭，日本全境都在有效的射程範圍內，日本強烈要求北韓遵守一切國際協議，並將核武議題列為未來建交談判的優先課題。就南韓而言，南北韓雙方早在一九九二年即已簽署「朝鮮半島非核化宣言」，而北韓仍然繼續秘密發展核武，讓南韓有受騙上當的感覺，特別是對金大中所致力推動結好北韓的「陽光政策」而言，無疑的是重大的挫敗，南韓朝野反應尤其激烈，要求政府應拿出強硬的替代政策。無可否認的，當前國際社會對美國出兵攻打伊拉克的正當性爭論不休之際，北韓發展核武問題立刻成為全球關注的另一個焦點，本文撰寫的目的，旨在探討北韓發展核武的意圖與能力，美國的因應策略，東亞各國的態度與立場，最後評估未來的可能發展。

註② 朝鮮半島能源開發組織（Korean Peninsula Energy Development Organization）係根據「核子架構協議」於一九九五年三月在美國紐約成立，由美、日、韓三國組成，後來又有歐盟及法國、加拿大、紐西蘭、澳洲、印尼、智利、阿根廷等國加入，主要目標是提供財源協助北韓興建輕水式核子反應爐及燃料油。

貳、北韓重新啟動核能設施

　　美國決定中止提供燃料油後，北韓立刻宣布拆除聯合國「國際原子能總署」（IAEA）在寧邊一處研究用核子反應爐所安置的封條與監視錄影機，以便恢復反應爐的發電功能，補充美國中止運交北韓燃料油所造成的電力短缺，這座五千千瓦的石墨式核子反應爐於一九八五年開始運轉，並可用來生產核子武器所需的鈽元素，北韓根據與美國所簽署的日內瓦「核子架構協議」，停止該反應爐的運轉，並將八千根用完的燃料棒取出，放置冷卻池保存，接受國際原子能總署人員的監督，北韓無視國際輿論壓力，不僅重新啟動寧邊的石墨式核子反應爐，並驅逐寧邊的聯合國核子檢查人員。

　　除了寧邊的反應爐外，北韓也計畫恢復兩座停工多時的核電廠工程，一個位於寧邊的五萬千瓦核電廠，一個位於平安北道泰川的二十萬千瓦核電廠，這兩座石墨式核子反應爐均於一九八六年開始動工，預定在一九九五年完工後運轉，後來因為「核子架構協議」而中止，北韓重新啟動這些封存的核子反應爐，將可取得用於研製核武的鈽元素，預估大型反應爐的熱出力為五萬到二十萬千瓦，即可每年生產十五到五十公斤的鈽元素，通常只要七公斤的鈽元素就可以製造一顆核子彈頭，因此美國的國防軍事專家估計北韓一年應有製造六、七顆核武的能力。

　　今年一月十日北韓正式宣佈退出「禁止核子擴散條約」（NPT），北韓官方聲明說：「我們不能再受禁止核子擴散條約的束縛，以免國家的安全與尊嚴受到侵害，我們雖然退出禁止核子擴散條約，但是我們無意製造核子武器，我們現階段的核能活

動將完全限於發電等和平用途」，又說：「美國企圖孤立窒息我們，退出禁止核子擴散條約是我們採取的正當自衛措施」③。北韓將退出條約的責任歸咎於美國試圖不計一切代價扼殺「朝鮮民主主義人民共和國」，並指責國際原子能總署已淪為美國執行政策的工具，無視於美國違反一九九四年與北韓簽訂的「核子架構協議」，反而對受害的北韓提出無理的要求。

北韓退出「禁止核子擴散條約」顯然是報復國際原子能總署與美國採取的圍堵政策，事實上北韓此舉僅具象徵意義，因為北韓秘密發展核武，重啟核子設施並驅逐聯合國安檢人員，拒絕接受安全監控，已經構成違反「禁止核子擴散條約」的相關規定。北韓的意圖非常明顯即計畫繼續發展核武並晉升核武強權，因為印度、巴基斯坦和以色列擁有核武後，並未受到聯合國與國際社會的制裁，再則北韓採取「戰爭邊緣政策」（brinkmanship）企圖冒險逼迫美國讓步接受直接談判的要求。

「禁止核子擴散條約」是於一九六八年七月由美、英、蘇三國以及非核子國五十三國共五十六個國家共同簽字，並於一九七零年三月正式生效，目前加入的國家共一百八十八國，全世界的國家幾乎都已經加入，即說明其為國際社會普遍贊成的多邊安全條約，也是國際間防止核武擴散和核武裁軍機制的基石，北韓是於一九八五年加入，一九九三年三月宣布退出，一九九四年十月與美國簽訂「核子架構協議」後重新加入，這次再度宣布退出是該條約生效三十三年以來第一個退出的國家。

北韓一再強調朝鮮半島的核問題必須通過談判和平解決，任何針對北韓的制裁決定都將被視為對朝宣戰，北韓當局仍然表

註③ 勞動新聞（北韓、平壤），二〇〇三年一月十一日，頁一。**人民日報**（北京），二〇〇三年一月十一日，頁一。

示：「朝鮮的一貫立場是以和平方式解決朝鮮半島的核子問題，不會向美國的壓力低頭，美國妄圖以核武摧毀我國，我國毫無選擇，只能考慮以自衛之道以對付威脅，確保國家的尊嚴及生存權」④。又說：「朝鮮的核計畫純粹用於和平目的，朝鮮政府無意發展核武器，但未來的發展取決於美方的態度，朝鮮半島的核問題必須由朝美兩個當事國通過談判和平解決」⑤。如果美國願意承諾絕不侵犯北韓或雙方簽訂互不侵犯條約，承認北韓主權，不要阻礙北韓的經濟發展，那麼雙方就可以進行對話化解僵局。但美國布希政府則堅持要求北韓應先放棄核武計畫，否則不和北韓談判的立場，認為北韓的要求與核子勒索無異。

參、美國的政策選擇

自去年十月北韓核子危機爆發以來，北韓當局堅持只願意與華府進行直接談判，但是美國總統布希則一再表示，處理北韓核子危機的最佳之道，就是採取聯合美、日、南韓與中共、俄羅斯等多國協商步驟，透過外交途徑以對話談判和平解決，而不是美國與北韓的雙邊會談。因為北韓核子危機是區域性議題，對許多國家都有直接利害關係，這些國家當然包括日本、南韓和中共、俄羅斯，他們都必須負起應有的責任，與美國合作共同說服平壤，部署核子武器對其國家並無利益⑥。美國希望北韓鄰國共同對平壤施加壓力，透過外交折衝解決問題，讓北韓核子危機以外

註④　**勞動新聞**（北韓、平壤），二〇〇三年一月十二日，頁一。

註⑤　**人民日報**（北京），二〇〇三年一月十二日，頁三。

註⑥　*Newyork Times*，3, 6, 2003, p. 1；**中國時報**（台北），民國九十二年三月七日，頁十。

交手段落幕也符合其他國家的利益。

　　雖然美國表明願意以外交手段解決危機，卻也堅持只有在北韓放棄核武發展的條件下才進行談判，北韓當局則認為國際調解將會造成美國與北韓之間核子僵局解決之道的更加複雜化，因為這場僵局全然是美國與北韓之間的事物。美國唯有直接與平壤當局面對面談判，才可能解決朝鮮半島的核子問題，不該將危機「國際化」⑦。由於雙方都提出核子談判的的前提條件，而且又互不讓步，陷入僵局在所難免。

　　事實上美國布希政府當然也有一套對付北韓的計畫，不過無論如何必須在伊拉克問題解決之後，才可能付諸實現，第一個步驟是對北韓採取容忍態度，認為事態的發展尚不至於造成立即的危機，一方面觀望北韓發展核武的進展，評估其具體情況，一方面透過聯合國與國際社會對北韓施壓，祭出圍堵策略以外交孤立與經濟制裁迫使北韓當局退讓，希望透過北韓的鄰邦和盟國如中共和俄羅斯向平壤施壓，迫其放棄核武發展計畫。

　　第二個步驟是既然北韓無視國際輿論壓力，不理會聯合國國際原子能總署的要求，讓原能署的檢查人員返回工作崗位，並重新加入「禁止核子擴散條約」，美國即向聯合國安理會提出予以經濟制裁的議案。其結果可能導致北韓受到制裁或其他懲罰措施。由於北韓已經表明聯合國對北韓施加經濟制裁或任何懲罰都視同宣戰行為，因此原能署並沒有設定最後期限，顯然是要給北韓轉圜的空間。

　　第三個步驟是由美國艦隊封鎖北韓的海上運輸路線，阻斷其進出口貿易，並促請日、韓兩國終止與北韓的經濟貿易往來，制

註⑦　勞動新聞（北韓、平壤），二○○三年一月十九日，頁一。

止旅日朝鮮人匯款回北韓，斷絕國際社會繼續提供北韓糧食與物資援助，造成北韓人民飢餓恐慌，動搖金正日政權的統治基礎以迫其就範。

第四個步驟是當一切方法都無法達到預期的效果時，採取軍事手段摧毀北韓的核子設施，美國國防部長倫斯斐（Donald Rumsfeld）表示美國有能力同時贏得兩場戰爭，以美國的軍事力量同時開闢伊拉克與北韓兩個戰場當然綽綽有餘⑧，這一點無庸置疑，問題是北韓的周邊鄰國南韓、日本與中共、俄羅斯等都反對武力解決，而且要聯合國安理會通過軍事制裁更不容易，相信中俄兩國都會動用否決權。以目前的情勢發展，美國尚不考慮對北韓展開軍事行動，外交仍然是解決北韓問題的最合理方式。

美國政府在去年九月公布國防外交新戰略，布希總統表明要揚棄冷戰時期的圍堵與嚇阻，聲明美國將對發展大規模毀滅性武器的敵意國家與恐怖團體，採取先發制人的攻擊行動，這項戰略正是美國對伊拉克開戰的理論基礎⑨。但是外界質疑為何對同為「邪惡軸心」的伊拉克問題必須以軍事手段解決而北韓問題卻必須訴諸外交管道，原因在於東亞和中東的軍事和政治環境不同，北韓統治者金正日並沒有外界想像的那麼瘋狂，他只是一個好大喜功的典型第三世界獨裁者。北韓已擁有射程涵蓋日、韓全境的彈道飛彈，加上殺傷力極大的生化彈頭及核武發展計畫遠比伊拉克進步，朝鮮半島一旦爆發戰爭，後果將不堪設想。

因此美國很難對北韓採取軍事行動，主要理由如下：一、朝鮮半島如果爆發戰爭，日本與南韓立即面臨安全威脅，兩國都希

註⑧　*International Herald Tribune*, 12, 24, 2002, p. 1。
註⑨　**中國時報**（台北），民國九十一年九月二十日，頁十。

望和平解決北韓的核武發展問題；二、北韓不是伊拉克或阿富汗，他所擁有的大規模毀滅性武器，例如彈道飛彈與生化武器都是中東地區第三世界國家的主要供應者；三、戰爭一旦爆發，駐在日本與南韓的軍事基地，必然是北韓飛彈的主要攻擊目標，屆時美軍將出現大量傷亡；四、中共與俄羅斯均反對美國採取軍事行動，極力阻止華盛頓擴張其影響力，要求以談判對話的方式和平解決北韓的核武問題，在日、韓、俄、中共等國的反對之下，美國很難一意孤行。

肆、韓國與日本的基本立場

自從去年十月北韓核武問題爆發以來，美國派出國務卿鮑爾（Colin Powell）、國務次卿波頓與助理國務卿凱利等人前往東亞各國積極展開化解與北韓核武僵局的外交活動，布希政府基本上主張透過多國協商的方式，以對話談判和平解決北韓核武問題，必要時則祭出圍堵策略以外交孤立與經濟制裁迫使北韓當局退讓，對此金大中則嚴詞批評美國的圍堵政策，認為壓力與孤立並不足以迫使北韓放棄發展核武，而他所秉持的「陽光政策」才能夠藉由對話交流來和平解決朝鮮半島的核武危機，並引導北韓走上改革之路。又說冷戰時期西方世界圍堵蘇聯與中國大陸均未能奏效，而美國對古巴與越南的政策失敗尤為顯例⑩。南韓不再走冷戰時期的回頭路，也不會一味屈從美國的強硬政策，中止兩韓交往的進程，否則將使情勢更加惡化，表明南韓反對美國採取外交圍堵與經濟制裁的政策。

註⑩　**韓國日報**（漢城），二〇〇二年十二月三十日，頁一。

　　南韓新上任的總統當選人盧武鉉也是「陽光政策」的奉行者，曾多次發表反對華府對北韓發展核武採行強硬政策，也不會贊同美國採取軍事行動攻打北韓的計畫，他說：「攻擊北韓可能引發戰爭吞噬整個朝鮮半島，那是嚴重的問題，此刻我甚至反對考慮這樣的選擇」⑪。一旦朝鮮半島爆發戰爭，南韓將立刻被捲入，而漢城距離停戰線僅四十五公里，在北韓重砲的射程範圍內，同時許多南韓人民並不認為北韓是嚴重的軍事威脅，反而相信美國比北韓更易製造緊張。一般年輕選民（年齡層在四十歲以下占百分之五十）對北韓的核武問題，不僅沒有恐懼或怨恨，反而認為更應該與北韓和好，這就是在對北韓政策上，南韓與美、日最大歧異之處，也是美、日、韓三邊協調不能產生具體結果的原因。

　　美國希望把和北韓的對峙導向多邊化的企圖相當明顯，現在則努力說服南韓與它站在同一陣線，不過南韓反對將北韓核武危機送交聯合國安理會處理，認為如此一來事態將更為嚴重，即使送交安理會也不會得到中共與俄羅斯的支持，因此南韓當局將致力勸阻美國，希望美國切勿躁進，改而透過雙邊對話尋求解決之道。

　　南韓總統盧武鉉曾提出解決北韓核武問題的三項基本原則：一、不能容忍北韓擁有核武的企圖；二、堅持透過對話談判和平解決的立場；三、在處理北韓核武問題上，南韓應發揮主導作用⑫。盧武鉉在今年二月二十五日的就職演說中提出「和平與繁榮政

註⑪　**韓國日報**（漢城），二〇〇三年二月十九日，頁一。**中國時報**（台北），民國九十二年二月二十日，頁十。

註⑫　**韓國日報**（漢城），二〇〇三年一月十四日，頁一。盧武鉉於一月十三日會見美國東亞與太平洋事務助理國務卿凱利時提出上述三原則。

策」，取代金大中總統的「陽光政策」，做爲日後南北韓交往的
依據，並追求朝鮮半島的統一與兩韓共同繁榮，「和平與繁榮政
策」將延續「陽光政策」的基本精神⑬，過去五年來在野黨與反
對派人士對「陽光」這個字眼存有反感和排斥，與人負面的印
象，因爲金大中執政期間推行陽光政策，無條件提供北韓各種糧
食與經濟的援助卻得不到北韓的善意回應，受到朝野的嚴厲批
評，盧武鉉更改名稱採取新政策爲的是爭取更廣泛的支持。

　　南韓新政府基本上反對北韓發展核武，呼籲平壤當局打消此
意，遵守相關國際武器管制協定，立即懸崖勒馬，冒進可能使朝
鮮半島再度陷入不可控制的危機。漢城和華府同意應和平解決危
機，但華府表示不排除任何解決方法，包括對北韓實施經濟制
裁，甚至動武。盧武鉉已表明經濟制裁只會導致強硬的北韓共產
政權走向極端，使南韓對北韓束手無策，增加朝鮮半島爆發戰爭
的風險。

　　盧武鉉承諾將加強與北韓交往，取得處理北韓核子危機的主
導地位，並絕不向華府「磕頭」和言聽計從。南韓希望美國總統
布希致函平壤當局，承諾不會攻擊北韓，恢復供應北韓燃料油，
增加國際社會對北韓的援助，並由中共和俄羅斯擔保北韓的國家
安全；北韓方面則同意放棄核武計畫，重新加入「禁止核子擴散
條約」，恢復讓聯合國「國際原子能總署」監督其核子設施。不
過此一構想並沒有獲得美國或北韓的認同，盧武鉉表示願意與北
韓領導人金正日會面，反對美國孤立或制裁北韓，並強調南韓自
身應該在朝鮮半島問題上扮演更重要的角色⑭。

　　美國正在苦思如何對北韓升高壓力時，南韓總統盧武鉉則打

註⑬　**韓國日報**（漢城），二〇〇三年二月二十五日，頁一。
註⑭　**韓國日報**（漢城），二〇〇三年二月二十五日，頁一。

算加緊擁抱北韓，不但表示有意與北韓結成經濟共同體，加強對
北韓的援助、貿易與投資，並排除對北韓實施經濟制裁和發動軍
事攻擊，他甚至談論願意擔任美國與北韓談判的調人，這一切無
不為美韓關係帶來嚴重的考驗。

　　國際社會不斷升高壓力，要求北韓放棄發展核武野心之際，
北韓當局則警告說如果受到挑釁，北韓有能力攻擊全球各地的美
國目標⑮。這當然是誇大之詞，不過無可否認的，一旦朝鮮半島
爆發戰爭，勢將波及周邊的國家，當然包括日本在內。日本甚為
擔心朝鮮半島的局勢發生變化，特別是北韓不僅有發展核武的嫌
疑，並於一九九八年試射大浦洞一號中程彈道飛彈，飛越日本領
空掉進日本東部的太平洋海域，引起日本舉國上下的震驚，顯示
北韓能夠輕易的突破日本的空防，威脅到日本的國家安全。因此
後冷戰時期日本的安全防衛政策一直是以北韓的威脅為最主要的
假想目標。

　　對於北韓發展核武一事，日本首相小泉純一郎已促請北韓信
守去年九月雙方高峰會中，針對北韓核武政策所做的承諾，為解
決朝鮮半島的核武與飛彈問題，北韓曾同意將遵守有關的國際協
議，促進相關國家之間的對話並尋求解決之途徑⑯。日本除了向
北韓提出嚴正抗議外，也將配合美、韓與國際原子能總署一起對
北韓施壓。小泉曾於今年一月十日前往莫斯科訪問，並與俄羅斯
總統普丁舉行高峰會談，雙方簽署「日俄行動計畫」，聲明將努
力促使北韓撤銷核武開發計畫以及凍結核子設施的運作，雙方同

註⑮　**勞動新聞**（北韓、平壤），二〇〇三年二月十三日，頁一。
註⑯　日本首相小泉純一郎與北韓勞動黨總書記金正日，於去年九月十七日在北
　　　韓首都平壤舉行歷史性的高峰會談，並發表「日朝平壤宣言」，對解決北
　　　韓核武與飛彈問題達成協議。**讀賣新聞**（東京），二〇〇二年九月十八日，
　　　頁一。

意透過談判對話的方式和平解決北韓的核武問題。今年二月二十五日小泉參加南韓總統盧武鉉的就職典禮,關於北韓問題日本的立場是與美國、南韓緊密協調後採取一致的行動。

日本比較擔心的是北韓試射彈道飛彈的行動,根據日本情報顯示,北韓可能在今年內試射大浦洞二號長程彈道飛彈,該飛彈的射程在三千五百到六千公里之間,足以將美國西海岸納入攻擊目標,如果北韓試射該型飛彈,美國將動員第七艦隊麾下的神盾艦,前往北韓試射飛彈的公海海域進行武力示威,甚或採取攔截行動⑰。屆時日本將首當其衝陷入心理恐慌的局面,日本防衛廳長官石破茂表示:「若北韓開始對日本訴諸武力,我國將會動用軍力作爲自衛措施」⑱。一反官方和平主義路線,公開談論可能對北韓發動先發制人的攻擊,算是一種自衛行動,其用意乃在影響目前日本國內有關修改自衛隊角色的辯論,現行日本憲法對自衛隊的行動嚴格設限,但有愈來愈大的聲音主張擴大自衛隊在日本國防方面的角色,並促使日本在國際安全事務上承擔更重要的任務。

伍、中共與俄羅斯的態度

目前美國布希政府把全部心力都放在伊拉克問題,事實上同被美國列爲「邪惡軸心」的北韓,其作爲比伊拉克有過之而無不及,伊拉克最少還聲稱自己沒有發展生化武器和核子武器,北韓則明目張膽的宣布該國擁有核武發展計畫,在這種情勢下,中共的中介角色得到凸顯,中共不但是北韓的鄰邦,也是金正日政權

註⑰ **朝鮮日報**(漢城),二〇〇三年三月三日,頁一。
註⑱ **讀賣新聞**(東京),二〇〇三年二月九日,頁三。

的重要支持者，美國一直希望中共在解決北韓核武問題上扮演積極的角色。

中共在北韓問題上的立場相當明確，不贊成北韓退出「禁止核子擴散條約」，主張朝鮮半島的非核化，希望美國和北韓盡快恢復對話，因為雙方的對話是解決問題最有效的途徑，當北韓宣布退出「禁止核子擴散條約」後，江澤民與布希透過熱線電話交換意見時表示：「我們主張實現朝鮮半島無核化，我們認為維護國際核不擴散體制符合國際社會的共同利益，對話是解決朝核問題的最有效途徑，中國將與各方共同努力，推動朝核問題早日和平解決」[19]。中共也同意促成美國與北韓直接會談，如果雙方願意在北京展開會談，中共樂意從中協助，在中共的斡旋下，雙方終於同意於四月二十三日至二十五日在北京展開第一回合的談判。

國際原子能委員會於二月十三日通過決議，認定北韓違反了聯合國安理會關於原子能的規範，並決定將北韓核武問題送交聯合國安理會處理，中共雖然投下贊成票，支持通過以外交手段和平解決北韓核武問題，但是認為在目前階段安理會不宜介入，深怕安理會同意對北韓採取施壓或經濟制裁的作法，因為如果北韓受到國際間的制裁，將會視之為向平壤宣戰，中共擔憂朝鮮半島的僵局可能導致雙方的抗爭進一步升高，北韓採取非理性的作為一旦戰爭爆發將造成大量難民湧進中國大陸，破壞此一地區的和平與穩定，中共堅決反對一切制裁的手段。

因此中共對北韓發展核武的基本立場如下：第一是實現朝鮮

註[19]　**中國時報**（台北），民國九十二年一月十一日，頁十。

半島的非核化⑳，對中共而言，如果北韓擁有核武，爲了自保，南韓與日本都可能跟進加入核武俱樂部，而目前中共已經與俄羅斯、印度、巴基斯坦等三個擁有核武的國家爲鄰，未來有可能進一步被核武國家所包圍。中共堅持朝鮮半島的非核化，不僅南北韓都不可擁有核武，也要求美國不得在南韓部署核武，威脅北韓與中共的國家安全。

第二是維護朝鮮半島的和平與穩定，中共在後冷戰時期不斷強調採取獨立自主的和平外交政策，認爲和平與發展是未來的趨勢，因而其對內政策重點仍然在經濟建設上，爲獲取西方國家的技術和資金，中共將盡全力維護區域的穩定，強化與周邊國家的睦鄰友好關係，以創造長期和平穩定的國際環境，爲改革開放和現代化建設爭取有利的條件，朝鮮半島任何的動盪不安都不符合中共的國家利益。

第三是通過對話和平解決，自去年十月北韓核武問題浮出檯面以來，中共領導人一再表示在平等的基礎上，進行建設性的對話、磋商和真誠的合作，是解決國際爭端的唯一正確和有效的途徑，以對話的方式和平解決朝核問題不僅符合有關國家的利益，也有利於地區的和平與穩定㉑，爲給和平解決朝核問題創造有利條件，當前有關各方都應保持克制，以冷靜和審慎的態度處置相關問題，避免採取任何有可能導致局勢進一步升級的行動㉒。由此顯示，中共認爲解決北韓問題的最有效途徑，仍然是有關各

註⑳　中共外交部發言人章啓月於今年二月十三日的記者會上，對北韓核武問題表示中共的三點立場：一是實現朝鮮半島的無核化；二是維護朝鮮半島的和平穩定；三是通過對話和平解決。見**中國時報**（台北），民國九十二年二月十四日，頁十一。
註㉑　**人民日報**（北京），二〇〇三年一月八日，頁三。
註㉒　**人民日報**（北京），二〇〇三年一月八日，頁三。

方的直接對話，反對美國的強硬政策經濟制裁或武力解決的企圖。

　　俄羅斯與中共對北韓發展核武的立場較為一致，普丁今年年初訪問北京，與江澤民舉行高峰會談，雙方曾發表一份「聯合聲明」，強調維持朝鮮半島的無核化，對世界和平與東亞安全至關重要，呼籲北韓與美國根據一九九四年的「核子架構協議」，儘速關係正常化，北韓停止發展核武，以換取西方國家在提供輕水式核子反應爐及能源等方面的援助㉓。為化解北韓與美國對峙的危機，俄羅斯副外長羅修可夫於今年一月下旬訪問平壤並會見金正日，提出俄國解決北韓核武問題的建議案。第一是朝鮮半島的非核化，第二是對北韓的安全保證，第三是提供北韓人道與經濟援助㉔。俄羅斯在北韓核子僵局一事上所能扮演的角色其實十分有限，不過針對北韓核武問題，俄羅斯認為為了世界和平與東亞安全的需要，維持朝鮮半島的非核化和防止大規模毀滅性武器的擴散，是非常重要的，一個沒有核武的朝鮮半島是符合國際社會的利益。

　　在美國出兵伊拉克後，北韓對美國的軍事行動倍感威脅，因而北韓一再要求與美國簽訂互不侵犯條約，且必須獲得美國國會的背書，因為北韓需要的乃是如同國際法般有效的條約所提供的法律保障㉕。俄羅斯則建議美國出具合法文件保證美國絕不侵犯北韓，但是美國早已表明不與北韓直接會談並簽署互不侵犯條約的立場。俄羅斯也呼籲美國與北韓遵守一九九四年的核子架構協議，雙方達成關係正常化，北韓同意重新加入禁止核子擴散條

註㉓　**中國時報**（台北），民國九十二年一月三日，頁十一。
註㉔　**中國時報**（台北），民國九十二年一月二十二日，頁十。
註㉕　**勞動新聞**（北韓、平壤），二〇〇三年三月五日，頁一。

約，恢復凍結核武發展計畫，以換取西方國家在提供輕水式核子反應爐及能源等方面的援助，據此北韓可以如願獲得安全保障和經濟援助。雖然俄羅斯提出的方案是合理的，北韓沒有理由拒絕，但是北韓依然認爲當前的危機純屬平壤與華府之間的雙邊問題，沒有美國的認同，俄羅斯的建議案根本無法實現。

陸、結　語

美伊戰爭已成爲全球媒體關注的焦點，但是亞洲地區最關切的並非伊拉克的海珊，而是北韓的金正日。美國指控伊拉克擁有大規模毀滅性武器，但聯合國武檢人員卻遍尋不著，而北韓所擁有的武器，威力早已超過伊拉克，而且北韓也一再警告美國任何的經濟制裁或施壓措施都等同於向北韓宣戰，北韓有能力發動先制攻擊，整個東亞地區都對這樣的情勢發展感到憂心忡忡。

從亞洲的觀點而言，對全球安全最迫切的威脅來自北韓，因爲美國和東亞國家似乎已開始接受北韓是核武國家的看法，南韓新任總統盧武鉉派遣特使前往華府，表示寧可北韓擁有核武，也不樂見平壤瓦解，令美國官員震驚不已，在北韓飛彈射程內的日本，也認爲無法阻止北韓生產核子武器，不論北韓是否擁有核武，日本都必須討論與其和平共存的方法。與朝鮮半島關係密切的大國如美國、俄羅斯與中共都反對北韓擁有核武，因爲這將改變東北亞的權力結構，導致日本與南韓也加入武器競賽的行列，要求擴充軍備並取得核武以自保，如此一來東亞地區的核武擴散勢將難以避免。

針對北韓核武問題，聯合國國際原子能總署（IAEA）已通過

一項決議案，宣布北韓不遵守國際禁止核子擴散條約，並將北韓核子危機問題送交聯合國安理會處理，安理會將有權採取步驟對北韓展開制裁，不過原能署仍然呼籲北韓儘速改正其不遵守國際禁核條約的舉動，並希望透過外交途徑和平解決危機，原能署並沒有設定最後期限，顯然是要給北韓轉圜的空間。國際社會除了俄羅斯與古巴外，均對國際原子能總署的決議表示歡迎，並要求北韓配合。

　　然而北韓的態度依舊相當頑強，認為聯合國與美國對北韓採取圍堵政策，就是要以全面的經濟制裁孤立窒息北韓，制裁就是宣戰，戰爭殘酷無情必須付出高昂代價，警告聯合國與美國應三思而行，不要採取這種魯莽的行動，平壤一再發出這種警告，顯然是談判策略的一環，目的就是要美國與國際社會作出讓步。

　　如前所述，美國與東亞各國對北韓核武問題各有不同的看法與立場，布希一再表示處理北韓核子危機的最佳手段，就是聯合美、日、韓、俄、中共等多國協商步驟，透過外交途徑以對話談判和平解決，美國重申不會提供任何報酬來誘使北韓放棄核武計畫，華府正在研擬和平解決的方案以突破目前的外交僵局，包括美國可能保證不侵犯北韓以換取北韓重回談判桌，支持日、韓兩國分別與北韓對話。華府的作法是透過聯合國國際原子能總署以及日、韓、俄、中共等國逐步升高外交壓力，而避免在經濟上或軍事上把平壤逼至牆角，讓事態不致繼續惡化。

　　在中共的斡旋下，美國、北韓與中共在北京舉行的三邊會談於四月二十五日落幕，北韓代表揚言已經擁有核子武器，不排除進行試爆、銷往國外或在戰爭中使用，事態的未來發展將視美方的作法而定。而美方則秉持一貫立場要求北韓永遠放棄核武，凍

結或拆除相關設施，並接受國際機構檢查。雖然第一回合的談判並無任何具體成果，但是北韓同意重回談判桌，已使和平解決北韓核武問題露出一線曙光。相信在東亞各國取得一致的共識，美國與北韓各退一步的情況下，朝鮮半島的核武危機應可獲得各方都可接受的解決途徑。

＊　　　　＊　　　　＊

二十一世紀初東北亞國際政治新秩序：持續與變遷

丁 永 康

國立政治大學國際關係研究中心第二研究所副研究員

壹、前　言

　　東亞與世界其他地區不同，是具有世界影響力大國的集中地帶。目前世界公認的五大力量中心的四個國家——俄羅斯、日本、中國和美國都在該地區擁有重大的安全利益，導致彼此之間的利害關係十分複雜。除上述大國外，朝鮮半島南北雙方、中國大陸與台灣之間也有相互對立的安全利益。同時，這些國家與地區大國之間也有盤根錯節的利害關係，它們也能對地區安全形勢的發展和安全態勢的形成產生不容忽視的影響。東北亞是一個大國利益錯綜交織、相互影響的地區，其安全問題呈現兩種基本類型：以朝鮮半島及台灣海峽兩個局部安全問題和以中、美、日、俄四大國關係為外部背景的整個地區安全秩序問題。前者屬於兩個歷史遺留下來的問題，後者屬於構築目前與未來安全機制的問題。

　　二十世紀90年代冷戰結束後，美國成為唯一的超級大國，其硬實力和軟實力都無與倫比，正是在這樣有利的國際格局下，當時的美國總統老布希躊躇滿誌地提出要建立國際政治新秩序。美國的外交戰略重點是圍堵和防範新興大國的崛起構成對美國的全球霸主地位的挑戰，特別是要阻止中國和俄羅斯取代前蘇聯對美國發起挑戰。中國了解美國的戰略意圖，特別是由於天安門事件的影響，中國對美國戰略的警覺是不言而喻的，中國不能接受美國領導下的所謂國際政治新秩序。中國對現有的國際秩序有著自己的不滿，提出中國版本的國際政治秩序，以作平衡。美國對中國提出的新秩序也充滿著警覺，擔心中國的崛起會導致中國效法當年的德國和日本，挑戰現行的國際政治秩序。因此，美國在與中國出於現實主義的考慮進行接觸的同時，始終不忘對中國的防範和圍堵，或者通過臺灣問題等牽制中國的戰略注意力和能力。

　　二十一世紀初，東亞地區國際關係的演變出現了一個引人注目的特點，即在地區政治、安全秩序的取向上出現了三種相互之間具有競爭性的模式，這就是中俄倡導的多極模式、美國極力推動的霸權穩定模式以及這一地區許多中小國家積極提倡的多邊合作模式①。這三種模式及它們之間的互動，從某種程度上說，構成了近期東亞地區政治、安全格局發展的核心要素和重要線索。

　　冷戰結束以後，中國與俄羅斯的國際關係學界對世界格局的

註①　倪峰，「霸權穩定模式與東亞地區政治安全秩序」，**當代亞太**，2002 年第 7 期（總第 91 期），引自 http://www.cass.net.cn/chinese/s28_yts/wordch-en/ch-ddyt2002/ch-0207nf.htm

看法與美國樂觀的自由主義派學者相似，企盼多極化局面的出現。但近年來，現實主義卻有捲土重來之勢。首先是「一超獨霸」的觀點，積極推進霸權戰略。以沃爾福思（William C. Wohlforth）倡議「單極世界的穩定」（The Stability of a Unipolar World）概念②。英國首相布萊爾（Tony Blair）的外交顧問庫伯（Robert Cooper）的「新帝國論」緊接其後③。「一超獨霸」的觀點剛興起，「9‧11 事件」後，人們又發現另一種新的趨勢，那就是，在美國「進攻性現實主義」（offensive realism）的崛起。它在東亞地區的表現爲「一超多強」論，特別強調中美關係是世界上最重要的雙邊關係，中美之間激烈的安全競爭具有不可避免性，其理論基礎是米爾夏默（John Mearsheimer）在其新著「大國政治的悲劇」（The Tragedy of Great Power Politics）④。

　　2003 年 3 月 20 日是美國布希總統放棄在聯合國安理會的折衝，不顧國際輿論反對，斷然出兵進攻伊拉克，揭開了第二次美

註② 　William C. Wohlforth, "The Stability of a Unipolar World," *International Security*, Vol. 24, No. 1 (Summer 1999), pp. 5～41. 沃爾弗斯認爲當前世界是單極體制。它是穩定的、有利於世界和平且具有持久性。

註③ 　Robert Cooper, "Why we still need empires," *The Observer*, April 7, 2002, http://www.observer.co.uk/worldview/story/0,11581,680117,00.html；按照庫珀提出的理論，在兩極格局終結之後，世界上存在著三類國家：一類是前現代國家，即失敗的國家（諸如索馬利亞和阿富汗）；第二類是後現代國家（諸如歐盟那樣的聯合體）；第三類是現代國家，即傳統的主權國家（諸如印度、中國等）。在當代的國際關係中，後現代國家正受到前現代國家和現代國家的挑戰。一些現代國家在謀求發展大規模殺傷性武器，而前現代國家則爲犯罪集團和恐怖主義組織提供基地。對付這些挑戰，干涉是必要的。干涉的最合乎邏輯的方式就是殖民化，但這是當今的國家所不能接受的，因而需要新帝國主義（a new kind of imperialism），需要一個可接受人權的世界和普世價值觀的帝國主義。它類似於羅馬帝國，能夠爲它的公民提供法律、鑄幣和特殊的道路。

伊之戰序幕。這是美國第一次先發制人的戰爭（pre-emptive war）。與此同時，在美軍攻伊打得如火如荼之際，在東亞地區被美國貼上「邪惡軸心」（axis of evil）標籤的北韓，也決定先發制人，毅然決然邁向核武建軍，致使東亞地區安全深受地區強權的關切。

吾人認為在二十一世紀初期東亞地區的大國關係，最重要的是中國與美國的關係。兩國在亞洲有陸權與海權地緣政治方面的利益衝突，此外在朝鮮半島和台灣海峽兩個高風險地區涉及中美兩國的利益。本文假設如果中美兩國決策者能處理好本身的雙邊及相互尊重彼此周邊的勢力範圍關係，則東亞地區雖然偶有間歇性的危機發生，但可經由各方有效的危機管理，化險為夷。本文將從下列幾方面聚焦討論二十一世紀初東北亞國際政治新秩序的持續與變遷：(一) 現今東亞安全的困境；(二) 二十世紀九〇年代東亞的遺產；(三) 1996 年是東亞地區的關鍵年；(四) 二十一世紀國際政治新秩序的變化；(五) 結論。

貳、現今東亞安全的困境

亞太國際秩序出現「安全困境」，中國與美國研究者們在「國際安全」（International Security）議題上發表一系列的論

註④　參考 John Mearsheimer, *The Tragedy of Great Power Politics* (New York：W.W. Norton & Company, 2001). 米爾夏默強調，國際政治即大國政治，因為大國對國際政治所發生的變故影響最大。所有國家的命運都從根本上取決於那些最具實力國家的決策和行為。大國政治為何處於一種悲劇狀態？因為大國注定要進犯他國，這是進攻性現實主義的必然結論。何謂「進攻」？這主要指大國關係本質上處於進攻狀態，整個世界是一個無休止的安全競爭的世界，如果國家能獲得超過對手的優勢，它們就不惜撒謊、欺詐甚至動用粗暴的武力。人們不可能看到寧靜及彼此和睦相處的狀態。

文，對於後冷戰時期的亞太安全評估，一般都不抱樂觀的態度⑤。學者甚至認爲亞太情勢在後冷戰時期的主要特徵就是「中美緊張」⑥。有些學者則直指東亞是廿一世紀國際不穩定的根源，情勢相當危險⑦。在分析亞太情勢時，流行的分析理論是「安全困境」（security delimma）的概念，簡單的說，地緣政治、權力平衡及心理因素，造成了亞太國家陷入了相互惡化的「安全困境」環境⑧。而其過程是沿著「領土爭議」→「軍事手段」→「軍備競賽」→「安全困境」這條道路進行⑨。亞太情勢逃脫不了「安全困境」的宿命，從客觀來說，有其結構上的限制，此即亞太安

註⑤　Aaron L. Friedberg, "Ripe for Rivalry: Prospects for Peace in a Multipolar Asia," *International Security*, Vol. 18, No. 3 (Winter 1993/94), pp. 5~33; Richard K. Betts, "Wealth, Power, and Instability," International Security, Vol. 18, No. 3 (Winter 1993/94), pp. 34~77; Stephen Van Evera, "Primed for Peace: Europe after the Cold War," *International Security*, Vol. 15, No. 3 (Winter 1990/91), pp. 7~57; and James Goldgeier and Michael McFaul, "A Tale of Two Worlds," *International Organization*, Vol. 46, No. 2 (Spring 1992), pp. 467~492；閻學通，**中國與亞太安全：冷戰後亞太國家的安全戰略走向**（北京：時事出版社，1999 年）；陳峰君、王傳劍，**亞太大國與朝鮮半島**（北京：北京大學出版社，2002 年）；中國現代國際關係研究所，**亞太戰略場：世界主要力量的發展與角逐**（北京：時事出版社，2002 年）

註⑥　Joon Num Mak, "The Asia-Pacific Security Order," in Anthony McGrew & Christopher Brook eds. *Asia-Pacific in the New World Order* (London:Routledge Press 1998), p. 88；蘇格，**美國對中國政策與台灣問題**（北京：世界知識出版社，1998 年）；唐正端，**中美棋局中的台灣問題**（上海：上海人民出版社，2000 年）。

註⑦　Thomas J.Christensen, "China,The U.S.-Japan Alliance, and the Security Dilemma in East Asia," *International Security*, Vol. 23, No. 4 (Spring 1999), p. 49.

註⑧　*Ibid.*, pp. 49~80; 及時殷弘，「東亞的安全兩難與出路」，**大公報**（香港），2000 年 7 月 12 日。

註⑨　Gerald Segal, "Networked Security: Why We Do Not Need A New Framework For East Asian Security," *The Journal of East Asian Affairs*,Vol. XII No. 2 (Summer/Fall 1998), pp. 488~505.

全機制的缺陷。

亞太四大地緣戰略力量的對比關係及各戰略力量的特點、弱點和相互關係，決定了亞太地緣政治格局的特點。第一，亞太地緣政治格局的主導力量是一個域外國家。美國因擁有超強實力，以一個地緣非亞太國家的身份，積極、全面介入亞太事務，成爲主導亞太地緣政治格局演變的主導型力量。亞太各國的地緣政治活動不能不受美國在亞太的地緣政治目標、戰略、策略的制約、影響甚至主導。第二，亞太地區人口多、語言各異、文化相似、政治體制差異很大，一直未能從內部產生足以主導亞太地緣政治格局演變方向的主導型國家。俄羅斯不過是亞太外圍國家，中、日也有各自的先天不足，且兩國在亞太主導權問題上還是存在直接競爭。第三，亞太是世界上潛在衝突點相對集中的地區，這些潛在衝突點既有一國內部的，也有區域內國家之間的。前者如南北韓統一問題；中國大陸與台灣是統是獨的鬥爭。後者如日俄北方四小島領土之爭、日韓竹島之爭、台日釣魚島之爭、中韓黃海分界線劃分之爭等。

由於缺乏有效的安全制度的約束，東亞地區已經成爲當今世界上安全困境表現十分突出的地區。這些安全困境具有如下特點：其一，普遍性。既有大國如中美、中日、日俄之間的安全困境，也有中等力量國家之間如朝鮮半島南北雙方之間的安全困境；既有大國與小國之間如美國與北韓之間存在的高強度的核訛詐危機。其二，連動性。無論是大國還是中小國家，安全困境都不是孤立地存在於兩個國家之間，由於各國奉行不同的安全政策，或牽制、或防範、或聯盟，致使東亞眾多的安全之間形成某種連動的複雜關係。如朝鮮半島的安全困境不僅發生在南北雙方之間，而且美國、中國、俄羅斯、甚至日本也深深介入了，一旦

半島南北雙方之間的安全困境失控，無疑會對周圍的安全困境造成影響；中美之間的安全困境一旦失控必然引起中日之間安全困境形勢的變化。其三，危險性。一方面，東亞地區至今沒有形成爲各方廣泛接受和認同的安全制度或體制，缺乏制度約束的眾多行爲體之間難以形成相對穩定的安全關係；另一方面，地區熱點問題台海問題、朝鮮半島問題周期性的升溫甚至失控的可能性依然存在。東亞安全困境的上述特點表明，努力探索緩解乃至擺脫這種困境、塑造和平穩定的地區安全環境的有效途徑，已經成爲東亞各國日益緊迫的外交課題。

當前亞太安全機制在客觀結構上存在著嚴重矛盾，在建立方式上則表現出明顯缺陷：

(一)「冷戰狀態」在亞太地區從未真正結束。在後冷戰時期，雖然亞太地區的敵對緊張意識緩和許多，但是在缺乏互信基礎的前提下，亞太安全的基本架構仍然承襲冷戰時期的框架而成，導致冷戰時期的「權力平衡」與後冷戰時期的「國際互賴」相互交錯的矛盾現象，形成區域強國，既非結盟又非敵對，既相互借重又相互制約的新型大國關係。強國建立新型關係的目的原爲消除不確定性，但是其客觀結果卻是增加更多的不確定性。

(二) 亞太安全機制的建立方式，是依靠區域內各國的雙邊軍事合作或同盟、多邊協議或多方對話組成，表現出各種各樣、各懷目的、各自爲政的特色，因而反映出現今亞太安全機制脆弱多變、不成體系的明顯缺陷。不僅如此，亞太安全機制的主體：一爲美日安全防衛爲軸心，美韓、美菲、美澳、美泰同盟爲輔助的雙邊安全機制；二爲中俄的「戰略協作夥伴關係」配以北韓同盟；三爲東協國家的「東協區域論壇」，此三大系統安全目標相互衝突，利益價值分歧對立，但是其成員國各自又向其他系統滲

透，穿插重疊相互關連，雖然創造出許多暫時性的共同利益存在，但卻增加如牽一髮動全身般危機擴大的可能性。

(三) 亞太地區的三大火藥庫：朝鮮半島問題、南海問題與台海問題。南海問題由於東協與中共「十加一」的會晤而有「不訴諸武力威脅解決領土糾紛」的共識建立，其安全問題處理程序呈現一大特色，亦即由爭端當事國與相關國家共同出席討論解決方案，因而獲致各方滿意的結果。台海問題屈從於「中共內政」的說法，在處理程序上排除台灣參加，在討論台海安全前景的時候，故意使台灣意見缺席，這種處理方式不但不能預防危機，更不可能解決危機。須知任何有關軍事安全與危機控制的問題，由相關當事國親自出席參與討論，是獲致妥善解決的前提條件。北韓核問題在 1993～1994 年間危機起伏，但經當事國於 1994 年簽定「框架協定」（The Agreed Framework），使北韓核問題暫時穩定。但 2002 年至 2003 年間，北韓發展核武問題，又引起東亞各國關切。

參、二十世紀九○年代東亞的遺產

二十世紀九○年代，亞太地區由中國與美國分別倡議建構兩套競爭的國際秩序。中共建構的是陸權的及防禦性的國際秩序；美國建構的是海權的及攻擊性的國際秩序。冷戰結束之後，美國成了唯一的強國。美國也毫不猶豫地利用這個機會，在全世界的範圍內建立以自己的利益爲唯一標準的「新秩序」。爲了建立這個新秩序，美國也不惜屢屢動用武力。美國作爲冷戰結束後的國際秩序的最大受益者，她傾向於維持現狀。中國是另一個冷戰結束後的國際秩序的最大受益者，中國獲得了經濟飛速發展的國際環境。就

保持國際社會的穩定而言，中國和美國擁有廣泛的共同利益。

一、美國建構的亞太地區國際政治新秩序

　　邁入九〇年代國際局勢發生重大的變化，東歐國家的自由化非共化、東西德實現和平統一、超級強權蘇聯的解體，重劃了世界政治版圖，持續半個世紀的東西方冷戰局面，正式告別了世界歷史舞台，而兩極化的國際政治體系也隨之落幕，世界舊的格局已經終結，新的格局尚未形成，處於世界格局新舊交替的時期，建立國際政治新秩序已成爲當時國際政治的熱門話題。

　　美國前總統布希、日本前首相海部俊樹以及中共前領導人鄧小平等，在面對世界局勢步入後冷戰時期，分別倡議建立符合其本身利益的國際政治新秩序，布希在波斯灣戰爭結束後多次倡議建立「國際政治新秩序」，他認爲「國際政治新秩序不是犧牲我們的國家主權，或出賣我們的利益，它是我們成功的一項責任，是我們與其他國家一同運作的新方式，俾便嚇阻侵略、達成穩定、繁榮以及和平。根據這個新方式，大家共同分擔承諾，建立一套原則制約彼此關係，給這個世界帶來希望。這套原則是和平解決糾紛、團結一致對抗侵略、削減及控制軍備和公平對待所有民族」⑩。海部俊樹於 1990 年 3 月在國會提出國際政治新秩序的五大目標：(一) 確保和平與安全；(二) 尊重自由與民主；(三) 開放的市場經濟以確保世界的繁榮；(四) 確保人類嚮往的生活環境；(五) 創造一個以對話及合作爲基礎的國際穩定秩序⑪。

註⑩　George Bush, "Remarks at Maxwell Air Force Base War College in Montgomery, Alabama, April 13, 1991," *Weekly Compilation of Presidential Documentation*, Vol. 27, No. 16 (April 22, 1991), p. 432 .

註⑪　Toshiki Kaifu, "Japan's Vision," *Foreign Policy*, No. 80 (Fall 1990), pp. 28～29.

基本上，吾人同意中國學者金熙德對美日關係定位為「美主日從」的雙邊框架⑫。因此，作者將日本的國際政治新秩序倡議納入美國的一方。根據布里辛斯基（Zbigniew Brzezinski）對日本的戰略評估，認為日本不過是美國力量在亞太地區地緣政治中的延伸，不屬於「地緣戰略棋手」（geostrategic player），日本在亞太地緣政治格局重塑過程中的地位和影響不是上升，而是下降⑬。日本不可能成為起主導作用的亞洲地區大國⑭。誠如陸伯彬（Robert S. Ross）所言，地理因素給日本造成難以逾越的障礙，狹小的國土面積制約了日本發展自主經濟的能力以及在航空和導彈時代開展軍事競賽的能力，使日本不可能成為亞太地緣政治競爭中完整的一極，日本在亞太只能成為通過與頭等大國合作尋求安全的次等大國⑮。基於美國作為目前世界上唯一超級大國的總體實力，在東亞地區的大國中，就整體實力而言，沒有一個國家可以與之抗衡。它在這一地區的事務，尤其是安全事務中佔據了某種主導地位，可以說是一個不爭的事實。

從地理上講，美國並不是一個東亞國家，因此，在東亞地區保有強大的軍事力量是美國在這一地區，尤其在這個地區的安全領域發揮作用的支柱性因素之一。在今後相當長的一段時間內在東亞保持 10 萬兵力的駐軍。這樣一支駐軍在數量規模上並不大，但是，(一) 作為前沿部署的部隊，它是以美國龐大的軍事力量和

註⑫ 金熙德，**日美基軸與經濟外交： 日本外交的轉型**（北京：中國社會科學出版社，1998 年），頁 149～162。

註⑬ Zbigniew Brzezinski, *The Grand Chessboard: American Primacy and Its Geostrategic Impera-tives* (New York: Basic Books, 1997), p. 45.

註⑭ *Ibid.*, p. 208.

註⑮ Robert S. Ross, "The Geography of the Peace: East Asia in the Twenty-first Century," *International Security*, Vol. 23, No. 4 (Spring 1999), pp. 90～92

在這一地區眾多的盟友爲依託的；(二) 其部隊的裝備精良在該地區首屈一指，美國太平洋司令部在偵察、機動性、指揮、控制和通訊以及規劃等方面的能力無可匹敵；(三) 這些軍事存在主要是沿西太平洋邊緣一線部署的，因此，它將美國的戰略邊界從位於太平洋中部的夏威夷、關島幾乎推到了東亞大陸的海岸線上，這使得整個太平洋幾乎成爲美國的內湖；(四) 美國在這裡享有其他任何國家不可能擁有的機動和戰略佈局優勢。美國在韓國和日本擁有眾多的基地，其中根據新的美日防衛合作指針，在戰時美軍可以使用日本的民用機場、港口和設施，美國與新加坡、馬來西亞、印尼、汶萊簽有使用其海軍設施的協定，這些基地和軍事設施與美國在太平洋地區和美國本土的基地聯繫在一起，構成了一張完整、嚴密的軍事網路，它控制了這一地區幾乎所有的海上戰略要點、交通要道，大大增加了軍隊的調動、補給能力。

再次，從地緣政治的角度看，雖然美國對東亞地區廣大的海域幾乎實現了完全的掌控，但在幅員廣大的東亞大陸，美國的掌控能力則十分有限，美國只在朝鮮半島的南部有一個小小的橋頭堡。作爲傳統的海上強權，美國曾數次試圖將其勢力滲入東亞大陸，這些努力不僅沒有成功，而且遭遇到其軍事史上最重大的挫折，典型的事例就是朝鮮戰爭和越南戰爭。按照陸伯彬的觀點，在東亞大陸，目前處於支配性地位的國家是中國，而不是美國。根據他的論證，蘇聯的解體在東亞大陸並沒有引進美國的霸權，中國是這一事件在東亞最大的受益者。在蘇聯撤出的地區，基本上是中國的影響填補了真空。在東北亞，中國在北韓的安全和經濟事務中佔有重要地位；在中俄邊境地區，中國享有常規力量的優勢；在中俄共同接壤的中亞，中國的經濟存在增加了它在這一地區的影響力；在東南亞，緬甸自二戰結束後一直是中國事實上

的保護國;而泰國在 1975 年美軍撤出東南亞大陸後,開始採取一項與中國結盟的政策,因爲只有中國有抵禦越南和蘇聯勢力的信譽。在蘇聯撤出越南後,河內方面在柬埔寨問題上接受了中國方面的和平版本。接著,柬埔寨與中國發展起日益密切的關係。另外,中韓建交後,兩國發展起日益密切的戰略關係,中國已成爲南韓最重要的市場和投資場所,兩國在如何看待日本的軍事潛力方面享有共同的利益⑯。

不過,有一點需要指出的是,美國在東亞地區的軍事存在得到不少東亞國家某種程度的認可。伯傑(Samuel R. Berger)稱:「儘管像新加坡、馬來西亞對我們的價值觀提出了強烈的批評,但它們同時是我們在這一地區軍事存在最主要的支持者。⑰」在亞洲有許多人相信美國的軍事存在可以阻止興起的大國對東亞大陸和通過南中國海的海上運輸線的控制,……同時,有許多亞洲人不會忘記日本在歷史上的作爲,……雖然美國的許多朋友和盟友不會公開談論美國在日本的存在阻止了它的重新軍國主義化,但是卻感謝美國在東北亞駐軍達到了這樣的目的。當中國公開聲明反對軍隊駐紮外國領土是它的一項原則時,中國領導人私下也承認,美國在日本的存在是一種阻止日本重新軍國主義化的行爲,同時他們也私下承認,美國地面部隊在朝鮮半島的存在有利於半島的穩定⑱。這些情況表明,至少美國自身認爲,它在這一地區的軍事存在有一個較爲適宜的環境。

1992 年美國國防部提出的「美國亞太戰略報告」(A Strategic

註⑯　*Ibid.*

註⑰　Samuel R. Berger, "American Power: Hegemony, Isolationism or Engagement," 引自 http://www.clw.org/pub/clw/coalition/berger102199.htm.

註⑱　Robert H. Scales. Jr and Larry M. Wortzel, The Future U.S. Military Presence in Asia: Landpower and Geostrategy of American Commitment, April 6, 1999, p. 4, 引自 http://www.carlisle.army.mil/ssi/pubs/1999/usmilasa/usmilasa.pdf.

Framework for the Asian Pacific Rim）稱：「由於歷史和地理的原因，美國是一個在亞太地區有著持久的經濟、政治和安全利益的太平洋大國。……我們在這個充滿活力地區的利益和利害關係是巨大的，並且仍在不斷增長；我們的未來依賴跨太平洋紐帶的程度絕不低於對跨大西洋紐帶的依賴。⑲」大多數美國觀察家們相信，亞太地區的戰略環境總體上表現為「非對稱的多極」。所謂「多極」是指本地區的四個主要大國——俄、中、日、美——在地區政治與安全事務中擁有不可忽視、不可取代的重要性和影響力；「非對稱」則是指這些大國力量對比的不對稱性，如日本的經濟優勢和美國政治、經濟、軍事的總體優勢⑳。

在展望亞太地區的發展趨勢的同時，美國的戰略家們更關心的是 90 年代有可能出現的對地區穩定與安全的挑戰。在他們看來，這些挑戰包括㉑：

(1)北韓為擺脫冷戰結束後的不利處境而加快發展核武器；(2)南中國海的島嶼爭端有可能使東南亞很多國家捲入一場地區衝突，並影響到穿越南中國海的主要航道的通行；(3)臺灣的民主化進程將導致台獨勢力的膨脹，從而引起台海兩岸關係的緊張，這將挑戰美國對臺灣的安全承諾；(4)隨著日本成為政治大國的意願明朗化，日本在本地區的戰略作用問題將更加尖銳。日本軍事力

註⑲　U. S. Department of Defense, A Strategic Framework for the Asian Pacific Rim: Report to Congress, 1992, 引自 http://russia.shaps.hawaii.edu/security/report-92. html.

註⑳　Richard J. Ellings and Edward A. Olsen, "Asia's Challenge to American Strategy," *NBR Analysis*,Vol. 3, No. 2 (June 1992), p. 8, 引自 http://www.nbr.org/pub-lications/analysis/vol3no2/.

註㉑　Donald S. Zagoria, "The Changing U.S. Role in Asian Security in the 1990s," In Sheldon Simon, ed., *East Asian Security in the Post-Cold War Era* (M.E. Sharpe, New York, 1993), pp. 51～52.

量的增長將使一些東亞國家感到擔心，特別是如果日本被認爲是
在日美安全框架之外獨立行動的話；(5) 某些東亞國家向南亞和中
東地區擴散大規模殺傷性武器；(6) 一些國家如中國、越南、緬甸
有可能出現的政局不穩；(7) 美日經濟競爭加劇，並導致兩國安全
同盟關係的破裂。

因此，吾人檢視 90 年代以來的美國亞太安全政策目標包括以
下內容：(1) 保持美國作爲亞太地區首要大國的地位；(2) 阻止歐
亞大陸出現一個霸權國家；(3) 抑制地區熱點問題；(4) 鼓勵軍備
控制，建立信任措施機制，發展危機預防機制；(5) 防止大規模殺
傷武器的擴散。

美國爲了上述目標，並減輕美國防務費用分擔，要求日韓兩
國爲美國駐軍支付更多的費用。根據日美兩國 1991 年 1 月簽署的
一項協定，日本政府同意承擔駐日美軍費用（不包括工資）的 3/4
左右。1991 年，日本支付美軍的費用爲 29 億美元，到 1995 年，
這個數位將增加到 39.5 億美元。1990 年 2 月，錢尼訪問漢城，提
出韓國增加支付駐韓美軍費用的問題。經過磋商，韓方答應在
1991 財政年度爲駐韓美軍支付 1 億 5 千萬美元，比上一年度增加
115 ％；1992 年支付 1 億 8 千萬美元，比 1991 年增加 20 ％；以
後逐年增加，到 1995 年，韓國將負擔駐韓美軍費用（不含工資）
的 1/3 [22]。

美國爲推進亞太多邊安全合作的開展，它的主要做法是以雙
邊關係爲依託，進而尋求建立多邊安全合作機制。目前，美國與
亞太國家的雙邊防禦關係有九個，如下表[23]：

註[22]　U. S. Department of Defense, *op. cit.*
註[23]　引自賈慶國、湯煒，**棘手的合作：中美關係的現狀與前瞻**（北京：文化藝
　　　　術出版社，1998 年），頁 200。

美國與亞太國家和地區的雙邊軍事關係

國家	條　約
日本	(美日安全保障條約及美日安全保障聯合宣言)
韓國	(美韓共同防禦條約)
台灣	(與台灣關係法)
菲律賓	(美菲共同防禦條約)
澳洲	(澳紐美公約) 及 (美澳 21 世紀戰略夥伴關係條約)
紐西蘭	(澳紐美公約)
泰國	(美泰共同安全法)
新加坡	(美新後勤設備使用備忘錄)
汶萊	(美汶防禦合作諒解備忘錄)

二、中國建構的亞太地區國際政治新秩序

　　中國領導人鄧小平也一再強調，要積極推動國際形勢朝著有利於和平的方向發展，繼續反對霸權主義，反對強權政治，積極倡導在「和平共處五項原則」的基礎上建立國際政治新秩序，在平等互利的基礎上建立國際經濟新秩序，所謂「和平共處五項原則」，就是指相互尊重主權和領土完整，互不侵犯，互不干涉內政，平等互利，和平共處。1990 年中國在聯合國大會上明確介紹其所倡議的國際政治新秩序內容如下：(1) 每個國家都有權根據本國國情選擇自己的政治、經濟和社會制度；(2) 世界各國特別是大國必須嚴格遵守不干涉他國內政的原則；(3) 國家之間應當相互尊重，求同存異，和睦相處，平等對待，互利合作；(4) 國際爭端應通過和平方式合理解決，而不應訴諸武力，或以武力相威脅；(5) 各國不分大

小強弱都有權平等參與協商決定世界事務㉔。東亞地區多極化趨勢形成和發展較爲深入，在這一地區有一些重要的國家如中國、俄羅斯積極倡導多極化趨勢的發展。中國在冷戰結束、兩極體制崩潰之後，積極推動世界多極化的發展。中國前國家主席江澤民指出：「多極化趨勢有利於世界的和平、穩定和繁榮。㉕」另外，中俄兩國還協調在推動多極化方面的立場。1997 年 4 月，中俄兩國元首簽署了「中華人民共和國與俄羅斯聯邦關於世界多極化和建立國際政治新秩序的聯合聲明」，指出：「雙方本著夥伴關係的精神推動世界多極化的發展和國際政治新秩序的建立。㉖」在俄羅斯方面，葉爾欽總統在1998年5月俄外交部發表的「俄羅斯在多極世界形成時期的地位和作用」中，最直接地勾畫出俄羅斯對外戰略的總體性框架，即多極化、全方位和大國外交。俄對亞太事務的參與度和對亞太地緣政治格局的影響力受限於因地理因素制約。歐洲仍是俄政治、經濟、安全和地緣戰略重心，因俄、美在歐洲、中東、中亞的戰略矛盾隨俄實力增長有可能重新上升，俄對亞太不可能全力以赴。誠如陸伯彬斷言俄羅斯像日本一樣，也難以成爲亞太完整的一極㉗。俄在亞太與中國合作的地緣戰略方針將得以維持。

在重大國際事務中，中國與俄羅斯可以聯合共同抵制美國的

註㉔ 梁守德及洪銀嫻，**國際政治學概**論（北京，中央編譯出版社，1994 年），頁 281。

註㉕ 「高舉鄧小平理論偉大旗幟，把建設有中國特色社會主義事業全面推向二十一世紀」，江澤民在中國共產黨第十五次全國代表大會上的報告，**人民日報**，1997 年 9 月 12 日，版一。

註㉖ 「中華人民共和國與俄羅斯聯邦關於世界多極化和建立國際政治新秩序的聯合聲明」，**人民日報**，1997 年 4 月 23 日，版一。

註㉗ Robert S. Ross, *op. cit.*, pp. 88～89.

單極獨霸傾向。美國的全球戰略就是要使美國在國際事務中成為主導，建立以它為領導的國際政治新秩序。正是這一戰略目標使美國把中國視為對手，至少是障礙。其實，在當前眾多國際事務中，包括一些大國在內的許多國家都在不同程度上抵制美國的霸權和強權。因此，針對具體國際問題，與一些有共同利益的國家合作，反對美國的霸權主義，一則有利於世界多極化趨勢發展；二則能避免中國成為反霸的「出頭鳥」；三則拉長美國的戰線，減弱它在亞太地區的強勢地位；四則能加強中俄等國家在國際事務方面的戰略協作關係。

肆、1996 年是東亞地區關鍵的一年

1996 年中國在台海舉行軍事演習，威脅台灣總統大選。美國在演習後分別與日本及澳洲簽定了「美日安全保障共同宣言」及「澳美 21 世紀戰略夥伴」協定。這兩個協定代表了美國在東亞地區的北錨與南錨。中國與俄羅斯也於稍後建立「戰略協作夥伴關係」。

一、1996 年「美國國家利益委員會」
（The Commission on America's National Interests）

美國為表達對台海問題的關切，「認為經過四十年的嚇阻蘇聯共產主義擴張之後，我們最近五年內卻在東張西望，彷惶不定。如果這種猶豫再繼續下去的話，就將威脅到我們的價值觀，我們的財產，甚至我們的生命。⑳」該委員會提出了五項當前美

註⑳ America's National Interests, *A Report from the Commission on America's National Interests* (Cambridge: Center for Science and International Affairs, John F. Kenedy School of Government, Harvard University, 1996), p. 1

國最重要的國家利益：(一) 防止大規模殺傷武器對美國的襲擊；
(二) 阻止歐亞大陸上敵對霸權的出現；(三) 防止美國邊境上和世
界公海上敵對勢力的出現；(四)防止貿易、金融市場、能源供給、
生態環境的全球體系的崩潰；(五) 確保美國盟友的生存安全㉙。
根據對國家利益新的認知，柯林頓政府採取了國際優勢的戰略選
擇。即布里辛斯基建議美國的決策者在歐亞大陸的棋盤上，必須
預先設想下幾步棋，設想對手可能的反攻步驟。一項可持續實施
的地緣戰略必須區分出短期（今後五年左右）前景、中期（二十
年左右）和長期（超過二十年）前景㉚。

短期內，在歐亞大陸的地圖上加強和保持地緣政治普遍的多
元化符合美國的利益。這促使人們重視縱橫捭闔，以防止出現一
個最終向美國優勢地位提出挑戰的敵對聯盟或國家。在中期內，
基於上述考慮，美國應更加重視若干地位日益重要、戰略上又一
致的夥伴國家如北約國家及日本。它們在美國領導下，共同出力
建構一個更為合作的跨歐亞安全體系。長期而言，上述狀況將最
終導致產生一個真正分享政治責任的全球核心㉛。

二、「美日安全保障共同宣言」

1996 年 4 月 17 日，美國與日本了發表「美日安全保障共同
宣言」，意圖將美日安保條約的活動範圍自「遠東地區」擴及於
「亞太地區」，使日本於朝鮮半島、台灣海峽、東南亞乃至於波
斯灣地區，負有支援美軍戰鬥的任務。此一宣言一方面鞏固了美

註㉙　*Ibid.*

註㉚　Zbigniew Brzezinski, "A Geostrategy for Eurasia," *Foreign Affairs*, Vol 76, No. 5 (Sep. /Oct. 1997), p. 51.

註㉛　*Ibid.*

國在東亞地區的強權地位，一方面則影響了東亞地區的權力平衡，因而造成中國的反彈。1960 年 1 月 19 日，美日簽署了「共同合作與安保條約」，爲美日兩國的軍事合作打下了基礎。冷戰結束之後，兩國爲未來的戰略合作進行了大量的溝通，例如 1994 年秋展開的安全對話，也爲兩國軍事合作建立了更深基礎。1996 年 4 月 16 日至 18 日，柯林頓訪問日本，於 4 月 17 日發表了「爲 21 世紀結盟：美日安全聯合宣言」，對亞太區域與世界局勢多所關注，強調美軍與日本自衛隊應強合作，兩國亦應在安全議題上加強磋商。1997 年 6 月 7 日在夏威夷公佈的美日「防衛合作指導方針」修正期中報告，進一步顯示了兩國對於日本周邊情勢變化的關注。

由這些條約、宣言所形鑄出的美日安保，要求美軍負擔恢復日本周邊地區和平與安全的主要責任，但日本需在本土、公海、國際空域上提供美軍後勤支援。日本自衛隊亦有義務在周邊地區進行情報蒐集、監控、海上掃雷，及確保航道無阻。美日兩軍在指揮協調、應變機制、電子通訊、情報活動後勤補給等方面加強合作。由於日本擔心其「周邊」情勢的發展可能會演變爲對日本的武裝攻擊，因此修訂的防衛合作指導方針已更強化了美日安保條約的運作。

三、1996 年發表了「雪梨聲明」（Sydney Statement）[32]

1996 年 4 月間，柯林頓與橋本於東京舉行「美日高峰會議」，簽訂「日美安保共同宣言」之後，美國與澳洲也在 7 月間

註 [32]　AUSTRALIA-UNITED STATES: A STRATEGIC PARTNERSHIP FOR THE TWENTY-FIRST CENTURY, 引自澳洲外交部網頁，http://www.dfat.gov.au/geo/us/ausmin/sydney_statement.html

發表了「雪梨聲明」，進一步加強兩國軍事聯盟關係，增加美國
在澳洲的軍事演訓基地。澳洲總理、外長、國防部長同美國國務
卿、國防部長舉行了年度防務會談，兩國簽署軍事協議並發表了
「澳美 21 世紀戰略夥伴」（USTRALIA - UNITED STATES: A
STRATEGIC PARTNER-SHIP FOR THE TWENTY-FIRST CEN-
TURY）㉝。雙方強調兩國合作對維護亞太地區的安全與繁榮的重
要性。雙方還決定於 1997 年 3 月在澳崑士蘭州肖爾特灣進行三戰
以來最大的澳美軍事演習，參演美軍有 1 萬 7 千人、澳軍有 5 千
人。另外，澳洲還擴大了美國在澳洲的情報基地，簽訂了一項新
的十年租賃條約，允許美使用對美全球軍事戰略具有重要意義的
澳松峽灣的情報基地，同意美國反彈道導彈太空預警系統在澳建
立地面中繼站。同時還加強同美在軍事技術、情報分享和後勤支
持方面的緊密合作。美前國務卿克里斯多福（Warren Chistopher）
稱，澳美問的安全關係將是跨世紀美國安全的支柱之一。美國前
國防部長裴利（William Perry）則形象的表示，美國在亞太地區
有兩只錨，「北錨」是日本，「南錨」是澳洲。在 1996 年臺海危
機發生時，澳洲率先支持美國航空母艦駛入台灣海峽、探討向台
灣出售鈾的可能性、並派政府部長訪問台灣、簽署「美澳 21 世紀
戰略夥伴」雪梨聲明、允許達賴訪澳及霍華德親自接見等，使這
一年的澳洲的中國政策成爲中國輿論批評的主要目標，直到當年
11 月份的馬尼拉亞太經合組織會議上兩國元首會面才使中澳關係
出現轉機，自此，中澳關係才真正進入了更爲理性化的階段，兩
國理性化的政治關係用霍華德總理的概括就是「實用、互惠互利
和互相尊重」。

　　註㉝　*Ibid.*

四、「中俄聯合聲明」

1996 年 4 月 25 日中俄建立「戰略協作夥伴關係」。雙方進入互相諒解、信任和合作的嶄新階段，全面發展各領域合作。1996 年 4 月 24 日至 26 日，葉爾欽總統第二次訪問中國，雙方簽署的「中俄聯合聲明」[34]。聲明中指出：在雙邊關係上，雙方重申恪守 1992 年 12 月 18 日簽署的「關於中華人民共和國和俄羅斯聯邦相互關係基礎的聯合聲明」和 1994 年 9 月 3 日簽署的「中俄聯合聲明」所闡述的各項原則。

中俄戰略協作夥伴關係是靠下列四項機制來實際運作[35]：(一) 中俄兩國國家元首每年分別在莫斯科和北京各會晤一次；(二) 成立兩國總理委員會，每年分別於雙方首都各會晤一次；(三) 雙方外交部長隨時會晤機制，在必要時隨時進行會晤磋商；(4)建立中俄領導人之間的電話熱線，就重大問題隨時磋商協調立場。此外，1996 年 4 月在上海中國和俄羅斯、哈薩克斯坦（Kazakstan）共和國、吉爾吉斯（Kyrgyzstan）共和國、塔吉克斯坦（Tajikistan）共和國等五個國家元首正式簽署了「關於在邊境地區加強軍事領域信任的協定」（Confidence-buiding in the Military Field in the Border Area）[36]。根據協定，雙方部署在邊境地區的軍事力量互不進攻；雙方不進行針對對方的軍事演習；限制軍事演習的規模、範圍和次數；相互通報邊境 100 公里縱深地區的重要軍事活動情況；彼此邀請觀察實兵演習；預防危險軍事活動；加強雙方

註㉞　**人民日報**，1996 年 4 月 26 日，版 1。

註㉟　鄭羽，「中俄戰略協作夥伴關係的前景」，**國際經濟評論**（北京），1997 年9～10 月，頁 50～51。

註㊱　**人民日報**，1996 年 4 月 27 日，版 1。

邊境地區軍事力量和邊防部隊之間的友好交往等。

伍、二十一世紀東亞國際政治
新秩序的變化

2001 年 1 月 20 日，小布希就任美國第 43 任總統。美國的對外政策出現了一系列重要變化，其趨向是更加重視亞太地區。美國正在把軍事部署的重心從歐洲轉向亞洲，以中國作爲其在亞太的假想敵，將中國從「戰略夥伴」關係，改爲「戰略競爭對手」關係。在「台灣問題」上，小布希政府改變「戰略模糊」爲「戰略清晰」，提高對台軍售及實質性關係；並公開表示，如果大陸對台動武，美國將盡一切所能幫助台灣進行自衛。此外，堅持部署「全國飛彈防禦系統」（National Missile Defence, NMD）和「戰區飛彈防禦系統」（Theater Missile Defence, TMD）、增加國防預算、暫緩與北韓「框架協議」關係，並將北韓列爲「邪惡軸心」國家之一。小布希的東亞政策，終將爲東亞地區帶來緊張氣分，2001 年 4 月 1 日，美國一架 EP-3 軍用電子偵察機在中國海南島海域上空與中國軍機發生擦撞事件，雙方關係降到 1999 年美國「誤炸」中國駐南斯拉夫大使館以來的最低點。

一、「9‧11 事件」後的亞太國家建構反恐統一戰線

2001 年「9‧11 事件」對美國來說無疑是一個產生大變革的時期[37]。正在從事的反恐戰爭對國際政治而言是一個新的時代，

註[37]　Nicholas Lemann, "The Next World Order : The Bush Administration May Have A Brand New Doctrine of Power," *The New Yorker*, April 1, 2002.

東亞地區將扮演重要的角色㊳。此事件打破了美國本土永久安全的神話，反恐成了美國國家安全戰略的首要目標。「9‧11事件」後，美國朝野深切認識到，美國的國內安全與國際安全是聯繫在一起的。而美國安全受到的最大威脅之一是所謂的「失敗」國家帶來的，這主要是指那些在全球化背景下運轉失靈的國家。這些國家國內秩序的崩潰以及由此產生的地區動盪爲恐怖主義滋長、大規模殺傷性武器擴散提供了土壤，直接影響到美國的安全。

　　布希當時有這麼一句話：「你要麼選擇與我們站在一起，要麼站在恐怖主義的一邊」。在布希看來，全世界都要以是否支援美國的反恐戰來劃線排隊，聯合國也不例外。在亞太地區，除了北韓以外，所有的大國及周邊國家都支持美國的國際反恐統一戰線。但是，隨後布希政府先後提出的「先發制人」、「政權更替」等戰略目標及進攻性的現實主義與現有的國際秩序及聯合國安理會職權的衝突越來越多。全世界對美國的支援、同情逐漸轉爲懷疑，擔心美國單邊主義會把聯合國乃至整個世界帶向一個更危險的地帶。美國的一些專家學者提出，爲了確保美國的利益，美國必須作好兩手準備，一方面要確保在反恐戰中使聯合國成爲有助於美國的盟友，同時也要準備採取單邊主義行動，確保美國利益和國際安全。此外，一極與多極之爭，稱霸與反霸的較量依然暗流涌動，依然是當今世界的主要矛盾之一，依然是國際格局轉型期的基本脈絡與線索㊴。盡管這一線索與脈絡有時會被掩蓋（現在就被反恐所掩蓋），但不能因爲被掩蓋而就

註㊳　Lowell Dittmer, "East Asia and the 'New Era' in World Politics," *World Politics*, Vol. 55, No. 1 (October 2002), http://www.wws.princeton.edu/～cis/worldpolitics/oct02/eastasia_dittmer.html

註㊴　韋弦，「談國際格局轉型期的基本脈絡」，**聯合早報**，2002 年 6 月 29 日，http://www.zaobao.com/cgi-bin/asianet/gb2big5/g2b.pl?/yl/tx007_290602.html

認為已經不存在。

「9‧11 事件」後，國際恐怖主義也成為亞太安全的主要威脅。中美兩國在反恐領域的合作具有重要的現實意義，它將推動東亞國家的安全合作，進一步改善東北亞地區形勢。「9‧11 事件」使中國不僅避過了布希政府本來對準中國的戰略競爭，甚至還能借反恐之機與美國結成了統一戰線，贏得了自我調整的時間。特別是在美國與各同盟國的關係發生本質性變化之際，全世界正處在大分化、大改組的動盪當中，為中國獲得新的定位提供了可能性。可以這麼說，當前的國際形勢對中國是機遇大於挑戰。

二、2003 年美伊戰爭，東北亞國家分成兩派

21 世紀初以來，美國一直在構思新帝國理論，認為美是羅馬帝國以來歷史上最強大的帝國，擁有無與倫比的軍事力量和經濟實力，應該是世界的統治者。美國根本不認同多極化的概念，認為世界必須按照美國的設想和規劃發展，其他世界和地區大國應扮演美國的合作者，而不是挑戰者。無論俄羅斯，日本，還是中國，都應遵守美國制定的遊戲規則，依據實力大小，定位好自己的角色[40]。東亞地區國家對美國發動對伊拉克的戰爭分成兩種意見，一派支持美國對伊拉克戰爭，如日本、南韓、台灣及外蒙古；一派是中共、俄羅斯及北韓。

日本首相小泉理解並支持美對伊動武，但不會參戰並形容美是「無價盟友」；支持美國攻打伊拉克是正確選擇。根據日本媒

註⑩　趙華，「美國將重新審視盟友」，**聯合早報，** 2002 年 11 月 11 日，http:// www.zaobao.com/cgi-bin/asianet/gb2big5/g2b.pl?/yl/tx002_111102.html

體日本共同社 3 月 24 日報道，美國已經要求日本派遣國民自衛隊
維持戰後伊拉克的國內秩序。日本政府正在研究派遣國民自衛隊
的可能性。日本執政的自民黨幹事長山崎拓說，授權派軍的議案
將於戰爭結束後提交日本議會。

　　韓國總統盧武鉉支持美國對伊戰爭，將派非作戰部隊支援，
並認爲派兵支持聯軍有助於解決北韓核問題。但盧武鉉表示，美
國攻打完伊拉克後將進攻北韓的說法是沒有根據的[41]。韓國國會
投票通過向伊拉克派遣 700 名醫療和工程部隊的決定，這次投票
可能是盧武鉉在政治上的一次勝利。盧武鉉還對國會說，加強同
美國的關係是保証朝鮮半島安全的關鍵。

　　北韓指責韓國決定向伊拉克派遣非戰鬥部隊是威脅朝鮮半島
局勢的「犯罪行爲」，而且會加劇目前朝鮮半島的緊張局勢。北
韓援引韓國民眾的抗議是「愛國的和正義的」，因爲向伊拉克派
兵就意味著支援美國侵略北韓的野心。此外，北韓外務省發言人
強調，美國的軍事進攻是嚴重侵犯（伊拉克）主權的行徑。他認
爲，單方面對一個主權國家提出解除武裝的要求，其本身已經是
對該國主權的粗暴侵犯，而軍事進攻更是侵犯該國人民人權的最
嚴重的表現。

　　中俄兩國政府高層加強聯繫與協商，認爲美國應尊守聯合國
1441 號決議，繼續在聯合國的框架下，解決美伊衝突。美國應尊
重 UN 角色，兩國家強烈反對聯合國被美國架空、虛化、弱化甚
至被別的組織所取代，反對美國對聯合國採取了「能用則用，不
能用就甩」的態度。中俄兩國在美伊戰爭結束之際，主張由聯合
國負起伊拉克戰後重建事誼。

註[41]　同前註。

三、北韓核問題東北亞大國有共識

北韓利用美伊衝突與戰爭期間，挑起核問題，成爲東亞地區安全的最直接威脅。自從 2002 年 10 月朝鮮半島發生核計劃風波以來，美國作爲其中的主要當事國，其立場和政策選擇無疑對整個事態的發展發揮著關鍵性的作用。值得注意的是，和1993～1994 年第一次朝鮮核危機相比，美國的對策發生了非常顯著的變化。

朝鮮核危機爆發以來，美國一直採取拒絕同朝鮮就這一問題進行直接對話的強硬立場。這說明布希政府應對朝鮮核危機的政策與克林頓政府相比出現了重大變化：一是拋棄以往的「接觸」（engagement）政策，轉向「圍堵」（containment）戰略；二是不再把朝鮮視爲潛在的核武器「擴散國」，而是將朝鮮視爲事實上的「有核武器國家」；三是不再將朝鮮的核計劃視爲單純的「不擴散」問題，而是當作東亞的區域安全問題，爲此強調解決方式上的「區域方法」⑫。美國國務院副國務卿阿米塔吉還說，美國將在「會產生效果」的時候，直接與北韓對話，解決北韓核武危機。他說：「毋庸質疑，我們當然要與北韓直接對話。」但必須在美國堅信自己已建立起一個強大的支持美國的國際平台後，才會與北韓舉行這種對話。

2002 年 12 月中俄高峰會談所發表的聯合公報首次共同表明反對朝鮮半島核武裝！對金正日的震撼性作用一定大於美日韓對平壤發展核武器的譴責。中俄雙方的上述動態表明，在反對朝鮮

註⑫　朱鋒，「布希政府的半島政策與朝鮮核危機」，**現代國際關係**，2003 年第2 期，頁 1；Gary Samore, "The Korea Nuclear Crisis," *Survival*, Vol. 45, no. 1 (Spring 2003), pp. 7～24.

半島核武裝化的問題上，中美日俄四大國加上韓國史無前例地立場完全一致。吾人認為，絕對不可低估在朝鮮半島出現核武器的危險性，它不符合這一地區所有國家的利益。金正日正是看准了中美日俄在遠東地區的利益矛盾，才以訛詐的態度尋求在各大國之間以「傾斜外交」的方式周旋獲取自己的利益。在反對朝鮮半島核武化的問題上，四大國加上韓國應該全面協調行動，否則7、8年以後平壤還會來一次類似的核訛詐。

　　北韓核武問題與中國的國家利益休戚相關，金正日原先完全看輕了中國的外交作用，重要的政策說明往往通過俄羅斯通訊社首先公布，在核政策上甚至暗示中國不要多管閑事。甚至公然倡言先發制人，一旦爆發戰爭，周邊國家誰也不能置之度外。根據2002年金正日將近50次外事活動中60％與俄羅斯有關，同中國有關的只有5次。依照目前中國對伊拉克、北韓的外交處理態度判斷，北京顯然把巴格達和平壤的問題放在對美關係的總體大局之中加以綜合考慮，試圖在不同時期採取某種相對平衡的做法。例如中國在 IAEA 把北韓核開發問題列入聯合國安理會討論議題的問題上，甚至有別與俄羅斯、古巴，投了贊成票。但是在安理會上討論發表譴責北韓議題上，中國與俄羅斯都反對。

　　中國在應付國內外危機與戰爭，都採「韜光養晦，有所作為、對美不搞對抗」。此次北韓核危機發生，中國面臨兩難局面，承受來自美國與北韓兩方的壓力。因此，其立場與作為引人注目。中國以低姿態及秘密外交方式對北韓做工作，適時施加適當的壓力。北韓核危機日前有所突破，美國、北韓及中國三方已於 4 月 23～25 日在北京舉行高層會談。這是自去年 10 月核危機爆發以來華盛頓與平壤首次直接高層會談，和平解決六個月來北韓核子危機的希望再度出現。

陸、結　論

由於亞太安全結構存有明顯缺陷，所以區域安全的維持仍有賴於此區域內相關國家的自律與自制。中美關係是影響當前亞太大國關係互動和對中國周邊關係影響最大的一對雙邊關係。中美關係與東北亞安全息息相關。中美關係的總體穩定將給亞太和東北亞地區的安全提供有力的保證。近來，美國日益重視它在亞太地區的存在，逐漸增強它在這一地區的軍事戰略部署，布希政府曾一度聲稱中國是美國的戰略競爭對手。中國一方面重視與美國發展關係，把改善中美關係作為穩定亞太局勢的重要因素，另一方面中國與美國在一些亞太問題看法上有分歧，尤其是堅決反對美國當前的對台政策。因此，美國目前的亞太戰略很大程度上就是根據中美關係的狀況而制定或調整的。日本是美國的盟國，因而在當今亞太大國關係中，日本與其他大國發展關係雖有自己的利益目標，但總體上處於一種從屬地位。中日關係很大程度上要取決於中美關係；日俄關係也將受制於美俄關係。而美日安全合作關係對中國的影響，同樣要取決於中美關係。

21 世紀剛開始的「9‧11 事件」給美國很大的震撼，面對新型的威脅，美國調整了全球戰略，把反對恐怖主義當作當前和今後一個時期的戰略重點，伊拉克戰爭是這種戰略的實質延伸。美國把傳統威脅與非傳統威脅的位置進行調整後，美國對中國的戰略和政策也相應地作了調整，淡化「戰略競爭對手」的意識，強調建立中美坦誠的、建設性的合作關係，比較重視「融合」戰略，希望將中國融入到美國主導的國際政治新秩序中。

現在，中國應該明白，在現在的國際格局中，要建立符合自

己願望的國際政治新秩序是很不現實的，而且執行這種政策的代價是很大的。中國已經日益融入美國主導的國際政治新秩序，加入 WTO 是一個重大舉動。事實證明，加入現行秩序不僅不損害中國的國家利益，而且這個秩序給中國有足夠的空間發展，甚至在一定的時機可以在體制內推動現行國際秩序的改善。如今，美國發動伊拉克戰爭，是爲了確立美國領導下的國際政治新秩序。爲了鞏固這種新秩序，特別是爲了增強美國發動戰爭的合法性，並徹底鏟除恐怖主義的溫床，美國必須借助各國推動伊拉克重建工作，並且推動伊拉克的民主化。從更長遠看，美國還將推動伊斯蘭世界的現代化和民主化。美國 2002 年公布的國家安全戰略中，一改以往對伊斯蘭地區政治體制的回避政策，提出推動這些地區的民主化，強調各國人民的自由、婦女的權利和經濟改革，使之成爲與美國價值觀趨同的地區。

這種戰略將使美國需要付出相當的精力和時間，在戰略上對中國有利，爲中國聚精會神搞建設，一心一意謀發展提供了難得的戰略機遇，可以有相當長的戰略喘息期。參與伊拉克的重建可以使中國能夠對戰後伊拉克政權有一定的影響力，從而在維護石油和其他重要戰略利益方面有一定的成效。

最近俄羅斯遠東石油管道計劃的變動表明了俄羅斯對中國崛起的擔憂、警覺，中國在與俄羅斯（前蘇聯）外交歷史上有過很深刻的教訓，關鍵時刻是靠不住的，例如雅爾塔，例如韓戰。因此，盡管中國要繼續加強與俄羅斯的友好合作關係，但更重要的是要與美國發展關係。而要發展與美國的關係，最重要的是不觸動美國的全球戰略利益，不觸動美國主導的國際政治新秩序，而且在一定條件下要參與到這種秩序中去。伊拉克的重建要積極參

與，並在參與過程中爭取其他國家對中國利益的尊重。阿富汗新
政權建立後，對中國友好，表示不允許有關勢力在阿富汗從事損
害中國國家安全的活動。一個友好的、民主的伊拉克政府也同樣
會發展與中國的關係，特別是經貿關係，美國和新政府也不會阻
止中國通過正常貿易獲得石油。

　　吾人對二十一世紀初東北亞國際新秩序有以下幾點看法：

　　一、「阿米塔奇—沃爾福威茨理念」（The Armitage-Wolf-
owitz Vision）代表美國的亞太政策[43]。美國對中國政策必須是在
美國對亞太地區政策的大框架中一個組成部分，而不是反之。同
柯林頓時期不同之處在於，美國應該把亞太政策的重點防在整個
地區通盤考慮上，至少對地區的總體考慮要高於對中國政策的考
慮。這一理念並非出於「包圍中國和遏制中國」的考慮，但是它
無形中強調了美國應加強同中國周邊國家的政治，軍事和戰略關
係。雖然沒有公開的文件闡述「阿米塔奇—沃爾福威茨理念」，
可總結爲以下七點：強調同日本同盟合作關係；強調同南韓，泰
國，菲律賓，澳大利亞的地區同盟，和尤其是和新加坡的安全伙
伴關係；建立和馬來西亞、印尼、緬甸和越南的安全關係；全方
位提升和印度的政治，商業和軍事關係；同中亞國家建立安全伙
伴關係；重建同巴基斯坦的關係並防止巴基斯坦變成一個鼓勵和
「出口」恐怖主義的失去控制的「失敗國家」；加強和台灣的政
治和軍事關係；保持在亞洲各處強健的前沿軍事存在[44]。

　　二、東亞安全仍依賴美國的霸權。美國是世界上唯一全球霸
權，成功扮演了一種「離岸平衡者」（offshore balancer）的角

註[43]　David Shambaugh, "Sino-American Relations since September 11: Can the New
　　　　Stability Last?," *Current History*, Sept. 2002 (Vol. 101, No. 656, p. 247.
註[44]　*Ibid.*

色，以防止出現任何地區霸權的出現。隨著中國的崛起，吾人同意中美之間激烈的安全競爭在可預見的將來是不可避免⑮。伊拉克戰爭對中國已經造成了巨大的政治、外交、經濟與社會震動。當然，如同「9‧11 事件」，短期內，伊拉克戰爭也會給中國帶來一些機遇，比如，美國在今後一段時間要把精力相對集中在重建伊拉克與中東新秩序上，相對減少對東亞的注意力，中國受到的美國壓力不至於增加。中美關係、戰略對話近期升溫的姿態並不意味著雙邊關係就此親密無間、平穩前進。基本的構造矛盾，諸如社會制度的差異、人權問題、對台軍售、對手意識依然存在。摩擦、合作並舉的局面不會改變，目前只是合作大過摩擦。一旦伊拉克問題告一段落，華盛頓對中國的所求便會有所降低。說不定如果布希主義在中東的試驗與推廣如果順利，布希政府將矛頭直指中國的可能性也不能排除。布希政府本來把中國列為「戰略競爭對手」的，反恐後中美關係雖大幅度改善，但 2002 年發表的「美國國家安全戰略」報告仍然把中國當作威脅。

伊拉克戰爭後，美國在許多國際安全問題上對中國的依賴可能下降。美國可以輕易利用東亞長期不決的安全問題，而重新塑造東亞秩序。這是中國面對的長期挑戰。如果美國在伊拉克和北韓先後得勢，並且能夠有效地打擊國際恐怖主義活動，美國很有可能會在今後十年之內再次把攻擊的矛頭直接對準中國，其主要手段將包括對石油貿易的管理、對能源運輸航線的控製、金融戰爭、撤資製裁、軍事鉗製、臺海危機、中日衝突，等等。

三、中國在國內外危機出現時的對美外交仍是謹記鄧小平遺訓二十八字方針：「冷靜觀察，穩住陣腳，沈著應付、善於守

註⑮ John Mearsheimer, *op. cit.*.

拙,決不當頭,韜光養晦,有所作爲」,推行一套低姿態外交策略(low profile diplomacy)。90 年代以來,中國發展出一套對美外交十六字方針——「增加信任,減少麻煩,發展合作,不搞對抗」,並且極力的說服美國把中國當做一個地區大國來看待。布希總統上台之後,中美關係雖然經歷了軍機擦撞意外,及美國調整國防戰略,但是中國迄今仍未改變對美外交的方針,採取低調不與美國對抗策略。目前中國對美政策的三個主軸爲:主張從戰略高度與長遠的角度來看待中美關係;中國絕無意成爲美國的威脅,中國也無意與美國搞對抗;台灣是中美關係最重要也最敏感的問題。對於中美關係,中國認爲目前爲止布希總統並沒有改變「三個公報」、「一個中國」的基本框架。中美關係「磨合期」已過,中美關係的本質是「好一陣,壞一陣;好也好不到那裏,壞也壞不到那裏」的辯證發展本質。

*　　　　*　　　　*

菲律賓摩洛分離主義運動在 國際反恐情勢下之發展困境－ 以專事綁架之「阿布‧撒亞夫」爲例①

邱 稔 壤

國立政治大學國際關係研究中心第二研究所研究員

壹、前 言

「恐怖主義」雖爲世人耳熟能詳的字眼，迄今卻無國際公認的定義。儘管在恐怖行動當中，必然有行兇者和被害者並存的現象，不過行兇者卻不必然就是恐怖份子，因爲對其他人來說，在加上政治考量的情況下，行兇者或有可能被認爲是自由鬥士。由於已開發國家偶有針對開發中國家採取軍事行動的狀況，因此他們深怕自己會被定位成國家恐怖主義。而開發中國家執政者卻擔心，一旦失勢而淪爲非國家行爲者的領導人，則渠爲民族自由而奮戰的武裝行動，卻有可能會被定位爲恐怖組織的行動②。即使

註① 謹將本文獻給曾在政大英語系任教多年的菲律賓籍西班牙文老師－ Rosa Luz Peralta，同時感謝她對作者在學期間的教導，尤其是英語和西班牙語聽講能力的訓練。

註② Alex Obote-Odora, "Defining International Terrorism," *E Law- Murdoch University Electronic Journal of Law*, Vol 6, No 1 (March, 1999), http://www.murdoch.edu.au/elaw/issues/v6n1/obote-odora61_text.html, pp. 3～4.

在二〇〇一年美國九一一被攻擊事件過後，同年十月召開的聯合
國大會當中，與會代表對各國政府根除恐怖主義的決心並無疑
義，不過各國對恐怖主義的定義卻仍然各說各話③。而各國在標
準不一的情況下，也唯有各行其是了。

　雖然國際社會對恐怖主義有不同的定義，不過恐怖組織的攻
擊行動卻日益增加。美國國務院爲因應情勢而認定：事先籌劃由
政治性動機啓動的暴力，藉由次國家團體或祕密代理對付非戰鬥
目標，並企圖以之影響公眾視聽的作爲，即可謂之爲恐怖主義。
美國中央情報局反恐中心前副主任皮拉爾(Paul Pillar)就此認爲，
要爲恐怖主義定義，應行注意下列四項要素：1.事先經過規劃，
而不是衝動的狂熱所致。2.政治目的而非刑事目標，其意在改
變既存的政治秩序。3.針對一般公民百姓，而非軍事標的或備
戰部隊。4.經由次國家團體完成計畫，而不是經由國家軍隊達
成目標④。雖然恐怖主義並無特定的分類標準，不過一般將其分
爲左派的、右派的、宗教的、國家支持的、無政府主義的、民族
主義(建構國家)的恐怖主義等六種。活躍於菲律賓南部的阿布‧
撒亞夫(Abu Sayyaf Group)，則被視爲兼具支持回教聖戰和建構摩
洛共和國的恐怖組織。

　基本上，民族主義恐怖份子意圖從其原本所在的國家當中，
分離出新的國家，因此常會組織民族解放陣線(national liberation

註③　Sonia del Valle, "Definir el concepto de terrorismo," principal discusión en la Asamblea General de la ONU, CIMAC, 3 de octubre del 2001, http://www.cimac.org.mx/noticias/01oct/01100301.html, p. 1.

註④　美國國務院對恐怖主義的定義，原文如下：Premeditated, politically motivated violence perpetrated against noncombatant targets by subnational groups or clandestine agents, usually intended to influence an audience. "Terrorism: An Introduction," http://www.terrorismanswers.com/terrorism/introduction.html, p. 1.

Front) 作為革命號召，而此類恐怖主義最常贏取國際同情和讓步，也常堅稱自己是自由鬥士。而宗教恐怖份子則以暴力深化自身信仰的神諭，以清除橫亙在前的異教徒障礙。由於宗教問題見仁見智，極端恐怖份子為達成宗教目標，使用暴力幾無限制。美國九一一被攻擊事件過後，奧薩瑪‧賓拉登 (Osama bin Laden) 領導的凱達 (al-Qaeda) 組織，即因該次恐怖攻擊行動而惡名昭彰⑤。在美國國務院於二〇〇一年十月條列的十一個回教恐怖組織當中，凱達組織和阿布‧撒亞夫皆榜上有名⑥。美國政府則進一步認定，賓拉登領導的凱達組織和阿布‧撒亞夫關係匪淺，因此聯合菲律賓政府擬定反恐行動，以期一舉剷除凱達組織在亞太國家串連所產生的影響力。由於阿布‧撒亞夫為後冷戰時期成立的恐怖組織，國內學界較少觸及此一議題，因此本研究謹就菲南摩洛分離意識的傳承與分裂、菲律賓政府的綏靖與圍剿、阿布‧撒亞夫的

註⑤　"Types of Terrorism," http://www.terrorismanswers.com/terrorism/types.html, pp. 1~2.

註⑥　二〇〇一年十月美國國務院公佈了二十八個境外恐怖組織，其中有十一個是回教恐怖組織。詳細名單如下：Abu Nidal Organization (ANO), Abu Sayyaf Group, Armed Islamic Group (GIA), Aum Shinrikyo, Basque Fatherland and Liberty (ETA), Gama'a al-Islamiyya (Islamic Group), HAMAS (Islamic Resistance Movement), Harakat ul-Mujahidin (HUM), Hizballah (Party of God), Islamic Movement of Uzbekistan (IMU), al-Jihad (Egyptian Islamic Jihad), Kahane Chai (Kach), Kurdistan Workers' Party (PKK), Liberation Tigers of Tamil Eelam (LTTE), Mujahedin-e Khalq Organization (MEK), National Liberation Army (ELN) Palestinian Islamic Jihad (PIJ), Palestine Liberation Front (PLF), Popular Front for the Liberation of Palestine (PFLP), PFLP-General Command (PFLP-GC), al-Qa'ida, Real IRA, Revolutionary Armed Forces of Colombia (FARC), Revolutionary Nuclei (formerly ELA), Revolutionary Organization 17 November, Revolutionary People's Liberation Army/Front (DHKP/C), Shining Path (Sendero Luminoso, SL), United Self-Defense Forces of Colombia (AUC)。 "2001 Report on Foreign Terrorist Organizations," U.S. Department of State, http://www.state.gov/s/ct/rls/rpt/fto/2001/5258.htm, p. 1.

綁架與策略、菲律賓與美國針對阿布‧撒亞夫的初期反恐行動，
作為內文立論與分析的重點。有關美國與菲律賓的軍事合作和反
恐策略聯盟，則將另篇予以討論。

貳、菲律賓政府對付摩洛分離意識 之綏靖政策

菲律賓境內不但多山，也常有地震和火山爆發的天然災害，
雖然島嶼超過七千個，不過人口卻集中在其中的十一個大島上⑦。
然而天然環境所造成的隔閡，雖未造成巨大的種族岐異，卻也導
致菲律賓在語言、宗教、風俗、習慣的不同。以共通的語言為
例，除了菲律賓語(Pilipino)和英語等官方語言外，另外尚有八種
主要方言⑧。雖然以人口密度的標準來看，總數達八千四百五十
萬的人口，居住在廣達三十萬方公里的土地面積上，並不嫌擁擠。
不過若以宗教區分住民，則近代深受西班牙和美國殖民影響的菲律
賓，其天主教徒即佔有總人口的 83 ％，基督教徒則佔有 9 ％；反
而是較早居住在菲律賓南部的摩洛(Moro 意為回教徒) 僅有 5 ％，
篤信佛教的的中國後裔和其他宗教則只有 3 ％⑨。雖然菲南回教

註⑦　"Country profile: The Philippines," *BBC News*, 24 September, 2002, http://
news.bbc.co.uk/l/hi/world/asia-pacific/country_profiles/1262783.stm, p. 1.

註⑧　菲律賓的方言共有八十七種，皆屬於馬來－玻里尼西亞語系。菲律賓政府
從一九三九年即致力於推動以 Tagalog 為主體的菲律賓語，另外七種較常被
使用的方言分別為：Cebuano, Ilocan, Hiligaynon or Ilonggo, Bicol, Waray,
Pampango, Pangasinense。 "Background Note: Philippines," *Bureau of East As-
ian and Pacific Affairs* (September 2001)，U.S. Department of State, http://www.
state.gov/r/pa/ei/bgn/2794.htm, p. 2.

註⑨　"The World Factbook 2002-Philippines," *CIA*, 1 January 2002, http://www.odci.
gov/cia/publications/factbook/print/rp. html, pp. 1～3. 菲律賓在一八九八年六月
十二日脫離西班牙的殖民統治，一九四六年七月四日脫離美國的殖民統治。
不過從一九六二年開始，菲律賓的國慶日就由七月四日改為六月十二日。
"Background Note: Philippines," Bureau of East Asian and Pacific Affairs
(September 2001), U.S. Department of State, op. cit., pp. 2～3

徒所佔有的土地和人口，皆與廣義的基督徒不成比例，卻是菲律
賓南北宗教衝突的亂源。

一、路線分歧之菲南摩洛分離意識

　　佔有菲律賓人口百分之五的回教徒，雖和天主教徒和基督教
徒同屬馬來族群 (Malay stock)，卻長期生活在主流社會之外。遠
自十四世紀即已東傳至菲律賓南部的回教文化，遂成為西班牙入
侵並統治菲律賓時期 (1521～1898) 的宿敵。而菲南回教徒亦以維
護傳統文化和追求獨立為名，與西班牙人展開長期的戰鬥。而後
此項追求獨立的戰鬥，跨越美國統治菲律賓的時代(1898～1946)，
乃至於菲律賓獨立後的共和國時代。而菲律賓境內基督教文化南
侵的結果，更造成回教徒危機意識加重⑩。基本上，菲南回教徒
分布在民答那峨 (Mindanao) 西部和南部、巴拉望 (Palawan) 南部
和蘇祿 (Sulu) 群島等地帶。由於菲南地形歧異、語文不同，因此
回教徒也各自有不同的教派和政治結構。不過菲律賓政府長期對
菲南的疏忽，已造成當地經濟衰敗的局面。一九七二年菲律賓總
統馬可仕 (Ferdinand E. Marcos) 亟思藉由戒嚴法攬權，並要求所
有人民繳械。此舉不但無法達成菲律賓政府的目標，反而促使習於
攜帶槍械的回教徒，認定馬可仕政府選擇性辦案，以致於無法阻
攔菲南摩洛分離意識向全球伊斯蘭社區認同的潮流⑪，而菲南回教
團體不相統屬的關係，則加深了彼此之間猜忌和分裂的鴻溝。

註⑩　　"Philippines: The Moros," http://lcweb2.loc.gov/cgi-bin/query/r? frd/cstdy:@fi-
　　　　eld(DOCID+ph0177), p. 1.

註⑪　　"Philippines: Muslim Filipinos," http://lcweb2.loc.gov/cgi-bin/query/r? frd/cstdy:@
　　　　field(DOCID+ph0059), p. 1. 一九七〇年代以前的菲南摩洛動亂，請參閱Chris-
　　　　tos Iacovou, "From MNLF to Abu Sayyaf: The Radicalization of Islam in the
　　　　Philippines," http://www.ict.org.il/articles/articledet.cfm? articleid=116, pp. 1～2.

　　原本個別零星的摩洛叛亂，並不足以對菲律賓政府構成太大
的威脅。不過由菲律賓大學講師密蘇瓦里 (Nur Misuari) 所領導的
摩洛民族解放陣線 (the Moro National Liberation Front)，矢言建構
獨立的摩洛共和國 (the Bangsamoro Republic)，卻迅速在菲南坐
大。摩洛民族解放陣線戰士總數曾高達三萬，並獲得回教國家諸
如利比亞和馬來西亞的支持。馬可仕政府在部署重兵予以圍剿之
時，曾企圖提供菲南特別經濟援助和政治讓步，以避免內部衝突
擴大。在政府軍和摩洛叛軍對峙的高峰期 (1973～1975)，雙方不
但死傷慘重，並在菲南造成數十萬的難民。不過從馬來西亞流向
菲南的武器大幅減少之後，經由回教會議組織 (the Organization of
Islamic Conference) 的大力斡旋，菲律賓政府和摩洛民族解放陣線
終於在一九七六年十二月二十三日簽署了的黎波里協定 (the Tripoli
Agreement) ⑫，以便協議停火和商討菲南十三省自治的問題。然
而的黎波里協定並未受到充分的尊重，以至於戰事在次年再起。
雖然摩洛民族解放陣線的分裂、外力支援的減少，以及對戰爭的
倦怠感，使得摩洛叛軍與政府軍雙方的衝突強度降低⑬。不過對

註⑫　一九七六年十二月二十三日菲律賓政府和摩洛民族解放陣線商議簽署黎波
　　　里協定時，當時有來自利比亞、沙烏地阿拉伯、塞內加爾、索馬利亞等回
　　　教會議組織的會員國代表與會，回教會議組織祕書長 Dr. Amadou Karim Gaye
　　　則率同祕書處相關官員出席。菲律賓政府由國防部次長 Carmelo Z. Barbero
　　　率團參加，摩洛民族解放陣線則由密蘇瓦里領隊前往協商。的黎波里協定
　　　第二條述及雙方同意菲南摩洛十三省成立自治區，其涵蓋範圍如下：Basilan,
　　　Sulu, Tawi-tawi, Zamboanga del Sur, Zamboanga del Norte, North Cotabato, Ma-
　　　guidanao, Sultan Kudart, Lanao del Norte, Lanao del Sur, Davao del Sur, South
　　　Cotabato, Palawan。的黎波里協定全文，請參閱 "The Tripoli Agreement,"
　　　December 23, 1976, http://www.ict.org.il/counter_ter/law/lawdet.cfm? lawid=22,
　　　pp. 1～4.

註⑬　"Philippines: The Moros," *op. cit.*, pp. 1～2. Christos Iacovou, "From MNLF
　　　to Abu Sayyaf: The Radicalization of Islam in the Philippines," *op. cit.*, p. 2.

密蘇瓦里領導方式有歧見的成員，卻趁此另起爐灶，導致往後摩洛民族解放陣線的分裂。

相對於以蘇祿群島為基礎的密蘇瓦里，以民答那峨島的蘭諾省 (Lanao Province)、古達描省 (Cotabato Province) 為基地的陸克曼 (Rashid Lucman) 和潘達度 (Salipada Pendatum)，另行組織了較為傳統的摩洛解放組織 (the Bangsa Moro Liberation Organization)，並宣稱該組織為菲律賓回教聖戰的領導。只是此一組織隨即潰敗，並由摩洛民族解放陣線改革者運動 (the Moro National Liberation FrontReformist Movement) 接手。一九七七年民答那峨島馬金達諾 (Maguindano) 地區支持的薩拉馬特 (Hashim Salamat)，原本是摩洛民族解放陣線中央委員會的副主席，不但曾經在埃及受過密集的宗教訓練，且為潘達度的侄子。在他奪權失敗後，遂於開羅組織摩洛回教解放陣線 (the Moro Islamic Liberation Front)。此後至一九八三年期間，摩洛路線之爭、人民懼戰心態和外國支援降低，導致摩洛戰士銳減至一萬五千人，而其與政府軍在馬可仕統治期間的交戰亦大為減少⑭，不過菲南動亂情勢依舊。儘管馬可仕在一九八六年二月出亡，然而繼任總統的艾奎諾夫人 (Corazon Aquino)，亦無法解決菲律賓內部混亂的情勢。

二、憲政規範下之區域自治辦法

雖然艾奎諾夫人領導下的菲律賓政府，成功推動一九八七年

註⑭　"Philippines: The Moros," *op. cit.*, p. 2. Christos Iacovou, "From MNLF to Abu Sayyaf: The Radicalization of Islam in the Philippines," *op. cit.*, p. 3.

憲法的制定，在憲法第一條即已明定菲律賓共和國的領土範圍⑮，並對境內紛擾的情勢做出讓步。不過摩洛分離意識對一九八七年憲法的區域自治辦法，仍然採取抵制的態度。一九八七年憲法第十條有關地方政府一般規定當中的第一項和第二項，規定菲律賓共和國轄下可再分爲省份、城市、市鎮、村莊 (barangay)。在民答那峨的回教區和呂宋中北部共黨活動頻繁的山區，則獲允許成立自治區⑯。憲法第十條有關地方政府的自治區項目中，第十五項有如下的規定⑰：預定在民答那峨回教區和呂宋中北部山區設立的自治區，在菲律賓共和國憲法、國家主權和領土完整的架構下，由省份、城市、市鎮，以及享有共同獨特歷史、文化傳統、

註⑮ 一九八七年菲律賓憲法第一條宣示的國家領土範圍，全文如後：The national territory comprises the Philippine archipelago, with all the islands and waters embraced therein, and all other territories over which the Philippines has sovereignty or jurisdiction, consisting of its terrestrial, fluvial and aerial domains, including its territorial sea, the seabed, the subsoil, the insular shelves, and other submarine areas. The waters around, between, and connecting the islands of the archipelago, regardless of their breadth and dimensions, form part of the internal waters of the Philippines. "Article I: National Territory" in Constitution of the Republic of the Philippines, http://www.chanrobles.com/article1.htm, p. 1.

註⑯ 一九八七年菲律賓憲法第十條對地方政府一般規定的第一項全文如後：The territorial and political subdivisions of the Republic of the Philippines are the provinces, cities, municipalities, and barangays. There shall be autonomous regions in Muslim Mindanao and the Cordilleras as hereinafter provided. 第二項全文如後：Section 2. The territorial and political subdivisions shall enjoy local autonomy. "Article X: Local Government" in Constitution of the Republic of the Philippines, http://www.chanrobles.com/article10.htm, p. 1.

註⑰ 菲律賓憲法第十條第十五項全文如下：There shall be created autonomous regions in Muslim Mindanao and in the Cordilleras consisting of provinces, cities, municipalities, and geographical areas sharing common and distinctive historical and cultural heritage, economic and social structures, and other relevant characteristics within the framework of this Constitution and the national sovereignty as well as territorial integrity of the Republic of the Philippines.

經濟和社會結構等相關特色的地理區域所共同組成。第十六項則
規定總統對自治區行使一般性的監督，以確認相關法律在當地被
確實執行。第十七項進一步規定：憲法或法律未授予自治區的權
力、職能和責任，皆隸屬於中央政府⑱。

　　菲律賓政府在沒有摩洛民族解放陣線合作的情況下，依據一
九八七年憲法第十條在民答那峨建立自治區的規定，於一九八九
年十一月舉行公民投票。在只有馬金達諾、南蘭諾兩省和蘇祿島
和塔威－塔威島(Tawi-Tawi)贊成的情況下，由四個省份組成的回
教民答那峨自治區仍然在一九九○年十一月六日成立⑲。儘管一
九八七年憲法促使菲律賓回歸總統制，而中央政府也試圖大權獨
攬，不過地方分權在政府無力貫徹政令的情況下，仍可因人因地
而有不同的待遇。學自美國的三權分立，雖然也保障人民的自由
和正常的選舉，不過基於菲律賓的歷史、文化和貧窮等因素，中
央民代的素質和權利不成比例，例如參議院的二十四位成員雖然
來自全國性選區，不過在一九八○年代卻都出自有錢有勢的家
族，關心的也都是與自家財政相關的問題。而政黨在意識形態的
差異性也不大，彼此之間的合縱連橫，也只是為了勝選考量⑳。

　　不過此一情勢在一九九○年代有了改變，菲律賓政府為鼓勵
人民參與公共事務，提升了地方政府的權力。不過此舉卻使中央

註⑱　　"Article X: Local Government" in Constitution of the Republic of the Philip-
　　　　pines, http://www.chanrobles.com/article10autonomousregions.htm, pp. 1～2.
註⑲　　"Philippines: The Moros," *op. cit.*, p. 2.
註⑳　　"Philippines: Government and Politics," http://lcweb2.loc.gov/cgi-bin/query/r?
　　　　frd/cstdy:@field(DOCID+ph0115), p. 2. 雖然天主教教會已較馬可仕統治的時
　　　　代退卻，不過仍然具有動見觀瞻的影響力，只是有些神職人員卻因個別意
　　　　識形態的考量，而與新人民軍 (New People's Army) 合作。有關菲律賓共黨
　　　　暴亂的問題，併請參閱"Philippines: The Communist Insurgency," http://lcweb2.
　　　　loc.gov/cgi-bin/query/r? frd/cstdy:@field(DOCID+ph0170), p. 1.

政府在共產黨和摩洛叛亂盛行的地帶，無法確保有效的政治和行
政控制。特別是以往在馬可士威權統治時代遺留下來的陋規，使
得擁有票源的地方管理階層，藉由向馬可仕宣誓效忠而享有特
權。職是之故，艾奎諾夫人決定更換所有效忠馬可仕的地方官
員，依據新憲法過渡條款選出的地方官員，每任為三年，最多以
三任為限㉑。此一時期菲律賓政府雖仍須動用武力鎮壓摩洛動亂，
不過摩洛民族解放陣線只有一萬五千人，摩洛回教解放陣線剩下
兩千九百人，摩洛民族解放陣線改革者運動則不足九百人㉒。儘
管回教分離意識並不同意菲律賓政府設立自治區政府的做法，不
過波斯灣戰爭後的國際情勢，終使菲律賓政府與摩洛民族解放陣

註㉑　有關地方官員的任命和任期，一九八七年菲律賓憲法第十條第八項規定如
後：The term of office of elective local officials, except barangay officials, which
shall be determined by law, shall be three years and no such official shall serve for
more than three consecutive terms. Voluntary renunciation of the office for any
length of time shall not be considered as an interruption in the continuity of his
service for the full term for which he was elected. "Article X: Local Govern-
ment" in *Constitution of the Republic of the Philippines, op. cit.*, p. 2. 一九八七
年菲律賓憲法第十八條暫行條例第一項規定如後：The first elections of Mem-
bers of the Congress under this Constitution shall be held on the second Monday
of May, 1987.The first local elections shall be held on a date to be determined by
the President, which may be simultaneous with the election of the Members of the
Congress. It shall include the election of all Members of the city or municipal
councils in the Metropolitan Manila area. 一九八七年菲律賓憲法第十八條暫
行條例第二項規定如後：The Senators, Members of the House of Representa-
tives, and the local officials first elected under this Constitution shall serve until
noon of June 30, 1992. Of the Senators elected in the elections in 1992, the first
twelve obtaining the highest number of votes shall serve for six years and the re-
maining twelve for three years. "Article XVIII: Transitory Provisions" in *Con-
stitution of the Republic of the Philippines*, http://www.chanrobles.com/article18.
htm, pp. 1～2.

註㉒　"Philippines: The Moros," *op. cit.*, pp. 2～3.

線達成和平協議。

三、菲律賓政府與摩洛團體之和平協議

　　羅慕斯(Fidel V. Ramos)於一九九二年當選總統之後，隨即規劃全民和解的工作。在他的努力之下，全國統一委員會 (National Unification Commission)擔負起與共黨暴亂、回教分離主義者、部隊叛軍等共謀對話的基礎⑳。此項工作在一九九三年九月十五日羅慕斯總統發布的一二五號行政命令具體化，其中對於和平過程的原則，有如下的規範㉔：

　　1. 和平過程並非單方面由政府或衝突的團體制定，而是由所有菲律賓人作為一個整體，以充分反映共同的情感、價值和原則。

　　2. 和平過程意在打造政治多元化的社會，在憲法保障的權利和自由之下，經由自由、公平、誠實的選舉制度，各自爭取個人和團體的政治權力。

　　3. 和平過程乃在內部的武裝衝突中，以有尊嚴的方式，在沒有譴責與投降的情況下，尋找一個原則性與和平的決議。

　　菲律賓一二五號行政命令為了貫徹和平過程，在總統之下設立了和平過程總統顧問(Presidential Adviser on the Peace Process)、全國和解與發展委員會 (National Reconciliation and Development Council)、政府和平談判審查小組 (Government Peace Negotiating

---

註㉓　　"Background Note: Philippines," *Bureau of East Asian and Pacific Affairs* (September 2001), U.S. Department of State, *op. cit.*, p. 4.

註㉔　　"Philippines Executive order No.125," http://www.ict.org.il/counter_ter/law/law-det.cfm? lawid=24, p. 1.

Panels)、各審查小組顧問群 (Panel of Advisers) 等單位，全國統一
委員會則於上述組織架構完成後解散㉕。儘管菲律賓政府在此一
過程必須有所退讓，不過一九九四年六月羅慕斯仍然簽署了大赦
文件，使之具有法律效力。其涵蓋範圍也遍及所有叛亂團體，甚
至軍隊和警察因對付暴亂被控的罪行，也都包括在內。困擾菲律
賓多年的菲南動亂，至此終於有了不同以往的新轉機。一九九五
年十月菲律賓政府簽署文件結束軍隊叛亂後，隨即於一九九六年
六月與摩洛民族解放陣線簽署菲律賓和平協定 (Philippines Peace
Agreement) ㉖。

　　一九九六年菲律賓和平協定仍然承襲了一九七六年的黎波里
協定的傳統，在回教會議組織斡旋下達成和平談判㉗。實際上，
菲律賓和平協定也以的黎波里協定為基礎，在各方確認菲律賓主
權、領土完整，以及在菲律賓憲法的架構下，試圖在菲律賓政府
和摩洛民族解放陣線之間，尋找解決菲南動亂的共同決議。在菲
律賓和平協定的履行架構和機制當中，將和平過程分為以下兩個

註㉕　*Ibid.*, pp. 1～2.

註㉖　"Background Note: Philippines," *Bureau of East Asian and Pacific Affairs* (Sep-
　　　tember 2001), U.S. Department of State, *op. cit.*, p. 4. 實際上，菲律賓政府與摩
　　　洛民族解放陣線在一九七六年十二月簽訂了的黎波里協定後，雙方陸續就
　　　菲南公投與自治問題繼續進行談判，由於過程曲折且參與者眾，最後才在
　　　一九九六年六月達成和平協定的簽署。有關菲律賓政府與摩洛民族解放陣
　　　線曲折的談判過程，請參閱陳鴻瑜，「菲律賓政府與摩洛分離主義者談判
　　　過程之分析」，**東南亞季刊**（南投），第二卷第一期，民國八十六年一月，
　　　頁 1～22。

註㉗　一九九六年參與調停的回教會議組織，當時部長會議的六個成員國，除印
　　　尼為輪值主席外，其餘五個成員國分別為：利比亞、沙烏地阿拉伯、孟加
　　　拉、塞內加爾、索馬利亞。

部份㉘：

1. 和平協議簽署後三年內，以行政命令建立和平與發展特區
(the Special Zone of Peace and Development)、菲南和平與發展會議
(the Southern Philippine Council for Peace and Development)、諮詢
大會(Consultative Assembly)。同時啓動摩洛民族解放陣線成員加
入菲律賓軍事武力，以及一般警力徵募的過程。

2. 經由國會修訂或撤銷回教民答那峨自治區行政法 [Organic
Act (RA6734) of the Autonomous Region in Muslim Mindanao]，而
後將其交由相關區域的人民，以公投決定是否併入或建立一個自
治區政府和自治特區。

一九九六年菲律賓和平協定終於促成菲南回教地區的自治，
不過自治內容以該地區的經濟發展為主軸，國防、財政和外交事
務仍歸菲律賓政府主導。此項和平協定固然使得密蘇瓦里成為回
教民答那峨自治區的首長，只是密蘇瓦里後來卻因成效不彰而面

註㉘　和平協定建構分為兩階段的運作計畫，全文如後：1. While peace and devel-
　　　opment programs are being implemented in the SZOPAD, a bill to amend or re-
　　　peal the RA 6734 shall be initiated within Phase I (1996～1997). The bill shall in-
　　　clude the pertinent provisions of the final Peace Agreement and the expansion of
　　　the present ARMM area of autonomy. After a law shall have been passed by Con-
　　　gress and approved by the President, it shall be submitted to the people for appro-
　　　val in a plebiscite in the affected areas, within two (2) years from the establish-
　　　ment of the SPCPD (1998). 2. The new area of autonomy shall then be determin-
　　　ed by the provinces and cities that will vote/choose to join the said autonomy
　　　(1998). It may be provided by the Congress in a law that clusters of contiguous
　　　Muslim-dominated municipalities voting in favor of autonomy be merged and
　　　constituted into a new province(s) which shall become part of the new Auton-
　　　omous Region. "Philippines Peace Agreement," September 2, 1996, http://www.
　　　ict.org.il/counter_ter/law/lawdet.cfm? lawid=23, pp. 2～3.

臨眾叛親離的問題㉙。而原本從摩洛民族解放陣線分裂出來的摩
洛回教解放陣線，雖然在菲律賓和平協定簽署後，繼續以武裝戰
鬥爭取菲南獨立建國㉚，不過與政府軍的衝突規模已經大爲縮小。
儘管菲南摩洛動亂至此已經有緩和的現象，只是此時草創初立的
阿布‧撒亞夫，卻因激進的分離意識和恐怖行動，逐漸成爲菲律
賓南部的亂源。而綁架外籍人士換取贖金的做法，更成爲阿布‧
撒亞夫往後在菲南招降納叛的本錢。而阿布‧撒亞夫與凱達組織
的歷史淵源，則使其成爲美國政府矚目的焦點。

參、以綁架為業之恐怖組織
—「阿布‧撒亞夫」

　　阿布‧撒亞夫意爲帶劍者 (Bearer of the Sword)，活動範圍以
菲律賓南部的巴西蘭島 (Basilan)、蘇祿島和塔威－塔威島爲主，
而其活動則以爆破、謀殺、綁架、敲詐商家和富豪爲大宗。雖然
阿布‧撒亞夫自一九九一年才從摩洛民族解放陣線當中分裂出
來，而且核心戰鬥人員也只有數百人，不過他們卻和菲律賓境外
的回教基本教義派有來往。一九九三年美國紐約世界貿易中心爆
炸案主謀尤瑟夫 (Rami Yousef) 和二〇〇一年美國九一一被攻擊事
件主謀賓拉登，皆與阿布‧撒亞夫有關。其組織運作財源則來自
搶劫、海盜行爲、綁架贖金，乃至於接受來自賓拉登所領導組織

註㉙　有關密蘇瓦里無法有效管理菲南自治區及其所產生的問題，請參閱 Jose
　　　Torres Jr., "Mindanao fundamentalists rising," http://www.abs-cbnnews.com/im-
　　　ages/news/microsites/abusayyaf/mindanao.htm, pp. 3～5.
註㉚　"Guide to Philippines conflict," BBC News, 6 December, 2001, http://news.bbc.
　　　co.uk/2/hi/asia-pacific/1695576.stm, pp. 2～3.

的捐輸㉛。實際上，阿布‧撒亞夫深受賓拉登反美情結的影響，早期贊助阿布‧撒亞夫的沙烏地阿拉伯商人凱里發 (Muhammad Jamal Khalifa)，根本就是賓拉登的姻親，而且從一九九六年開始，阿布‧撒亞夫和凱達組織就保有系統性的合作㉜。尤有甚者，阿布‧撒亞夫不但偏好綁架西方人，更以美國公民為首選，以至於成為美國國務院認定的境外恐怖組織。

一、改變組織領導走向之關鍵

創立阿布‧撒亞夫的阿杜拉嘉‧詹加藍尼(Abdurajak Abubakar Janjalani)，曾於蘇聯佔領阿富汗時，參與反抗軍的活動。並與一九九三年美國紐約世界貿易中心爆炸案主謀尤瑟夫一起受訓㉝。原本詹加藍尼與摩洛民族解放陣線立場相近，後來卻決定另起爐灶，其主要原因乃在於對回教聖戰 (Islamist jihadism) 的不同解釋。詹加藍尼認為阿拉的旨意在發起聖戰而不是革命，要贏得勝

註㉛　"Abu Sayyaf Group (ASG)," http://www.ict.org.il/inter_ter/orgdet.cfm? orgid=3, p. 1. 巴西蘭島可以說是阿布‧撒亞夫的誕生地，當地貧富不均且法令不彰，雖然回教徒佔有 71 %的人口，基督教徒卻佔有 75 %的土地，而少數的華裔竟佔有 75 %的生意。相關資料請參閱 Jose Torres Jr., "Basilan: Abu Sayyaf's birthplace," http://www.abs-cbnnews.com/images/news/microsites/abusayyaf/basilan, pp. 1～2.

註㉜　長期觀察菲律賓政情的專家認為，阿布‧撒亞夫與凱達組織或有聯繫，不過兩者的目標不盡相同。因為阿布‧撒亞夫抗拒基督徒統治的歷史情結，可以追朔自西班牙於十六世紀所展開的殖民統治。"Abu Sayyaf Group, Philippines, Islamist separatists," http://www.terrorismanswers.com/groups/abusayyaf2.html, pp. 1～2.

註㉝　尤瑟夫在進行該次爆炸行動之前，曾企圖利用阿布‧撒亞夫攻擊在菲律賓的美國航機，其於菲律賓停留期間，並由詹加藍尼接待。Tony Karon, "Why the U.S. is Entering the Philippine Minefield," Time.com, Jan. 16, 2002, http://www.time.com/time/nation/article/0,8599,194395,00.html, p. 2.

戰必須遵從回教的戒律，特別是從頭到尾實踐可蘭經的精神。由
於詹加藍尼在中東研讀四年回教經義時，深受激進派教徒的影
響，因此在自立門戶時宣稱，阿布‧撒亞夫應在民答那峨建立獨
立的回教國家。詹加藍尼的領袖魅力和見解，雖使其深受巴西蘭
島回教社區的歡迎，不過隨之而來的軍事勝利和易得的錢財，卻
使其開啓綁架基督徒的行徑㉞。只是詹加藍尼的激進作爲，終使
其於一九九八年十二月與菲律賓警察的對抗行動當中陣亡，而後
由其弟－格達飛‧詹加藍尼 (Khadaffy Janjalani) 擔任名義上的領
導。由於格達菲‧詹加藍尼轄下有幾個半自治的派系，因此阿布
‧撒亞夫遂成爲多頭領導的局面。

　　阿布‧撒亞夫可以說是菲律賓回教分離意識當中最兇暴的團
體，儘管經常自稱暴力行動的動機，乃在菲南倡導獨立的回教國
家。不過阿布‧撒亞夫的恐怖行動，卻顯現出強烈的財務動機㉟。
二○○○年三月二十日阿布‧撒亞夫在巴西蘭島兩所學校綁架了
二十七名人質，並要求交換食物和藥品，阿布‧撒亞夫的作爲，
隨即促使菲律賓政府發動拯救人質的軍事行動㊱。不過阿布‧撒
亞夫爲求自保，遂於四月二十三日越界至馬來西亞觀光景點 (Si-
padan Island Resort)，擄獲了包括十名外籍人士的二十一名人質，
以之做爲與政府軍對峙的人肉盾牌。由於阿布‧撒亞夫的槍手在
行動時，要求人質自行游泳爬上在旁接應的船隻，來自美國的墨
菲夫婦 (James and Mary Murphy)，推說無法完成游泳上船的要

註㉞　Jose Torres Jr., "The Abu Sayyaf under Khaddafy Janjalani," http://www.abs-
　　cbnnews.com/images/news/microsites/abusayyaf/janjalani.htm, pp. 1～2.
註㉟　"Abu Sayyaf Group (ASG)," http://library.nps.navy.mil/home/tgp/asc.htm, p. 1.
註㊱　有關菲律賓政府拯救人質軍事行動的內容，請參閱 "Philippines Military
　　Launches Hostage Rescue Operation," April 23,2000, http://www.ict.org.il/spot-
　　light/det.cfm? id=423, pp. 1～2.

求，最後終得趁隙逃脫。其餘人質則被帶回菲律賓，並被拘禁在蘇祿群島的和魯島 (Jolo Island) 上㊲。阿布‧撒亞夫此次聲東擊西的行動，不但緩解了菲律賓政府軍的攻擊，同時也開啓了綁架西方人士的先例。

事後阿布‧撒亞夫除了要脅美國政府，以期救出世界貿易中心爆炸案的主謀尤瑟夫，以及被控共謀爆破紐約地標的拉曼 (Sheik Omar Abdel-Rahman) 外，同時要求菲律賓政府釋放兩位被囚禁在巴西蘭島監獄中的阿布‧撒亞夫成員，以及一筆爲數龐大的贖金。當時回教民答那峨自治區首長密蘇瓦里，雖爲摩洛民族解放陣線的首領，對於此案亦束手無策。由於囚禁人質的和魯島，雖爲蘇祿首府所在，卻爲海盜和摩洛叛軍的基地，因此菲律賓政府亦是有心無力㊳。美國國務院則於此次事件之後，首度將阿布‧撒亞夫列入境外恐怖組織名單當中㊴。此案雖爲阿布‧撒亞夫第一次針對觀光客下手，不過阿布‧撒亞夫食髓知味，而後類似的綁架案件遂層出不窮㊵。雖然阿布‧撒亞夫原本人數不多，不過從外國人質當中獲得豐厚贖金的號召，卻使得此一回教幫派人數迅速增加。

註㊲ "Resort Hostages Held on Jolo Island," April 27, 2000, http://www.ict.org.il/spotlight/det.cfm? id=424, p. 1.

註㊳ *Ibid.*, pp. 1～2.

註㊴ Aisa Overview in "Patterns of Global Terrorism-2000," Released by the Office of the Coordinator for Counterterrorism, April 30, 2001, U.S. Deprartment of State, http://www.state.gov/s/ct/rls/pgtrpt/2000/2432.htm, p. 6.

註㊵ 阿布‧撒亞夫從千禧年四月迄二〇〇二年六月的綁架案，請參閱 "A chronology of kidnappings by the bandit ASG," as gathered by ABS-CBN News, http://www.abs-cbnnews.com/images/news/microsites/abusayyaf/chronology.htm, pp. 1～5.

二、偏好西方人質之綁架手法

　　儘管阿布‧撒亞夫宣稱為建立獨立的回教共和國而戰，不過一般咸認阿布‧撒亞夫以綁架為業，其目的乃在賺取巨額的人質贖金。事實上，菲律賓司法部長裴瑞斯 (Hernandez B. Perez) 即認為，由於凱達組織曾經幫助阿布‧撒亞夫組訓成員和提供資金，因此阿布‧撒亞夫極有可能將相當部分的贖金回饋凱達組織㊶。迄二〇〇〇年七月下旬為止，阿布‧撒亞夫已獲得近四百萬美元的贖金，而且贖金皆來自私人商業管道。雖然菲律賓政府和德國政府皆未公開承認，不過光是先前被擄獲的德國人質華爾特 (Renate Wallert)，即已付出一百萬美元的贖金㊷。而後阿布‧撒亞夫又要脅其他人質家屬，以獲得更大的報償。

　　雖然支付贖金並非菲律賓政府的政策，不過菲律賓外交部長希亞松 (Domingo Siazon) 表示，馬尼拉亦不會阻止外國政府支付贖金。而菲律賓國防部長梅卡多 (Orlando Mercado) 則認為，阿布撒亞夫將會以贖金換取武器。實際上，阿布‧撒亞夫不但以贖金購買武器，並且以之招募新進人員。據悉當時總數達五百四十七萬美元的贖金，被分配給阿布‧撒亞夫的十三個首領。在馬來西亞渡假村攻擊事件之前，阿布‧撒亞夫長期為菲律賓安全部隊圍剿，其武裝戰士只剩兩百名左右，其餘追隨者亦只有六百名。在其他回教徒眼中，阿布‧撒亞夫不過是個專門攻擊基督徒的武裝幫派而已。然而阿布‧撒亞夫在獲得西方人質贖金之後，其武

註㊶　Judy Winglee, "Abu Sayyaf: Terror in the Philippines," http://www.asianreport.org/Issues/0502/jw.htm, p. 1.

註㊷　"Eighteen Injured in Jolo Island Grenade Attack," July 26, 2000, http://www.ict.org.il/spotlight/det.cfm? id=458, p. 1.

裝戰鬥力量幾乎擴充了十倍。特別是菲律賓政府無法解決和魯島的貧窮問題，而阿布‧撒亞夫卻成為當地最大的雇用者㊸。菲律賓政府至此惟有向外尋求奧援，以免阿布‧撒亞夫趁機坐大，以至於到無法可管的地步。

阿布‧撒亞夫於二〇〇〇年四月的行動當中，雖有機會捕獲美國人質，不過最後仍讓其脫逃。阿布‧撒亞夫發言人則就此表示，他們想要和美國人戰鬥，倘若找不到一個美國人質，美國人必定會認為阿布‧撒亞夫怕了他們。雖然美國人質並不是唾手可得，不過阿布‧撒亞夫仍在同年八月二十九日擄獲於和魯島訪問的美國回教徒史戚凌(Jeffrey Craig Schilling)，並再次企圖以之交換囚禁在美國的世貿大樓爆炸案主謀尤瑟夫和爆破紐約地標的拉曼等人㊹。阿布‧撒亞夫認定史戚凌根本就是美國中央情報局的臥底，況且綁架一個美國人勝過十個歐洲人，所以他們才挑美國公民下手㊺。不過史戚凌案並不單純，雖然阿布‧撒亞夫認定史戚凌是間諜，不過史戚凌本人卻是阿布‧撒亞夫大頭目的姻親。

三、連續綁架美國公民之後遺症

實際上，史戚凌為阿布‧撒亞夫大頭目薩巴雅(Abu Sabaya)表妹的丈夫，史戚凌夫婦原本在八月底至和魯島探視薩巴雅，未

註㊸　Yael Shahar, Libya and the Jolo Hostages: Seeking a new image, or polishing the old one? August 20, 2000, http://www.ict.org.il/articles/articledet.cfm? articleid=126, p. 1.

註㊹　"Abu Sayyaf Group, Philippines, Islamist separatists," http://www.terrorismanswers.com/groups/abusayyaf.html, pp. 1～2.

註㊺　"U.S. Citizen taken Hostage by Abu Sayyaf," August 30, 2000, http://www.ict.org.il/spotlight/det.cfm? id=477, p. 1.

料薩巴雅卻因宗教議題和史戚凌翻臉，以至於史戚凌本人被捕，
其妻則被送回菲律賓本土。儘管薩巴雅認定史戚凌爲美國中央情
報局的幹員，不過菲律賓地方軍事官員則認爲，史戚凌和阿布‧
撒亞夫可能有合作關係㊻。儘管如此，菲律賓政府面對阿布‧撒
亞夫的囂張行徑，遂於九月中旬對和魯島和巴西蘭島發動軍事攻
擊。原本巴西蘭島是阿布‧撒亞夫的大本營，由於先前曾經受到
菲律賓政府軍的攻擊，因此才移轉至和魯島，並且在當地藏匿美
國人質史戚凌。實際上，當時阿布‧撒亞夫手上仍有十九名人質，
不過阿布‧撒亞夫內部對人質贖金分配有爭執，在人質家屬已經
支付的一千五百萬美元當中，有一千萬美元經由利比亞轉手㊼。不
過菲律賓政府在此次攻擊行動當中，未能順利救出史戚凌，以至
於阿布‧撒亞夫得有整補的機會。

　　由於史戚凌案遷延時日，而阿布‧撒亞夫又一再揚言要處決
史戚凌，甚至要將史戚凌項上人頭做爲菲律賓總統艾羅玉(Gloria
Macapagal-Arroyo)的生日禮物，終於導致艾羅玉總統在二〇〇一
年四月初向阿布‧撒亞夫全面宣戰。並加派一千八百名軍隊加入
原本就在和魯島作戰的三千名軍隊。基於阿布‧撒亞夫蠻橫無理
的作爲，因此艾羅玉總統宣示絕不與阿布‧撒亞夫談判的決心。
儘管阿布‧撒亞夫對待俘虜的方式惡名昭彰，不過阿布‧撒亞夫

註㊻　"Philippines Troops Rescue American Hostage," April 12, 2001, http://www.ict.
　　　org.il/spotlight/det.cfm? id=596, p. 1.

註㊼　"Philippines Military Assault on Abu Sayyaf," September 16, 2000, http://www.
　　　ict.org.il/spotlight/det.cfm? id=485, p. 1.利比亞本身就被美國國務院列入國家
　　　恐怖主義的名單中，卻又兩次介入菲律賓政府與摩洛民族解放陣線的國際
　　　調停，甚至利比亞插手阿布‧撒亞夫的贖金問題，有關其動機和目的，並
　　　請參閱 Yael Shahar, Libya and the Jolo Hostages: Seeking a new image, or pol-
　　　ishing the old one? *op. cit.*, pp. 3～5.

內部山頭林立，因此監管史戚凌的二十五名槍手，仍然不敵菲律賓政府軍的強攻猛打，致使被俘虜七個月之久的史戚凌，終於被搶救出來⑱。不過阿布‧撒亞夫並未就此放棄綁架美國人質的行徑，反而四處尋找新的下手機會。

由於阿布‧撒亞夫對美國人質特別有興趣，因此在史戚凌獲救後，隨即於同年五月二十七日再次發動攻擊。阿布‧撒亞夫這次在菲律賓西部島嶼 (Dos Palmas) 渡假村的攻擊行動，擄獲了三名美國人和十七名菲律賓人。在三名美國人質當中，包括了一對來自堪薩斯州的傳教士布漢姆夫婦 (Martin and Gracia Burnham) 和一名加州觀光客索貝洛 (Guillermo Sobero) ⑲。儘管阿布‧撒亞夫以人質威脅菲律賓政府軍，不過艾羅玉總統拒絕支付二百萬美元的贖金，並堅持發動對阿布‧撒亞夫的軍事攻擊⑳。而後菲律賓政府軍終於在同年七月初擒獲主其事的頭目撒部督拉 (Nadjmi Sabdula)，渠為阿布‧撒亞夫五大首領之一，向來就以和魯島為行動基地。由於阿布‧撒亞夫在菲律賓政府軍此次攻堅行動當中，趁亂處決來自美國加州的觀光客索貝洛㉑，因此美國政府在此次綁架事件過後，開始增加對於菲南動亂問題的注目，特別是阿布‧撒亞夫綁架美國公民的問題。

註⑱　"Philippines Troops Rescue American Hostage," April 12, 2001, *op. cit.*, p. 1.

註⑲　"Abu Sayyaf Group Attacks: from 1988- the present," http://www.ict.org.il/inter_ter/orgattack.cfm? orgid=3, pp. 1~2.

註⑳　"Philippines Forces Clash with Abu Sayyaf Hostage-Takers," June 1, 2001, http://www.ict.org.il/spotlight/det.cfm? id=615, p. 1.

註㉑　"Top Abu Sayyaf Leader Arrested in Philippines," July 9, 2001, http://www.ict.org.il/spotlight/det.cfm? id=635, p. 1.

肆、菲南情勢促成美菲重開軍事合作大門

菲律賓總統艾羅玉及其前任皆面臨菲南摩洛分離意識的動亂局面，儘管艾羅玉總統因阿布‧撒亞夫連續綁架美國公民而動用軍隊強力圍剿，在人質還沒有救出之前，卻已經造成菲南一二○○○個家庭流離失所，也導致菲律賓人民懷疑艾羅玉政府的效率。儘管艾羅玉總統在摩洛民族解放陣線和摩洛回教解放陣線領導人的支持下，對阿布‧撒亞夫採取不談判的策略，不過卻不代表阿布‧撒亞夫的回教分離意識因此而縮減。儘管阿布‧撒亞夫以綁架人質爲業，不過阿布‧撒亞夫領導人在阿富汗戰爭對抗蘇聯的經驗，卻使其將回教聖戰運用在動盪不安的菲南地帶，並被當做崇高的組織目標，以至於在貧窮的菲南回教社區產生號召力。而阿布‧撒亞夫領導人在阿富汗習得戰爭技巧，亦使其具備對抗菲律賓政府軍隊的能耐，並成爲菲南回教社區暴力的淵藪[52]。就在艾羅玉總統逐漸陷入進退兩難之時，適逢美國九一一被攻擊事件爆發，阿布‧撒亞夫被認爲與該事件主謀賓拉登、凱達組織關係匪淺，因此無法避免同時面對美國與菲律賓針對菲南動亂情勢的反恐軍事合作。

一、菲律賓政府與菲南摩洛勢力之初步協議

就在美國九一一被攻擊事件發生之前兩個月，菲律賓參議院國防和安全委員會主席畢亞松(Biazon Rodolfo)宣稱，聯合國派駐

註⑤　Sean Yom, "Southeast Asia," Asia Times, August 17, 2001, http://www.atimes.com/se-asia/CH17Ae01.html, pp. 1～2.

阿富汗執行任務的前菲律賓大使認定，阿布‧撒亞夫有五十名成員在阿富汗和塔里班(Taliban)一起受訓。雖然無法確認賓拉登是否參與其事，不過阿布‧撒亞夫創始人阿拉杜嘉‧詹加藍尼及其部份黨羽，皆曾在蘇聯佔領阿富汗期間，於美國中央情報局支持的阿富汗反抗軍中受訓。這些人返回菲律賓後創立了阿布‧撒亞夫，卻也保持了與阿富汗的聯繫。儘管他們保有某些政治要求，不過真正的目標卻在綁架包括美國公民在內的人質，用以換取贖金壯大組織㊿。由於阿布‧撒亞夫類似幫派綁匪的作為，無法與摩洛民族解放陣線和摩洛回教解放陣線相提並論，因此菲律賓政府堅持不與阿布‧撒亞夫談判。

雖然菲律賓總統艾羅玉堅持不與阿布‧撒亞夫談判，並計劃提供五百萬披索的懸賞，給予提供線索逮獲阿布‧撒亞夫頭目的線民。不過以巴西里蘭島為活動基地的阿布‧撒亞夫領導人格達飛‧詹加藍尼和阿布‧薩巴雅 (Abu Sabaya)，仍然在菲律賓政府軍的重兵把守下，逃至鄰近的三寶顏市(Zamboanga city)㊽。此時一向反對一九九六年和平協定的摩洛回教解放陣線，反而在艾羅玉總統的懷柔政策下，於二○○一年八月與菲律賓政府達成停火協議，與此同時摩洛回教解放陣線亦與摩洛民族解放陣線握手言和。原本菲南民答那峨中部鄉村地區回教徒支持的摩洛回教解放陣線，其主要訴求乃在對自治區經濟發展停滯的不滿，實際上摩洛民族解放陣線和摩洛回教解放陣線兩個回教組織，在政治目標上並沒有太大的差異，只是摩洛回教解放陣線領導核心有較多的

註㊿　Amit Baruah, "Abu Sayyaf training with Taliban," The Hindu, July 07, 2001, http://hinduonnet.com/thehindu/2001/07/07/stories/0307000e.htm, p. 1.

註㊽　"Top Abu Sayyaf Leader Arrested in Philippines," July 9, 2001, *op. cit.*, p. 2.

神職人員罷了(55)。而且摩洛民族解放陣線和摩洛回教解放陣線並未因爲與菲律賓政府的長期抗爭，而被美國國務院列入境外恐怖組織的名單當中。

不過在美國九一一被攻擊事件過後，仍有兩名美國人質在阿布·撒亞夫手中。由於美國和菲律賓兩國政府皆懷疑，阿布·撒亞夫根本就是凱達組織的分支，甚至幫助凱達組織規畫在東南亞的活動。因此當時業已接受美國反恐指導的菲律賓部隊，隨即於當年十月加強對阿布·撒亞夫的掃蕩工作(56)，摩洛回教解放陣線亦於此時公開拒絕賓拉登要求回教徒展開全球聖戰的呼籲(57)。只是原本爲摩洛民族解放陣線領導的回教摩洛自治區首長密蘇瓦里，不但面臨摩洛民族解放陣線內部眾叛親離的局面，也因未獲提名連任而叛亂。在同年十一月的暴動失敗後，密蘇瓦里遂逃往馬來西亞避難(58)。儘管摩洛民族解放陣線和摩洛回教解放陣線仍非順民，不過兩者在當時皆就菲南情勢與菲律賓政府有相當程度的共識。至此危害菲南多年的摩洛分離意識，只有阿布·撒亞夫與菲律賓政府保持敵對關係，並被美國國務院界定爲境外恐怖組織。

二、菲律賓政府堅定反恐戰爭之立場

菲律賓在美國遭受九一一恐怖攻擊事件後，艾羅玉總統隨即

註(55) "Guide to Philippines conflict," BBC News, 6 December, 2001, *op. cit*, p. 3.

註(56) East Asia Overview in "Patterns of Global Terrorism-2001," Released by the Office of the Coordinator for Counterrorism, May 21, 2002, U.S. Department of State, http://www.state.gov/s/ct/rls/pgtrpt/2001/html/10238.htm, p. 4.

註(57) Tony Karon, "Why the U.S. is Entering the Philippine Minefield," Time.com, Jan. 16, 2002, *op. cit.*, pp. 2～3.

註(58) "Guide to Philippines conflict," BBC News, 6 December, 2001, *op. cit.*, pp. 1～3.

表態支持美國總統布希 (George W. Bush) 的反恐行動，提供美國使用軍事基地、強化彼此情報合作、提供後勤補給，並派遣菲律賓部隊參加國際行動。菲律賓國會亦於二○○一年九月二十九日通過防制洗錢法案 (Anti-Money-laundering Act) ㉟。而後美國在阿富汗發動反恐戰爭時，與賓拉登、凱達組織、塔里班有涉的阿布‧撒亞夫，遂成為美國逞兇除惡的延伸目標，也成為菲律賓政府和美國政府重新商討，美國軍事武力是否再回菲律賓的關鍵。在菲律賓和美國皆視阿布‧撒亞夫為恐怖組織之時，卻也促成美國和菲律賓在軍事合作的新接觸，艾羅玉總統並於十一月中旬前往美國會晤布希總統，就美菲兩國聯合反恐議題交換意見。

在美菲兩國總統見面之前，艾羅玉總統先行與美國國防部長倫斯斐 (Donald H. Rumsfeld) 會談。基於美國與菲律賓長年的友好關係，倫斯斐表達了美國願與菲律賓共同打擊菲南恐怖組織的善意。艾羅玉就此一議題請求布希協助時，布希誓言美國將協助菲律賓打擊恐怖主義。而布希也相信艾羅玉深切了解，無論是在阿富汗或在菲律賓，只要有凱達組織存在的地方，必然就有恐怖活動。因此美國將協助菲律賓打擊恐怖主義，並以艾羅玉建議的方式除掉阿布‧撒亞夫。至於美國是否要在菲律賓部署兵力，則需菲律賓自行決定。由於阿布‧撒亞夫和凱達組織關係密切，因此當時美國已經有二十位軍事專家在菲律賓提供諮詢㉠。美國並應菲律賓的要求，進一步提供菲律賓圍剿阿布‧撒亞夫所需的武器

註㉟　East Asia Overview in "Patterns of Global Terrorism-2001," Released by the Office of the Coordinator for Counterrorism, May 21, 2002, U.S. Department of State, *op. cit.*, p. 1, p. 4.

註㉠　"Bush pledges combat troops to fight terrorism in Philippines," *Asian Political News*, Nov.20, 2001, http://www.findarticles.com/m0WDQ/2001_Nov_26/81828045/pl/article.jhtml, pp. 1~2.

裝備。

　　當時布希政府答應提供九千二百三十萬美元，做爲強化菲律賓軍事配備之用，當中包括一架C-130運輸機、八架戰鬥直升機、一艘海軍巡邏艇、三萬支 M-16 步槍和子彈。除了軍事配備、軍事顧問之外，菲律賓還要求美國助其切斷恐怖組織在菲律賓的金融通路，並對菲律賓產品開放美國市場⑥。因爲菲律賓政府對美國九一一被攻擊事件的同情和支持，以及堅定支持美國在阿富汗的永續自由行動 (Operation Enduring Freedom in Afghanistan)，美國參議院遂於十二月十日通過感謝菲律賓支持反恐戰爭的決議案。內文確認美國和菲律賓在一九五一年八月三十日簽訂的共同防禦條約當中，美國對菲律賓的承諾；同時支持菲律賓政府在防止和壓制恐怖主義的努力。此外也表示美國了解菲律賓的經濟和軍事需求，並將就此持續提供必要協助⑥。美國政府的善意和參議院的決議案，顯然有效化解以往美菲兩國對美軍是否應該撤離菲律賓的歧見，也成爲阿布·撒亞夫日後發展的重大挫折。

三、美菲聯手對付阿布·撒亞夫之初期軍事合作

　　雖然菲律賓參議院基於民族主義的考量，曾於一九九一年拒絕美國繼續使用克拉克空軍基地 (Clark Air Base) 和蘇比克灣海軍基地 (Subic Bay Naval Station)，以致於美國政府在一九九二年從菲律賓撤軍。不過艾羅玉總統在考量菲南動亂與國際反恐情勢之

註 ⑥　Steven Mufson, "U.S. to Aid Philippines' Terrorism War," Washingpost.com, November 21, 2001, http://www.washingtonpost.com/ac2/wp-dyn? pagename=article&node=&contentId=A61478-2001Nov20&notFound=true, pp. 1～2.

註⑥　"United States Senate Thanks Philippines for Support in War on Terrorism," 04 January 2002, Banko Sentral ng Pilipinas, http://www.bsp. gov.ph/news/2002-01/news-01042002c.htm, p. 1.

後，仍然企圖與美國重修舊好。尤其是美國對阿富汗發動反恐戰爭、菲律賓就反恐議題即時表態，以及阿布·撒亞夫堅不釋放兩位被綁架的美國神職人員，皆促成菲律賓和美國重新思考兩國軍事合作的問題。菲律賓因此有機會運用美軍良好的訓練和先進的系統，在菲南緝捕阿布·撒亞夫的成員，而艾羅玉也不吝在公開場合表示對布希反恐戰爭的支持，以及她與布希的共同之處。例如她與布希都堅決打擊恐怖主義，也在同一天宣誓就任總統，更同時皆為前任總統的子女。基於她個人與布希共同的反恐立場，以及菲律賓與美國的友好關係，一旦聯合國要在阿富汗部署和平部隊，菲律賓也將提供回教軍事人員加入⑥，以便參與當地的和平重建工作。

　　美國在阿富汗發動反恐戰爭後，為全面打擊與凱達組織相關的恐怖組織，遂陸續派遣軍事人員至菲律賓協助圍剿阿布·撒亞夫，由於該批人員被定位為菲律賓軍隊的顧問和指導，因此美國國防部也表示美軍不會直接參與戰鬥。尤其菲律賓和阿富汗的情況大不相同，在菲律賓當地並不存在與美國敵對的政府，因此美軍的任務乃在幫助當地政府打擊恐怖組織，而不是直接參與戰鬥⑥。再者菲律賓政府在二○○一年四月派兵攻打阿布·撒亞夫，並救出美國人質史戚凌後，圍剿阿布·撒亞夫的菲律賓部隊人數已增加到五千人，而阿布·撒亞夫則約略只剩下一千人左右。不過美軍隨同菲律賓部隊追緝阿布·撒亞夫，仍然會有遭受

註⑥   Richard C. Paddock, "U.S. Use of Base in Philippines Renewed," Newday.com, December 18, 2001, http://www.newsday.com/news/nationworld/nation/la-121801phil. story, pp. 1～2.

註⑥   Byron Wolf, "Training to Fight," ABCNews.com, Jan. 11, 2002, http://www.abc news.go.com/sections/world/DailyNews/troops_phillippines020111.html, pp. 1～2.

攻擊的危險，一旦美軍面臨必須與阿布‧撒亞夫戰鬥時，將被定位在自我防衛的位階上⑥。如果阿布‧撒亞夫一再向美國挑釁，情勢發展可能就會有所不同。

依據美國國務院反恐辦公室對美國反恐政策的解釋，其政策主軸爲：面對恐怖份子時決不退讓，並予以迎頭痛擊，而後再將其法辦。對於支持恐怖主義的國家，則直接施加壓力或予以孤立，促其改變不當之行爲。與美國同一戰線的盟邦，美國則強化其反恐能力和提供必要的援助⑥。基於此項政策的考量，美國將反恐戰線延伸至菲律賓。而在美國派往菲律賓的六百五十名部隊當中，包括了一百六十名受過反恐訓練的特遣隊成員。二〇〇二年一月下旬抵達菲律賓的美國特遣隊，肩負訓練和指導一千二百名菲律賓士兵，如何摧毀以菲南巴西蘭島爲基地的阿布‧撒亞夫⑥。儘管美國政府在初期所派遣的部隊仍然有限，不過此舉代表美國對菲律賓情勢的關切，已非按兵不動的平常狀態。而持有美國人質的阿布‧撒亞夫，在菲律賓政府堅不與其談判的情況下，已然面臨無可避免的的美菲聯合反恐行動，並將因此深陷前所未見的發展困境之中。

伍、結　論

雖然國際社會對於恐怖主義沒有一致的標準，也無法貫徹聯

註⑥　Steve Vogel, "Special Forces Join Effort in Philippines," Washingtonpost.com, January 16, 2002, http://www.washingtonpost.com/ac2/wp-dyn? pagename=article&node=&contentId=A51681-2002Jan15&notFound=true, pp. 1～2.

註⑥　"Counterterrorism Office," U.S. Department of State, http://www.state.gov/s/ct/, p. 1.

註⑥　"War on terrorism expands to Philippines," NCTimes.net, 1/16/02, http://www.nctimes.com/news/2002/20020116/60116.html, p. 1.

合國歷年的反恐決議案,在各國自行其是的情況下,美國亦訂定
了界定恐怖主義的準則,並以之作爲評定境外恐怖組織的依據。
對於國際恐怖組織挾持美國人質的處置措施,美國政府的立場相
當堅定。根據美國政府以往的經驗,對綁匪做出讓步,只會造成
更多的綁架事件。美國政府雖將竭盡心思搶救人質,卻不會因此
償付贖金、交換罪犯、改變政策,亦不對任何以美國公民爲人質
的作爲讓步。美國政府就此與許多國家建立了雙邊的協助計畫、
密切的情報合作和強化的法律關係,以避免挾持人質事件的發
生,或者在事件發生時採取適當的行動⑱。職是之故,美國政府
在阿布‧撒亞夫連續挾持美國公民之後,遂與菲律賓政府重新檢
視雙方在國際反恐情勢下的合作關係。

　　由於美國在九一一被攻擊事件過後,在其公佈的二十八個境
外恐怖組織名單當中,就有十一個是回教恐怖組織。曾爲美國屬
地的菲律賓,雖然境內存在多股回教勢力,且皆以宗教淨化和分
離意識作爲主要訴求。不過勢力較強的摩洛民族解放陣線與摩洛
回教解放陣線,在美國九一一被攻擊事件之前,即已先後與菲律
賓政府議和,並同意在菲南以設置回教自治區取代建構回教獨立
國家的構想。由於此兩股回教勢力保有宗教理想與行事準則,因
此未被美國政府認定爲回教恐怖組織。只有偏好綁架西方人士的
阿布‧撒亞夫,不但與賓拉登的凱達組織關係曖昧,而且不斷向
美國政府放話挑釁,並連續綁架美國公民,以之作爲換取被拘禁
在美國本土的回教恐怖份子。由於阿布‧撒亞夫的恐怖行動,顯
然已經觸犯美國政府對於國際恐怖組織挾持美國人質的處置措
施,因此而名列美國境外恐怖組織名單當中。

註⑱　"International Terrorism: American Hostages," U.S. Department of State, http://
　　　/www.state.gov/r/pa/prs/ps/2002/html/8190.htm, p. 1.

　　儘管阿布‧撒亞夫從千禧年開啓的大規模綁架行動當中，獲得外國人質家屬的大筆贖金，並以之壯大組織、製造聲勢，突顯其於菲南回教勢力的地位。不過阿布‧撒亞夫對美國的潛在威脅，乃在於其與凱達組織在東南亞的串聯。此舉不但威脅菲律賓政府在菲南的謀和行動和重建工作，亦使美國在阿富汗的反恐戰爭難竟其功。基於上述考量，菲律賓與美國遂有重修舊好之議。菲律賓爲因應反恐行動的需要，遂積極考慮同意美國在其境內進行軍事部署的可能性。美國亦以菲律賓作爲支援阿富汗反恐戰爭的重要據點，並防止阿布‧撒亞夫藉由凱達組織壯大其於東南亞的影響力。此外雙方並同意強化在軍事層面的合作，以便適時拯救仍在阿布‧撒亞夫手上的美國人質。雖然阿布‧撒亞夫面對美菲初期的軍事合作，即已遭受前所未有的打擊。不過冰凍三尺並非一日之寒，菲律賓政府在獲得美國軍事協助之後，仍需全力解決內部宗教歧異和區域發展不均所產生的問題，否則菲南長久以來的摩洛動亂情勢，仍將是菲律賓政府揮之不去的陰影。

＊　　　　　＊　　　　　＊

東協－中國自由貿易區的建立與前景

洪 淑 芬

國立政治大學國際關係研究中心第二研究所助理研究員

前 言

當今，於經濟全球化的過程中①，推動區域貿易協定（regional trade agreement or arrangement, RTA）已成爲各國藉區域經濟整合提昇在全球競爭地位或吸引外資的主要策略之一。區域經濟合作與經濟全球化已成爲當今世界經濟發展的兩大主要趨勢，多數國家都在多邊、地區或多邊多種層次的經濟合作中，尋求發展②。

理論上，自由貿易區作爲區域經濟整合(regional economic integration)的一種方式，旨在透過免除區域內成員國關稅及非關稅限制，消除成員國間經貿差別待遇，擴大該區域成員國相互貿易和投資③。許多學者將 RTA 視爲純粹經濟現象，然而以現有許多

註①　經濟全球化是指生產要素超越國界，在世界範圍內透過對外貿易、資本流動、技術轉移、提供服務、人員交流等形式，實現資源優化配置、經濟相互交錯和各國經濟運行機制日趨一致的過程。

註②　可參閱曹永智 王偉，「論經濟全球化對發展中國家經濟的影響及其對策」，**萊陽農學院學報**，第 13 卷第 3 期，2001 年 9 月，頁 5～8。

註③　GATT 第 24 條第 4 項規定：關稅同盟或自由貿易區的目的是促進區域間貿易，同時不增加非成員國與該區域性組織間的貿易障礙。

RTA 的建立無法純粹以經濟因素來解釋，參與這些 RTA 的國家於經濟上並無顯著的預期獲利，但仍決定訂立，是因其他非經濟因素所主導④。以東協國家和中國的經貿關係而言，雖然東協目前已成爲中國的第 5 大貿易夥伴，中國爲東盟的第 6 大貿易夥伴，惟彼此經貿的關係競爭性是大於互補性的⑤。

東協各國與中國地緣相鄰，經濟上同屬發展中國家，1980 年代後期以來，除了雙方於經濟方面的合作發展外，國際大環境的錯綜因素，更是使得組建東協中國自由貿易區的構想日益浮出水面。因此，東協中國自由貿易區由中國總理朱鎔基提議並得到東協國家的響應，此倡議的提出有著複雜而深刻的背景。2002 年 11 月 4 日，東協與中國領導人於柬埔寨首都金邊簽署了《中國－東協全面經濟合作框架協定》，建立東協中國自由貿易區的進程正式啓動，是東協與中國關係史上一個重要的里程碑。

東協國家和中國存在著政治制度、經濟水準、文化以及其他方面的差異，各國對此的承受力不同。所以，要使得自由貿易區最終由理念變爲現實，必須通過社會制度差異、民族心態複雜等許多的障礙與困難。由於篇幅的限制，本文不對彼此的經貿關係作深入探討。本文擬就東協中國自由貿易區產生的由來、背景和目前擬定的主要內容、雙方對自由貿易區的期待、未來前景以及可能遇到的困難等問題進行初步探討。

註④　趙文衡，「區域貿易協定與東亞國際政經體系之重組」，**問題與研究**，第 41 卷第 6 期，民國 91 年 11、12 月，頁 82。

註⑤　簡略而言，東協國家與中國間經貿投資仍是以美國、日本、與歐盟爲主，中國與東南亞國家出口結構越來越相似，期間的專業化型態也漸相同，兩者間的競爭性大於互補性。趙文衡，「東協與中國成立自由貿易區初探」，**台灣經濟研究月刊**，第 25 卷第 2 期，民國 91 年 2 月，頁 103～108。

壹、東協中國自由貿易區的由來

　　東南亞國家協會（Association of Southeast Asian Nations）簡稱東協，係由印尼、馬來西亞、菲律賓、泰國、及新加坡五國為促進區域經貿交流及合作，於 1967 年所創立。又 1984 年文萊、1995 年越南、1997 年寮國和緬甸、1999 年柬埔寨分別入會，目前會員國共有十個；區域擴及整個東南亞地區，成為擁有 450 萬平方公里，5 億人口，和超過 7370 億美元（GDP）國內生產總值，以及總貿易量達 7200 億美元的區域性組織⑥。早期東協對外關係多偏重於政治及安全合作層面，因東協擔心強國勢力再度介入，有礙其和平、中立之宗旨，所以其對外所採取之態度較封閉。1977 年第二屆高峰會結束時，澳、日、紐、三國總理參加東協正式會議後之「會後會（Post Ministerial Conference, PMC）」，東協國

註⑥　http://www.aseansec.org/64.htm
註⑦　東協之對話夥伴（Dialogue Partner）的合作開始時期簡列如下：
　　　澳洲：始於 1974 年 4 月，澳洲坎培拉
　　　歐洲聯盟：1975 年比利時布魯塞爾召開第一次東協，歐洲市場聯合研究小組（Asean-EC Joint Study Group），進入正式之對話時期。
　　　紐西蘭：始於 1975 年 2 月，新加坡
　　　加拿大：始於 1977 年 2 月，菲律賓馬尼拉
　　　日本：始於 1977 年 3 月，印尼雅加達
　　　美國：始於 1977 年 9 月，菲律賓馬尼拉
　　　韓國：東協與韓國之對話關係始於 1989 年 8 月韓國漢城
　　　中國大陸：1996 年 7 月，印尼雅加達
　　　印度：1996 年年 7 月，印尼雅加達
　　　俄羅斯：1996 年年 7 月，印尼雅加達
　　　1997 年東亞金融危機爆發後，東協再度推動東協與中國大陸、日、韓開展經濟合作，加強東亞地區合作，以地區集團的力量抵禦經濟全球化帶來的新的金融衝擊，1997 年 10 月東協與中國大陸、日、韓（10 + 3）合作機制應運而生。

家開啓了與主要貿易夥伴國對話新頁⑦。而儘管東協爲了謀求區域內經濟的發展，陸續提出區域內貿易自由化和產業合作的項目，但因制度本身不完善等因素，並未充分發揮功能。

　　東協和中國的對話關系可以追溯到 1991 年，時任中國外交部長的錢其琛參加在馬來西亞首都吉隆坡舉行的第 14 屆東協部長會議(AMM)，會上錢其琛表達中國希望於科技等領域加強與東協合作的願望。

　　1993 年 9 月，東協秘書長率領代表團訪問北京，東協與中國同意建立兩個委員會：一個是經濟貿易合作委員會，另一個是科技合作委員會，並於 1994 年簽署了正式協議。東協與中國開始高級官員間的正式會晤，就共同關心的政治、經濟和安全問題進行磋商。1996 年 6 月，中國在印尼雅加達舉行的第 29 屆東協部長會議上第一次以對話伙伴身份參加會議。此後，中國參與了一系列與東協有關的協商會議，如東協區域論壇 (ARF)、後東協部長會議 (PMC)、東協與中國的高級官員聯合合作委員會會議以及東協與中國商務委員會會議等。大致而言，1997 年金融危機之前，中國與東協的對話還只在高級官員和外交部長兩個層次進行，金融危機後，中國與東協的對話提高到國家領導人的層次。

　　10 ＋ 1 會晤機制誕生於 1997 年，而東協中國自由貿區是 10 ＋ 1 合作機制的直接產物。1997 年 12 月中國與東協舉行第一次東協與中國領袖非正式會晤，即所謂的東協和中國的 10 ＋ 1，其直接的背景和催化劑是當年爆發的金融危機。1997 年亞洲金融危機使東協國家近十年來的經濟發展成就受到嚴重的傷害，經濟活力明顯減弱，銀行發主倒閉和股匯市雙雙下挫，尤其是印尼，必

須全面仰賴國際貨幣基金會（IMF）巨額貸款才得以渡過難關，
不但東協期待成爲足以抗衡日本、中國的亞洲新興經濟體的夢想
破滅，對於亞太地區的合作機制也受到質疑。

　　面對嚴重的經濟困難和脆弱的國際經濟環境，東協各國對區
域經濟合作的態度變得積極，期望能透過地區力量的整合來抵
禦風險。一方面於 1997 年 10 月中旬，東協在吉隆坡舉行經濟
部長會議，決定成員國間從 1998 年起進一步增加減免關稅的商
品項目，推動航空、商業、漁業、海運、通訊和旅遊服務貿易
自由化⑧，同年 12 月 15 日，東協外長和經濟部長在吉隆坡分別
簽署設立東協基金的諒解備忘錄和「服務業協議有關實施服務自
由化承諾議定書」。接著，1998 年 10 月第 30 屆東協經濟部長
會議簽署的東協投資區域架構協定 (Framework Agreement on the
ASEAN Investment Area, AIA)，該協定適用範圍爲直接投資，至
於投資的限制及股權之規定，仍受各國國內投資相關法令之約
束。此外，爲加強東協各國之對外競爭力，印尼、馬來西亞、菲
律賓、新加坡、泰國及汶萊等 6 國進口關稅自由化時程由 2015 年
提前至 2010 年實施；而越南、寮國、緬甸及柬埔寨等 4 國則由
2018 年提前至 2015 年。

　　另一方面，部份東協成員希望透過東協加強與東北亞經濟之
連橫效果，以修補受到金融危機打擊後的經濟，所以 1997 年 12
月 15 日東協與中、日、韓三國（東協＋3）以及東協和中國領導
人（東協＋1）首次非正式會晤於馬來西亞首都吉隆坡，從此 10

註⑧　新華社，東盟加強合作共渡金融危機，1997 年 12 月 23 日。

＋3和10＋1會晤和合作機制形成⑨。1999年第三屆東協非正式
高峰會中，部分東協成員國試圖透過十加三（東協十國、中、
日、韓三國）的力量，建立東亞金融新機制，以降低金融危機的
衝擊，同時更希望透過市場的相互開放，進一步有效引進中、
日、韓的資金⑩；2000年5月，「東協加三」財長會議達成「清
邁協定」，決定簽署換匯和附買回協定，金融合作是「東協加
三」合作進展最快、也最令人矚目的領域。

　　由於1997年亞洲金融危機，東協國家經濟受到嚴重打擊，加
上經濟成長不樂觀的趨勢，顯然，於現有的區域合作架構下，並
無法對區域內遭受困境的會員提供具體的協助措施。為此，東協
部份國家有意尋求與大陸合作，以為其疲弱的經濟尋求廣大且具
成長潛力的市場。其中，除了新加坡及泰國急於擴大進入中國市
場外，大陸對「中國－東協合作基金」增資五百萬美元，參與
「電子東協」的建設，並承諾將出資疏通寮國、緬甸境內的航
道、與寮國、泰國和亞洲開發銀行合作，承建寮國境內的公路路

註⑨　到目前為止，東協和中國的10＋1會議共舉辦5次，第一次10＋1會議
　　　於1997年12月15～16日於馬來西亞首都吉隆坡舉行，中國國家主席江澤
　　　民於會上發表了《建立面向21世紀的睦鄰互信伙伴關系》的談話。會議結
　　　束後，雙方發表《中華人民共和國與東協國家領袖會晤聯合聲明》，這代
　　　表東協國家和中國的磋商和合作機制正式產生。東協與中國的第一次10十
　　　1會晤，使東協與中國的友好合作關係進入實質性階段。第二次10＋1會
　　　議是1998年12月16日於越南首都舉行；第三次是1999年11月28日於菲
　　　律賓首都舉行；第四次是2000年11月25日於新加坡舉行，也正是在這次
　　　會議上中國國務院總理朱鎔基提出建立東協—中國自由貿易區的構想；2001
　　　年11月6日於文萊首都舉行中國與東協領導人第五次會議，雙方正式提出
　　　建立東協—中國自由貿易區的目標。這表明從10＋1機制誕生以來的5年
　　　來，中國與東協的合作發展十分迅速。
註⑩　之後，東協加三透過每年召開的領袖會議、部長級會議（包括外交、財政、
　　　經貿、農林、勞工和旅遊共六個部長及會議）等，推動東亞經濟合作。

段，促使昆明至曼谷公路的早日貫通等，對於面臨外資流失的東協尤其具有吸引力。因此，2000 年 11 月第四次非正式高峰會於新加坡舉行，中國提議成立東協中國自由貿易區（東協＋1）之際，東協除懼怕中國勢力過度擴張之威脅，另一方面有感於前述和東北亞合作之必要性，會後遂宣佈以一年時間研究與中國、日本、南韓共同成立自由貿易區（東協＋3）提案之可行性。

東協中國自由貿易區的構想係於 2000 年 11 月第四屆東協加中國非正式領袖會議上由中國總理朱鎔基提出的，提議雙方在「中國－東協經貿聯委會」架構下，成立中國－東協經濟合作專家小組，討論加強雙邊經濟聯繫提供貿易和投資便利的問題⑪。中國的提議刻意排除日、韓，顯示中國有意在新的自由貿易區中居於領導地位，並藉結合東協擴大發揮其本身於全球的政經影響力，俾與美、歐、日等政經體系分庭抗禮。事實上，東協對中國的提議是存有疑懼的，因 1990 年代以來中國經濟崛起，不但大量取代東協出口到歐美市場的農工產品，更吸走超過三分之二進入亞洲新興市場的外人投資，中國於貿易和吸引外資方面成為東協的主要競爭對手，此種磁吸效應使得東協國家備受威脅與憂心。

2001 年東協的主要外部市場——美國出現衰退，致使東協剛剛恢復的經濟又陷入困境，有些國家甚至出現負增長；另一個經濟大國——日本也長期處於經濟停滯，近期未有復甦跡象，對於經濟嚴重依賴美國和日本的東協而言，這是嚴峻的挑戰；又九一一恐怖事件後，東協更面臨內、外需劇減的困境。為應對這些挑戰，除積極擴大國內市場外，東協也把尋求其他市場作為其採取

註⑪　ASEAN-China Expert Group on Economic Cooperation, *Forging Closer ASEAN-China Economic Relations in the Twenty-First Century* (October 2001).

的措施之一。此外，中國成爲 WTO 的正式成員以及將舉辦 2008
年的奧運，預料將可吸引許多歐美跨國企業投資，長期經濟動能
有持續加強的趨勢。受此趨勢影響，東協認爲反需藉與中國組建
自由貿易區，以加速本身經濟改革，並避免西方國家貿易進一步
轉向中國。東協遂於 2001 年第五屆「東協加三」高峰會同意於十
年內推動成立東協中國自由貿易區，將農業、信息通訊、人力資
源開發、相互投資和湄公河開發，做爲新世紀雙方重點合作領
域，這是在發展中國家之間組成的最大的區域貿易集團，並授權
各國的經濟部長和高官啓動談判。

經過六回合談判，2002 年 11 月 4 日東協與中國在柬埔寨金
邊簽訂了「全面經濟合作架構協定」(Framework Agreement on
ASEAN-China Economic Cooperation)，將 2010 年確定爲自由貿易
區的目標。由此顯示，東協各國對中國的看法已漸由競爭對手轉
爲合作對象。

貳、建立的背景及貿易區的主要內容

自 1990 年代以來，區域貿易協定（RTA）的洽簽於全球形成
一股風潮，至 2002 年 12 月止於 WTO/GATT 備案的自由貿易協
定約有 250 個，其中絕大多數是在 1990 年代出現的，尤其 1995
年 WTO 成立後增加的協定就超過了 130 個[12]。

區域性經濟合作有很多種形式[13]，自由貿易是區域性經濟合

註[12]　http://www.wto.org/english/tratop-e/region-e/regfac-e.htm.
註[13]　目前區域性經濟合作的形式大致有：自由貿易區、貨幣同盟、金融合作。
　　　　左鋒，「中國與東協開展區域經濟合作模式的選擇分析」，**經濟界**，2002
　　　　年第 4 期，頁 88～90。

作一種形式，也是後冷戰經濟發展的重要現象，其實質內容是在
參與成員國間降低或取消關稅和非關稅壁壘，以及取消數額限
制。關稅壁壘是在國內貿易的基礎上加上關稅因素，其對保護非
專業分工的國家和企業有利，但長期保護不利於專業化分工企業
的形成；數額限制實際上是控制非專業分工行業的總受損程度，
政府制定一定的比例，逐步提高，使受保護的行業不會從一開始
就面臨很大的壓力；非關稅壁壘也是交易成本，其採用的形式並
非顯性的增加交易成本，而是隱性的降低交易效率的辦法。

　　從東協自由貿易區提出至今已有十年，總體上，東協的合作
持續擴大，於發展中國家的區域合作並不落後，但由於各國政經
條件的不同，利益協調、發展水準、經濟結構、資金技術等原因
以及金融危機所產生的負面影響，東協自由貿易區的實現仍存在
著許多難題，目前尚處於向零關稅目標推進的階段。東亞地區經
濟一體化一直落後於歐洲和北美洲，東協自由貿易區雖日漸形
成，或多或少填補東亞經濟合作的空白，但卻遠不及歐盟與北美
自由貿易區的規模和影響力。因此，國際環境的新變化是東協中
國自由貿易區同意建立的背景。

　　第一，歐元正式使用，歐洲經濟一體化進入最高階段。北美
自由貿易區逐步進入實質化階段；繼1994年美國、加拿大和墨西
哥組建北美自由貿易區後，美洲34個國家又宣佈將於2005年成
立美洲自由貿易區。非洲國家也要分階段於2005年建立全非共同
市場。與之相較，成立40多年來的東協雖有擴大，東協自由貿易
區的建立為促進東協國家擴大內需抵禦外部市場壓力發揮一定的
積極作用，但區域內經濟合作有裹足不前之勢。

　　第二，1990年代以來世界形勢發生重大變化。亞洲金融危機
使東協經濟受到嚴重打擊，東亞經濟奇蹟式微；又隨著日本經濟

的衰退和中國經濟的崛起，以日本為首的「雁行模式」顯已結束；911 等恐怖活動導致世界經濟增長全面減緩，嚴重依賴外部經濟的東協經濟雪上加霜。面對經濟的困難以及脆弱的國際經濟環境，東協各國對區域經濟合作的態度轉為積極，期待透過區域力量的整合抵禦風險。又金融危機期間，東協不但未獲得美國的及時援助，申請國際貨幣基金 (IMF) 援助的印尼、泰國等，被迫接受苛刻的條件，也付出巨大代價，美國及其主導的國際貨幣基金組織的干預引起東協各國普遍反感，東協國家對區域合作的向心力增強；使得東協國家於追求東協自由貿易區 (AFTA) 的自立自強策略之餘，尋求與大陸合作，以為其疲弱的經濟尋求廣大且具成長潛力的市場。

　　第三，中國經濟快速穩定發展，成為東協國家的現實考量。90 年代以來，中國經濟地位迅速上升，GDP 和外貿進出口額均已排名世界第 6 位，外匯儲備為世界第 2 位，吸引外資連續 9 年居發展中國家第 1 位⑭。中國加入 WTO 後，進一步擴大外貿與吸引外資規模，2002 年大陸外貿出口額 3256 億美元，比 2001 年增長22 ％，占世界出口總額的比重由 2001 年的 4.3 ％升為 5.1 ％，居世界第五位；外貿進口額 2952 億美元，比 2001 年增長 21 ％，占世界貿易總額比重由 2001 年的 3.8 ％上升為 4.4 ％，居世界第六⑮。而為適應 WTO 規則所進行的經濟結構與體制調整，將使中國經濟釋放更多的潛能。於世界經濟普遍不景氣的情況下，東協國家多希望透過與中國建立機制性的經濟關係，以參與中國經濟

註⑭　潘文卿 李子奈，「20 世紀 90 年代中國外貿外資發展形勢、作用及格局」，**世界經濟**，2002 年第 5 期，頁 32～37。

註⑮　中國外貿出口世界排名第五。http://macrochina.com.cn/xsfx/yxzk/20030404047150.shtml.

快速發展所帶來的機遇。

第四，中國與東協經濟關係的加強，以及東協自由貿易區日趨成熟，爲東協中國自由貿易區重要基礎。東協目前是中國第 5 大貿易夥伴，中國是東協第 6 大貿易夥伴，自 1995 年以來，雙方貿易的貿易額年均增長約 15 ％；2001 年東協與中國的雙邊貿易額已達 416.15 億美元⑯。於投資方面，東協是中國吸引外資的重要來源地，也是中國實施企業「走出去」戰略的首選地。隨著中國加入 WTO，中國與東協的經貿關係將進一步擴大；爲維持經貿關係的通暢，需要建立某種較爲穩固的經貿聯繫機制⑰。

東協中國自由貿易區成立的目的包括：促進東協與中國貨物貿易和服務貿易自由化；促進相互投資，增強東協和中國對外資的吸引力；擴大市場規模、提高企業生産效率、降低成本、促進資源有效配置，提高企業和産業競爭能力；促進成員國制度化和自由化改革；保持區域的政治穩定，提高東協與中國於國際事務中的地位。

2002 年 11 月 4 日中國總理朱鎔基和東協十國領袖共同簽署了《中國－東協全面經濟合作框架協議》（Framework Agreement on comprehensive Economic Co-operation Between the People's Republic of China and the Association of South East Asian Nations）（簡稱《框架協議》）。《框架協議》是未來東協中國自由貿易區的法律基礎，共有 16 個條款，總體確定了東協中國自由貿易區的基本架構。《框架協議》的主要內容，簡單說明如下：

註⑯　**中國對外經濟貿易年鑑** 2002 年（北京：中國對外經濟貿易出版社），頁 336～337。

註⑰　「亞行報告：中國將給東亞帶來前所未有的商機」。http://peopledaily.edu. cn/BIG5/jinji/31/181/20030120/911075.html.

一、東協中國自由貿易區包含的內容⑱：涵蓋貨物貿易、服務貿易、投資和經濟合作等；不但消除雙方間的關稅和非關稅壁壘，還涵蓋全面的經濟合作，如投資、貿易便利化等。其中，貨物貿易是自由貿易區的核心內容，除涉及國家安全、人類健康、公共道德、文化藝術保護等 WTO 允許例外的產品以及少數敏感產品外，其他全部產品的關稅和貿易限制措施都應逐步取消。

二、相關領域的談判時間：貨物貿易談判將從 2003 年初開始，2004 年 6 月 30 日前結束；服務貿易和投資的談判將從 2003 年開始，並儘快結束；於經濟合作方面，雙方商定將以農業、信息通訊技術、人力資源開發、投資促進和湄公河流域開發為重點，並逐步向其他領域拓展。

三、東協中國自由貿易區的時間框架：東協與中國雙方從 2005 年起開始正常軌道（Normal Track）產品的降稅，2010 年中國與東協老成員（文萊、印尼、馬來西亞、菲律賓、新加坡和泰國）將建成自由貿易區，2015 年和東協新成員（越南、寮國、柬埔寨和緬甸）建成自由貿易區。屆時，東協與中國的絕大多數產品將實行零關稅，取消非關稅措施，雙方的貿易將實現自由化。

四、「早期收穫」（Early Harvest Programme）方案的主要內容：東協與中國互為重要的農業貿易夥伴，近年來每年的農產品貿易額達到 50 餘億美元。為使東協與中國雙方儘快享受到自由貿易區的好處，雙方制定「早期收穫」方案，決定從 2004 年 1 月 1 日起對 500 多種產品（主要是《稅則》第一章至第八章的農產品）實行降稅⑲，到 2006 年這些產品的關稅將降為零。

註⑱　http://www.aseansec.org/13196.htm.
註⑲　具體言，這八章產品分別為活動物、肉及食用碎料、魚類、乳品、其他動物產品、活植物、食用蔬菜、水果和堅果。

　　五、承諾給予東協非 WTO 成員（即越南、寮國、柬埔寨）以多邊最惠國待遇，以協助這些國家的發展。

　　六、有關貿易規則的制定：將制定原產地規則，反傾銷、反補貼、保障措施、爭端解決機制等貿易規則，以保證未來自由貿易區的正常運轉。

　　框架內容的確定有 3 個基本依據：

　　第一，既然東協自由貿易區(AFTA)經過 10 年的發展，已形成涵蓋相當廣泛的內容構架，東協中國自由貿易區在很多方面可沿用東協自由貿易區的制度安排，並在其基礎上作適當的修改、調整和補充。東協自由貿易區較低的關稅水準以及為建立東協自由貿易區所採取的一系列貿易自由化措施，將為與中國商談貿易自由化協定提供基礎⑳。

　　第二，於建立自由貿易區的過程中，須遵守 WTO 的一般原則和 WTO 有關自由貿易區的規範和約束；但在市場准入方面，自由貿易區成員相互給予的待遇，可比雙方在最惠國待遇基礎上給予其他 WTO 成員的條件更加優惠。

　　第三，鑒於東協和中國這兩大市場的規模、多樣性和複雜性，自由貿易區將採靈活、多樣的架構和機制；包括北美自由貿易區 (NAFTA)、澳紐更緊密安排 (Australia-New Zealand Closer Economic Relations Trade Agreement, CER) 以及日新自由貿易區協

註⑳　東協自由貿易區主要包括：實施「共同有效優惠關稅」（CEPT）、原產地規定（rule of origin）、推動服務業自由化、設立投資區（The ASEAN Investment Area）和東協工業合作計畫（AICO）等內容。CEPT 是一項東協會員國間之合作協議，約定各會員國選定共同產品類別，具體排定減稅的程式及時間表，並自 1993 年 1 月 1 日起計畫於十五年內，逐步將關稅稅率全面降低至 0～5 ％，以達成設立自由貿易區的目標。東協會員將於區域內彼此間實施 CEPT，但對非東協會員國家關稅則仍由各國自行決定。

定的內容均可提供有益參考。

簡言之,《框架協議》不僅包括貿易投資自由化目標㉑,雙方就自由貿易區的時間框架和早期收穫的原則達成一致,還把政治目標作爲自由貿易區的重要內容。該貿易區建成的時間爲 2010 年,此時間框架僅包含東協原始六國和中國,東協四新成員國寬限至 2015 年。

東協中國自由貿易區將包括商品貿易、服務貿易、投資和經濟合作等內容。商品貿易的談判將從 2003 年初開始,至遲將於 2004 年初開始調降農產品關稅,並預定於 3 年內撤銷。以其他大部分品目爲對象之 FTA 談判,將於 2003 年正式展開,降稅項目涉及新鮮蔬菜、水果、觀賞植物、肉食、魚類、乳製品、活動物、羽毛等 8 個領域的數百種產品。根據已達成的共識,東協中國自由貿易區建立後,除極少數特殊產品外,所有產品的關稅將降至 0〜5 %,並取消所有非關稅措施。

參、雙方對東協中國自由貿易區的期待

承上述,一、1990 年代開始的全球化浪潮是自由貿易區形成的思想理論條件。二、1997 的金融危機使得一些東南亞國家對過於依賴先進國家的做法產生疑問。三、美國 911 恐怖事件使人們對美國經濟早日復甦更加悲觀,而且對日本經濟持續低迷也存在憂慮。所以爲分散風險,中國市場成爲東協的選擇。四、爲減緩東協國家對近年來持續增強的中國經濟競爭力以及中國加入世界貿易組織(WTO)可能影響的擔憂,中國要透過建立自由貿易區

以支持東協組織制度機制上的欠缺。五、美國將安全戰略重心從歐洲轉向亞洲，因此，中國希望藉由自由貿易區的區域性合作，尋求更和睦的周邊關係以緩解來自美國戰略引起的安全壓力㉒。

　　2001 年 11 月，中國總理朱鎔基於第五次東協和中國領導人會議上正式提出組建東協中國自由貿易區的構想，並提出三點建議：第一，確定新世紀初的重點合作領域，即根據雙方各自經貿優勢，將農業、資訊通訊、人力資源開發、相互投資和湄公河開發作爲近期合作的重點領域；第二，推動建立東協中國自由貿易區，於今後十年內，正式建立東協中國自由貿易區；第三，加強政治上的相互信任和支援，於不斷拓展雙方經貿合作的同時，有必要進一步加強雙方的政治對話與合作，增進相互瞭解與信任。顯然，東協中國自由貿易區的建立，對東協和中國不僅具有經濟上的意義，而且還具有政治和安全上的意義。

　　中國轉變對自由貿易區的態度，主要是對自由貿易區有以下五個期待與原因：

　　一是，欲加強對東協的政治影響和控制。

　　二是，中國感到自己於建立自由貿易區問題上已落後於世界潮流。目前世界主要貿易大國中，只有中國和南韓尚未與他國簽署過雙邊自由貿易協議；於商貿競爭日益激烈的今天，沒有簽署自由貿易協定將使本國企業於海外競爭中處於愈不利的地位。

　　三是，東協憂慮中國吸引比以前更多的海外投資，中國希望藉自由貿易區淡化與東協的競爭關係。

　　四是，中國國內市場普遍存有供大於求的現象，中國希望進

<hr>

註㉒　除了於東南亞建立東協中國自由貿易區外，中國還在東北亞與日本和南韓
　　　建立經濟合作機制；於西北亞則有上海合作組織；此外，中國希望提昇與
　　　印度的關係，最終於西南邊境建立區域經濟合作機制。

一步擴大出口，擴大於東協的市場比重。

五是，東亞地區逐漸成為世界的製造中心，區域經貿整合是趨勢使然。例如，中國正成為世界上主要電腦生產、組裝的國家，產品零組件越來越多是來自馬來西亞、泰國、菲律賓、印度等東南亞國家。這種產品生產的跨國界配合趨勢加速了地區經貿融合。

對中國而言，建立自由貿易區的過程與結果同樣重要，最重要的不是能否於 10 年內建成東協中國自由貿易區，而是這 10 個國家能夠在沒有先進國家的參與或干涉下，與中國單獨共同商討如何建立自由貿易區。如此，中國便能在一個沒有先進國家干預的有利條件下，單獨與東協所有的國家進行商談。對東協和中國雙方而言，這是另一形式的政治信心的建構，即東協與中國他們至少有 10 年的時間可在建設性的政治或經濟的架構內商談。

至於東協方面，對自由貿易區有以下四個期待：

一，由於中國已表明願意於對其他國家做出經濟讓步之前對東協國家採取優惠政策（例如降低關稅）㉓，因此，東協國家將會從中國獲得比其他國家較早收穫。此外，東協中國自由貿易區將加強東協國家面對全球化挑戰的能力。若東協與東亞國家不採取必要的措施來加快經貿合作，他們將可能被全球化排擠，而陷於不利的處境。

二，就某種程度上，自由貿易區將有助於確保東協繼續保持其重要經濟區的地位，否則，越來越多的外國企業將其在亞洲的總部遷往中國。

三，與中國保持如此建設性的關係，有助於東協與日本、美

註㉓　由於中國已是WTO成員國，若沒有一個自由貿易區，根據世貿組織規定，中國不能只對東協採取優惠政策。

國或其他國家談判的地位。例如，東協與中國達成 10 年內建立自由貿易區之共識後，引起了國際的關注；尤其是日本對此反映強烈，日本首相很快訪問了東協國家，提出建立更廣泛的緊密經貿關係，並與新加坡簽訂自由貿易協定。

　　而且，日本也正密切關注東協中國自由貿易區的談判進度，若該談判中包含了農產品貿易自由化議題，將對日本產生更大的刺激。眾所周知，農業改革是日本貿易政策中最大的難題，所以目前日本選擇的自由貿易協定對象均與日本保持很小的農產品貿易往來㉔。因此，日本與東協建立範圍比自由貿易區更廣泛的經濟夥伴關係，也將是對日本農產品貿易政策的巨大考驗。

　　四，該自由貿易區或許無法阻止國際投資流向中國，也無法給東協於強大的中國經濟競爭力前提供保護，但東協可在中國的廣大市場中比其他國家更早的找到自己的位置，更加有效的於討價還價中保住自己國家的市場佔有率，或是為將要從自由貿易區中的損失索取補償。

　　而東協與中國因自由貿易協定而持續加強內部聯繫可能出現的兩種相反結果：一種是中國受到一個更加開放和具建設性的地區體系的約束。這於某種程度上將取決於中國是否持續保持對外開放政策、接受和遵守國際規則以及其他地區大國對中國的約制等因素。另一種可能的結果是區域經貿合作為中國增加了更多政治籌碼，中國用此籌碼來支配鄰國，削減美國於亞洲的影響，這是東協與美國均不願見到的結果。然而，這兩種結果於發展過程中可能會相互交織。例如，加強能源供給關係將是中國與東協經濟依存度上升的一種，中國為獲得印尼的天然氣將致力於維持地

註㉔　墨西哥與新加坡兩國對日本農產品出口分別占日本進口的 24 位和 26 位。

區穩定，但印尼為維持與中國的長期能源供給關係將更易屈從於
北京的壓力。

肆、建立東協中國自由貿易區的前景

東協中國自由貿易區計劃於 10 年內，即 2010 年之前建成。
初步估算，屆時，東協中國自由貿易區將擁有 17 億人口，2 萬億
美元的國內生產總值和 1.23 萬億美元的貿易額。於世界三大經濟
集團中，從人口看，東協中國的自由貿易區將超過歐盟、北美自
由貿易區，成為世界上人口最多的自由貿易區。

理論上，東協中國自由貿易區建立後，隨著貿易壁壘的消
除，將降低東協和中國產品的生產成本，提高經濟效率和產品的
競爭力，以及根據比較優勢形成區域內的專業分工和資源的合理
利用，增加區內貿易額。據東協一中國專家組用全球貿易分析模
型 (Global Trade Analysis Project-GTAP) 對東協中國自由貿易區進
行可行性分析顯示，東協中國自由貿易區的建立，將使東協對中
國的出口增加 48 ％，中國對東協的出口增加 55.1 ％，東協和中
國的國內生產總值分別增長 1 ％和 0.3 ％㉕。儘管，東協中國自由
貿易區的建立有其基礎和有利的條件，然而，於發展的過程中，
也將面臨許多問題和困難。

一、東協各國經濟發展水準參差不齊，
　　對自由貿易區的承受力不一

中國與東協各成員經濟發展水準差距大，人均國內生產總值

註㉕　廈門大學 WTO 研究中心《中國入世與東盟經濟》課題組，「論中國入世
　　後中國與東盟的經貿關係」，**南洋問題研究**，2002 年第 1 期，頁 6。

的差距將近 100 倍（表一），遠遠高於歐盟內部的 16 倍和北美自由貿易區內部的 30 倍。經濟發展水準的差距將導致合作目標與承受力的不一致，各國在推動自由貿易區的主張和所產生的作用也各不相同，必然會對談判進程產生影響。有的國家經濟自由化程度較高，對推動自由貿易區十分積極，期望儘早從中獲取更大的利益；有的國家在經濟互補方面佔優勢，欲透過推動自由貿易區的建立於東協發揮主導作用；有的國家保護意識較強，不希望自由貿易區影響本國產業的發展，主張循序漸進㉖。

表一　「東協＋1」人均國內生產總值

單位：美元

國家＼年度	1996	1997	1998	1999	2000	2001
文萊	17,096	16,227	11,961	12,670	12,751	12,245
柬埔寨	312	315	262	284	274	270
印尼	1,155	1,122	489	698	740	691
寮國	393	336	244	278	328	330
馬來西亞	4,766	4,671	3,257	3,485	3,870	3,696
緬甸（註）	109	100	104	113	142	151
菲律賓	1,184	1,157	896	1,018	981	914
新加坡	24,784	24,906	20,974	20,924	23,071	20,659
泰國	3,035	2,674	1,834	1,990	1,968	1,831
越南	337	361	361	374	403	416
中共（註）	5,576	6,054	6,307	6,547	7,078	7,543
東協	1,490	1,419	941	1,075	1,126	1,154

註 1：緬甸財政年度從 4 月至下年 3 月
註 2：中共人均 GDP 單位為人民幣
資料來源：Asean Surveillence Coordinating Unit (ASCU) database
2002 年中國統計年鑑（北京：中國統計出版社，2002 年 9 月），頁 51。

註㉖　雖然表面上東協國家對於此一行動皆表支持，但實際上則有不同的聲音。例如馬來西亞總理馬哈地十分憂心自由貿易區成立後，中國廉價產品的進入將會使馬國廠商無法生存；泰國政府則熱衷於此一條約的簽訂，認為東協加中國自由貿易區若成立，將提供泰國廠商進入大陸市場之機會。

經濟發展水準高的國家，貿易開放的步伐加快，而經濟發展水準落後的國家開放的速度將十分緩慢。因此，如何達成貿易開放的時間表是難題所在。儘管中國承諾將向東協三個不發達成員國：寮國、柬埔寨和緬甸提供特殊優惠關稅待遇以及延遲這些國家關稅削減的時間表，但是在擬實行自由貿易的行業、產品的個案談判中仍將遇到許多困難。

二、如何協調東協中國自由貿易區與東協自由貿易區、APEC 之間的關系

東協、中國同時涉及東協自由貿易區、東協中國自由貿易區和 APEC 三個自由貿易時間表。1989 年成立的 APEC 雖是涵蓋東亞所有經濟體的區域經濟整合機制，但只能定位為以對話與諮商為主的鬆散論壇，強調片面自由化和開放區域主義，藉由功能性合作推動亞太經濟整合。然而，面對各國利益差距與保護國內產業需求的不同，逐漸發展突顯出 APEC 自由化的結構性困難[27]；也使得東亞國家開始尋求更密切的次區域經濟整合策略。

而近幾年來東協區域意識不斷膨脹，他們希望透過在東協內部加強區域經濟合作，使東協的實力不斷增強，上升為具有一定獨立性的世界級集團，在世界政治舞台上擁有更多的發言權，提高在國際政治中的地位，增強東協與大國抗衡的能力。這種狹隘的東協意識與全球化趨勢和 APEC 自由化進程是矛盾的。東協自由貿易區會對 APEC 的其他非自由貿易區成員產生歧視性，這與 APEC 開放的區域主義原則是不一致的。一般而言，若次區域自

註[27]　蔡宏明，「亞太地區區域經濟整合推動的最新發展與展望」，**國際經濟情勢週報**，第 1462 期，頁 5。

由貿易區的優惠政策於最惠國待遇的基礎上也適用於其他非自由貿易區成員，則將導致ASEAN與APEC的相互促進。但實際上，次區域經濟合作要實現完全的最惠國待遇是非常困難的。

　　東協原始成員國2002年已啓動東協自由貿易區，關稅開始降至0～5％，越南將於2006年將關稅降0～5％，寮國和緬甸將關稅降至0～5％的最後時間是2008年，柬埔寨是2010年。東協的6個成員國(新、印、馬、菲、泰、越)和中國同時又是APEC的成員，按照APEC的貿易自由化時間表，這些國家於2020年前將實現貿易自由化。東協中國自由貿易區預定實現的時間爲2010年，這三個自由貿易區的進展將互相影響。

三、政治與經濟的關係問題

　　自1992年中國成爲東協國家的磋商夥伴以來，雙方政治互信已有提高，經濟聯繫日益增加，但是這種關係尚待深化，因爲東協各國對中國的擔憂與戒心仍存在。這方面的問題主要有三：一是中國與部分東協國家於南海諸島歸屬、邊界問題上存在分歧。二是受冷戰思維影響，因社會制度和意識型態差異而產生的隔閡仍未完全消除。三是受美國、日本國家防範、遏止中國政策的影響㉘，東協國家對中國存有戒心。考慮發展相互經濟關係，應避免政治關係左右經濟關係的發展，因此，如何消除這種擔憂對促進東協中國自由貿易區的進程具有重要意義。

四、與域內、外國家的關係問題

　　中國決定與東協建立自由貿易區，可說在東亞地區經濟合作

註㉘　參閱曹云華，「中國與東盟關係：現狀和前景」，**東南亞研究**，2002年第1期，頁55～63。

進程上搶佔了先機，也大大地刺激了區內其他國家。雖然，日、韓與東協的東協加三目前仍處於對話機制的階段，但事實上進一步整合的聲浪從未間斷，一直在積極探討建立更密切的經濟關係。小泉首相2002年1月9日出訪菲律賓、馬來西亞、泰國、印尼及新加坡，除與新加坡總理吳作棟簽署「新時代經濟夥伴關係協定」（The Agreement between Japan and the Republic of Singapore for a New-Age Economic Partnership, JSEPA）外，更強調日本於東南亞區域所扮演的角色和重視與東協國家的關係，並提議建立綜合性經濟夥伴關係（Comprehensive Economic Partnership）。於東亞經濟合作發展之際，域外國家也急於分得杯羹，尤其是澳大利亞和美國。澳大利亞一直認為自己是與東亞有特殊關係的國家，正加快與東協建立緊密經濟聯繫；美國與東協國家也開始商談建立自由貿易區。在南亞，印度政府也決定加快與東協國家達成自由貿易協定的進程，有強烈的市場攻佔企圖。

當前東協國家在區域自由貿易區和雙邊自由貿易協定關係上有不同看法，個別國家簽訂雙邊自由貿易協定的舉措招致區內其他國家的反對，擔心這樣做可能為域外國家的產品進入東協打開後門[29]。區域內、外國家採取的一些舉措，是為了應對東協中國自由貿易區計劃提出後帶來的新形勢，總體上看似有利於推動東亞地區經濟合作水準的提高，促進本地區國家與域外國家加強經濟聯繫，但不容否認另有針對中國的一面。如何處理雙邊貿易協

註[29] 新加坡已與紐西蘭、澳大利亞、日本簽訂自由貿易協定，並正在與美國、加拿大、墨西哥等討論雙邊自由貿易協定問題，馬來西亞對此曾首公開表示不滿。東協有的國家，如泰國和新加坡提出希望與中國率先建立雙邊自由貿易區，樹立一個樣板，帶動東協與中國自由貿易區早日建成，但一些國家則擔心雙邊自由貿易協定談判會分散對東協中國自由貿易區的注意力。

定與區域貿易協定之間的關係，是中國與東協面臨的一個現實問題。

　　此外，東協中國自由貿易區談判將面臨許多問題：一是商品貿易談判難度較大，由於其涉及面廣，既要考慮原產地產品的界定，又要考慮原產價值成分的計算，而對一些敏感類產品的原產地界定情況就更爲複雜，談判需要時間。二是迅速降低關稅，雙方從各國 2005 年開始正常產品的降稅，2010 年東協 6 國與中國，2015 年東協新成員國，將建成自由貿易區。目前各國平均關稅約在 10 ％以上，屆時若實施零關稅，各國將面臨考驗。

　　事實上，若純粹以東協與中國經貿關係來考量，實在缺乏強烈的動機支持自由貿易區的建立。由上述可知，東協整體與中國自由貿易協定的成功仍需面臨相當的考驗；然而，若以東協個別國家來看，還是有一些國家能由自由貿易協定中獲利。

伍、結　論

　　近年來，世界經貿關係發展呈現兩大趨勢，一是以世界貿易組織（WTO）爲代表的自由貿易全球化，另一是以歐盟、北美自由貿易區爲代表的自由貿易區域集團化。區域經濟合作和經濟全球化已成爲當今世界經濟發展的兩大主要趨勢，透過建立各種優惠的經貿安排，尋求更大的經濟發展空間，已成爲世界上多數國家的重要政策選擇。亞洲金融危機，以及 2001 年以來亞洲和世界經濟的下滑，尤其是東協國家所仰賴的兩大出口市場──美國、日本經濟的增長趨緩或不景氣，以及中國經濟增長的相對強勢，更凸顯東協與中國進一步加強經濟聯繫的必要性和緊迫性。於此

背景下，建立東協中國自由貿易區對雙方優勢互補，開拓新的發展機遇，共同抵禦經濟全球化帶來的風險，增強亞洲國家於國際經貿事務中的地位，具有重要的意義。

從東協國家而言，同意與中國建立自由貿易區，主要是有以下原因：一，爲了克服東協國家經濟的脆弱性，使自己從容應對越來越激烈的世界經濟競爭。東協組織自 1967 年成立以來，與其於外交和安全方面的成就相比，經濟方面的成就不多。1990 年代以來，東協經濟一體化的主要形式仍停留於建設自由貿易區的層面，但至目前爲止，除關稅之外，東協成員間並未有其他更多實質內容；另外，成員國間過大的經濟差距也制約其經濟合作深度的發展，所以，進一步發展東協成員國間的貿易與投資仍存有一定的難度。二是東協國家對中國於：人民幣不貶值、資本輸出（即希望中國能夠增加於東協國家的投資）、和開放中國龐大的市場（即希望中國提高市場准入）三方面的期待。尤其是 911 事件後，相對於作爲東南亞經濟火車頭的美國經濟呈現疲態，中國經濟持續增長的趨勢，以及因中國加入 WTO 帶來挑戰和競爭的同時，也有合作和發展的機遇。

就中國的角度而言，與東協國家組建自由貿易區，實現中國出口市場多元化戰略，將有利於加強與東協國家的政治、外交和經貿關係。因爲：一，尋求區域經濟合作是中國當前形勢下進一步改革開放的需要。目前世界主要貿易大國中，只有中國與南韓尚未與他國簽署雙邊自由貿易協議，隨著中國加入世貿組織，其對外經貿規模將會進一步擴大；尤其自從美國和歐洲經濟的衰退，以及 911 事件對世界經濟的重創後，中國對美歐的出口也受到不利的影響，所以中國希望加強與東協國家經貿往來。此外，

東協國家是中國西南省區的主要出口市場，東協中國自由貿易區
的建立將促進這些省區的出口，有利中國西部大開發戰略的實
施。二是，透過自由貿易區機制，中國希望加強與東協國家於政
治上的信任與支持。三是希望透過自由貿易區的功能，促進與東
協國家於打擊非法移民、遏止國際毒品走私、穩定南海局勢等非
經濟領域內的合作。因此，東協中國自由貿易區的意義絕非只限
於經濟本身。

　　東協加一的主要特性為：一、除新加坡外，其成員皆為開發
中國家，產業層次和要素稟賦相似；二、是由南方國家所組成的
自由貿易區，其中一方為體系中的大國（中國），另一方為成立
已久但頗為鬆散之國際組織成員（東協）且多為開發中的小國。
儘管近年來的經濟合作迅速，但總體水準仍處於較低層次，要使
自由貿易區最後能從理念變為實現，仍必須克服許多障礙。一是
巨大的經濟發展差異。從 2001 年的人均 GDP 而言，新加坡為 2
萬 659 美元（其他如馬來西亞、泰國、印尼、菲律賓），而緬甸
只有之 151 美元（其他較低水準如寮國、柬埔寨、越南）。二是
缺乏一個核心力量，歐盟、北美自由貿易區之所以能夠較順利建
成的重要因素是因為有一個核心力量，其分別為德國與美國。東
協自由貿易區從 1992 年提出至今已有 10 年，進展卻不大，其很
大原因是缺乏核心領導力量。所以，東協中國自由貿易區誰是核
心力量？仍有相當的重要性。三是迥異的社會制度。由於成員於
政治、社會制度、經濟體制、文化傳統、宗教信仰和種族方面呈
現多樣性、多元化[30]，於討論經濟議題時需顧及經濟以外的因素，

註[30]　（越）阮友元著 朱衛譯，「越南在東南亞的新地位」，**東南亞縱橫**，頁32。

進而增加建立自由貿易區的難度。尤其，社會制度的差異將成為
東協中國自由貿易區不同於世界現有其他區域經濟合作組織的突
出特點。四是複雜的民族心態。不可否認的，東協國家對與中國
組建自由貿易區仍是存有一定的疑慮，擔心中國的強大將對本區
域不利；但是由於區域經濟的趨勢既有理論上的[31]、也有事實上
的支持[32]，東協國家才能暫時拋除戒心，同意與中國建立自由貿
易區。除此之外，如政治互信不夠、突發事件有可能干擾合作
的進程、個別國家政局不穩、對華人仍持歧視態度、以及東協
國家與中國也必須面對產業結構雷同而在勞動密集型產品出口、
吸引外資方面所面臨的激烈競爭等，都不利於經濟合作的順利
開展。

　　從東協與中國領導人達成建立自由貿易區的協議到簽訂《框
架協議》，時間之快超乎一般想像。《框架協議》不僅包括貿易
投資自由化目標，雙方就自由貿易區的時間框架和早期收穫的原
則達成一致，還把政治目標作為自由貿易區的重要內容。貿易區
建成的時間為 2010 年，此時間框架僅包含東協原始六國和中國，
東協四新成員國寬限至 2015 年。東協中國自由貿易區的涵蓋範圍
和合作領域主要包括：貨物貿易、服務貿易、和貿易投資便利
化。

　　根據已達成的共識，東協中國自由貿易區建立後，除極少數

註[31]　自由貿易區合作方式對區域內當事國的經濟產生正面的影響，主要表現為：
　　　　(1) 區域內貿易壁壘消除後，貿易機會增加的「貿易創造」效果；(2) 區域
　　　　內市場一體化以後所產生的「市場擴大效果」；(3) 區域內企業之間競爭所
　　　　產生的「競爭促進效果」。
註[32]　1992 年北美自由貿易協定簽定時，許多人預測墨西哥企業將被美國跨國公
　　　　司吞併，而今的事實是大批墨西哥企業進駐美國。

特殊產品外，所有產品的關稅將降至 0～5％，並取消所有非關稅
措施。此外，架構協定也涵蓋貿易投資便利化措施、農業 (中國
和東協秘書處簽署農業合作諒解備忘錄)、人力資源開發、中小企
業、產業技術、智慧財產權、環境保護、林業、能源及石油等合
作領域。對於湄公河次區域經濟合作，雙方已簽署大湄公河次區
域便利運輸協定、大湄公河次區域政府間電力貿易協定等，該項
合作是中國與東協經濟合作的重點領域。

　　東協中國自由貿易區建成後，可能形成一個約有 17 億消費
者、近 2 萬億美元國內生產總值、1.2 萬億美元貿易總量的經濟
區。東協中國自由貿易區將是世界上人口最多的自由貿易區，也
將是發展中國家組成的最大的自由貿易區。由於中國經濟與市場
規模都超出東協國家甚多，簽訂自由貿易協定後，東協國家可能
更加依賴中國之經濟發展；無疑的，此一組成將增加中國對東協
國家的影響力。

　　東南亞國家之間於政治、經濟、文化等方面存在一些差異，
東協作爲一個區域性組織，目前只是在其成員國間發揮一般的協
調作用，難以制定出對其成員國具有較強約束力的行動準則。東
協與中國就未來關係發展確定了總目標，而此一目標能否實現，
還將受到東協各成員國與中國間未來雙邊關係發展走勢的影響。

＊　　　　　＊　　　　　＊

東協的區域經濟及安全政策之轉變

金 榮 勇

國立政治大學國際關係研究中心第一研究所研究員

壹、前 言

　　二○○二年十一月在柬埔寨首都金邊市所舉行的第八屆東南亞國家協會（Association of Southeast Asian Nations, ASEAN）高峰會，共計有東協十國、日本、中國、南韓及印度領導人參與。會議中最值得注意的是東協十國和中國共同簽署了數項重要協議，包括「東協－中共自由貿易區協定」草案，以及「南海周邊國家行為宣言」（Declaration on the Conduct of Parties in the South China Sea）。東協領袖隨後亦分別和日本首相小泉純一郎（Junichiro Koizumi）簽署經濟夥伴關係宣言、以及和印度總理瓦巴義（Atal Behari Vajpayee）舉行高峰會。在高峰會中新加坡總理吳作棟（Goh Chok Tong）提議二○二○年前成立類似歐洲聯盟的單一市場（ASEAN Economic Community, AEC）①，認為這是東協自由貿易區「合理的延伸」，新加坡政府的提議受到泰國總理塔信（Thaksin Shinawatra）之熱烈支持。澳洲在高峰會前一周申請參

註① *The Straits Times*, Nov. 6, 2002, p. 1.

加東協高峰會，卻遭到東協否決。在東協逐漸往中國方向傾斜的此時，東協的新區域經貿政策爲何？日本、印度、澳洲等經濟力量在東協各國心目中所扮演的角色又爲何？

另一方面，本屆東協高峰會離印尼巴里（Bali）島夜總會爆炸案及菲律賓三寶顏（Zamboanga）爆炸案不足一個月，東協各國領袖除了在稍早的十月下旬於墨西哥洛斯卡伯斯（Los Cabos）所舉行的亞太經合會（Asia-Pacific Economic Cooperation, APEC）中、再度和美國等國家共同發表加強反恐合作外，此次金邊高峰會時還和中國簽訂在非傳統安全問題上促進合作以對抗恐怖主義之宣言。一般認爲中國在這次東協高峰會中打了一場外交勝仗，中共所求爲何？東協有完全改變對北京的看法嗎？在東協強化與中國關係時、似乎和美國之間就有些若即若離，最明顯的例證就是在高峰會，東協各國領袖一致認爲美國準備對伊拉克作戰是一項「值得嚴重關切的事」，他們強調執行聯合國決議案應由聯合國扮演主導之角色。從這些重要發展來看，東協似乎在調整他們以往所實施的經濟暨安全政策，那麼他們的新政策方向爲何？

本文第一部份首先詳述東協自冷戰結束後到東亞金融風暴發生前的區域經貿與安全政策，那幾乎是一個充滿自信與積極樂觀的黃金時代，也因爲過分樂觀以及怯於整合導致後來的金融風暴。接下來五年左右時間是一段動盪與挫折交錯的自我定位期，東協在達成包含所有區域內國家的歷史任務後，開始重新在美國、中國、日本、印度等強權之間尋找最符合本身利益的定位，中共自此逐漸超越其他強權成爲東協最親密的夥伴。不過東協對中共並非全然放心，拉進印度即爲平衡中共勢力的手段之一；日本的先進的科技研發能力、強大經濟力量與美國的軍事超強仍然足以壓抑中國日益上揚的經濟與軍事力量。最後部分則爲結論。

至於本文的主要論點是東協各國在歷經東南亞金融風暴、東帝汶獨立、九一一事件、和巴里島爆炸等事件的衝擊下，以及本地區超過二億回教人口日益不滿美國全球霸權的心態下，已經逐漸塑造出新世紀的區域經濟和安全政策：中國取代美國和日本將成爲東協最重要的經濟及區域安全合作夥伴，中國也成東協抗衡美國在東南亞建立強勢反恐戰線的盟友；然而萬一中國在南中國海域不論是主權或者資源開發事務上採取挑釁行動時，美國、日本與印度的軍事力量即爲制衡工具。

貳、東協九十年代初中期的區域安全與經濟政策

對東協來說，冷戰的結束是一九九一年十月二十八日在法國巴黎所簽訂之「柬埔寨協議」（Paris Agreement on Cambodia）、正式和平解決柬埔寨內戰問題以後才到來。不過那也大約是美軍從菲律賓蘇比克灣（Subic Bay）海軍基地和克拉克空軍基地（Clark Airbase）陸續撤出的時間②，加上俄羅斯由於聯邦崩解與本身經濟因素也逐步從越南金蘭灣（Cam Ranh）海軍基地撤離③，自此美國在東南亞區域就沒有駐軍，幾乎呈現出一種軍力眞空狀

註② 因爲租金談不攏和菲國人民強烈民族主義因素，菲國國會於一九九一年九月十六日投票通過停止續租這兩個基地給美軍使用，美軍需在一年內撤出。美軍於一九九二年撤出菲國後，轉以新加坡爲第七艦隊之後勤補給基地。參閱 *Asia 1993 Yearbook*, Hong Kong: Review Publishing Com., 1993, p. 193.

註③ 俄羅斯駐金蘭灣人員從一九八九年的四千人減至一九九五年的五百人，且多數爲文職人員，參閱 Nayan Chanda, "Can't Say Goodbye Russians Linger in Vietnam," *Far Eastern Economic Review*, Mar. 16, 1995, p. 21.不過俄羅斯仍然租借金蘭灣一直到二〇〇四年爲止。

態，也引發東協各國對於東亞傳統強權中國和日本可能順勢塡補真
空的疑慮④。東北亞的南韓、日本仍然有十萬美軍駐守，日本重振
軍國主義、向東南亞擴張的機會不大；對此，東協大致上以要求美
軍繼續留在東北亞作爲防範日本軍力擴張以及監視中國的對策⑤。

　　另一方面，面對中國大陸日益茁壯的軍事力量，以泰國、印
尼、馬來西亞、新加坡、菲律賓爲首的東協各國紛紛在這時期採
購武器、以加強自身軍力，造成一股軍事競賽風潮⑥。此外東協
還提倡建立區域安全協商機制以減低本區域的安全威脅，當然其
中最重要的是處理南中國海的主權爭議問題。印尼從一九九〇年
開始主辦南中國海工作會議（Workshop on Managing Potential
Conflicts in the South China Sea），這研討會是在非官方基礎上運
作，希望能討論「信心建立措施」。首屆僅邀請東協國家的官員
和學者以個人身分參加會議，隨後因爲印尼和中國於一九九〇年
八月復交，遂在第二屆時邀請臺海兩岸、越南及寮國的官員和學
者出席。雖然是非官方會議，中國和東協各國對南海問題的立場
大不相同，雙方最大的差異在於對主權認知的不同，以及東協主
張由多邊談判、中共主張雙邊談判解決南海主權問題⑦。儘管中

註④　Jasson D. Lewis, "Southeast Asia-Preparing for a New World Order," *The Wash-
　　ington Quarterly*, Winter 1993, p. 191.

註⑤　不過隨著中國軍事力量的強大，美國可能要求日本加強軍事力量以爲因應。
　　Richard K. Betts, "Wealth, Power, and Instability: East Asia and the United Sta-
　　tes after the Cold War," Michael E. Brown, Sean M. Lynn-Jones, and Steven E.
　　Miller (eds.), *East Asian Security*, Cambridge, Mass.: The MIT Press, 1996, pp.
　　32～75.

註⑥　Rodney Tasker and Adam Schwarz, "Preventive Measures," *FEER*, Aug. 4,
　　1994, pp. 14～15.

註⑦　玉木一德，「東南亞海域問題與東協」，**東南亞季刊**，第二卷第三期，一
　　九九七年七月，頁29。

共方面一再保證以和平方式解決南海問題,也無意填補此區域的
權力真空,整個九十年代雙方都不能達成協議。

　　另外二個重要區域安全機制是官方的東協區域論壇(ASEAN
Regional Forum, ARF)、與半官方(或稱第二軌道 Track II)的亞
太安全合作理事會(Council for Security Cooperation in the Asia Pa-
cific, CSCAP)之成立與運作。這兩者都是東協主要智庫「戰略與
國際研究中心」(Institute of Strategic and International Studies,
ISIS)所倡導、並得到其他國家的支持而成立。一九九三年的東
協外長會議,就邀集美國、日本、歐盟、加拿大、澳洲、紐西
蘭、南韓等對話夥伴,越南、寮國、巴布亞新幾內亞等觀察員國
家,以及中國和俄羅斯二個貴賓國家的外交首長,共同成立東協
區域論壇,作爲亞太區域多邊安全對話機制。一九九四年七月首
屆東協區域論壇於泰國曼谷召開,根據日後逐漸產生的共識,
ARF 採取三階段循序漸進:建立信心階段(confidence-building
measures)、發展預防外交機制(preventive diplomacy)、以及發
展衝突解決機制⑧。CSCAP 則是在 ARF 官式外交機制以外、開
闢第二軌道外交,網羅非官方組織及政府官員以私人身分參與的
多邊安全對話管道,以彌補官方管道所不能解決的問題。一九九
四年亞太地區的十個智庫共同成立 CSCAP,後來再加入紐西蘭、
北韓、俄羅斯及中共等國智庫。我們則是以個人身分參加⑨。

　　整體而言,經由這些和其他相關的官方、半官方、與非官方

註⑧　Malcolm Chalmers, "Openness and Security Policy in Southeast Asia," *Survival*,
　　　Vol. 38, No. 2, Autumn 1996, pp. 86~7.另外到一九九七年時,ARF 共有 21
　　　成員國,包括東協九國,柬埔寨及巴布亞新幾內亞二個觀察國,美、加、
　　　日、韓、澳、紐、中、俄、印度、歐盟等十個對話夥伴國。
註⑨　相關內容,參閱林正義,「亞太安全保障的新體系」,**問題與研究**,三十
　　　五卷十二期,民國八十五年十二月,頁一~十八。

的協商管道，東亞各國在建立信心方面頗有成效：不僅有效降低
東協與中國之間的歧見，爲日後的合作立下基礎；同時也大幅增
加東協的國際影響力與地位。不過在發展預防外交機制和衝突解
決機制方面仍然有待努力。

在經濟方面，除了菲律賓以外，大部分東協國家自從一九
八〇年代初期開始就經歷持續且快速的經濟發展，十多年下來不
但改善該地區人民生活水準，也使得東南亞各國的政經領袖充
滿信心。此時他們的區域經貿政策一方面跟隨西歐和北美經貿
整合的腳步、積極往東協自由貿易區的方向邁進，同時努力擴
大東協的版圖。首先在往自由貿易區的努力上，一九九二年一
月的第四屆東協高峰會正式宣佈將於十五年內建立東協自由貿易
區（ASEAN Free Trade Area, AFTA）⑩，日後又決定往前五年實
施⑪。不過東協組織的決策模式一向採取共識決，遇到有爭議性的
經貿利益問題時就避而不談，結果是都是口惠，並沒有真正達到
區域經貿整合的目的，也導致金融風暴時各國幾乎都受創慘重⑫。

至於在擴大東協、將區域內的國家都納入版圖一事，各國倒
是有志一同。東協首先在一九九五年正式接納越南，接著於一九
九七年不顧歐美國家強烈抗議接受緬甸和寮國爲會員國，最後在

註⑩　參閱 Pearl Imada and Seiji Naya (eds.), *AFTA The Way Ahead*, Singapore: Insti-
tute of Southeast Asian Studies, 1992.

註⑪　*Asia Yearbook 1996*, Hong Kong: Review Publishing Com., 1996, p. 72. 雖然在
一九九五年八月的東協外長會議時提出於二〇〇〇年實施自由貿易區的計
劃，該年底的東協高峰會時再確定爭取二〇〇〇年前成立 AFTA（見一九
九五年曼谷高峰會宣言），後因金融危機因素仍然以二〇〇三年爲基準。
在一九九八年的東協年會時又提早到二〇〇二年實施，不過由於新加入會
員國以及將和中國於二〇一〇年成立自由貿易區等因素，整個時程變得十
分複雜且難以確定。

註⑫　*Far Eastern Economic Review*, Oct. 16, 1997, p. 16.

二十世紀結束時達成包含所有東南亞十個會員國的原始目標。只是東協在接受緬甸一事上和歐美國家所引起的爭議,使得東協的國際形象與影響力大受打擊,每次東協高峰會時,東北亞的國家領袖反而成爲新聞焦點。這情形一直到九一一事件後才再度引起美國的重視。

另一方面東協各國競相採行經濟及貿易自由化措施,包括開放國內金融、股票市場及服務業,解除行政管制,和加速國營企業民營化,以吸收更多外資,達成東協整合之步調⑬。在實際運作方面,東協各國自一九八九年就先從小型跨國經濟合作出發,因此有新加坡、馬來西亞柔佛(Johor)、印尼廖內(Riau)的成長三角區的起頭,後來又有馬、印、泰的北成長三角區和非、馬、印的東成長三角區等,吸引不少外國廠商進駐,對於那時期的經濟成長大有助益⑭。不過可惜的是東南亞各國只希望外資進來,卻沒做好相關的配套措施,導致金融風暴爆發後外資大幅撤退、整個經濟陷入困境的慘痛後果。

參、東亞金融風暴對東協區域經濟安全政策之衝擊

從一九九七年七月二日開始的東亞金融風暴,對東南亞各國的打擊是既深且廣,不論在政治、戰略安全、心理和社會層面的

註⑬ *The Private Sectors Make ASEAN Stronger*, Manila: Philippine Institute for Development Studies, p. 8.

註⑭ Lee Tsao Yuan, "Sub-regional Economic Zones in the Asia-Pacific: An Overview," Toh Mun Heng &Linda Low (eds.), *Regional Cooperation and Growth Triangles in ASEAN*, Singapore: Times Academic Press, 1993, pp. 12~20.

影響，都不亞於經濟方面。當然這些衝擊也未必全然是負面的，往往是正負相間的。譬如這次金融風暴沖垮印尼長達三十一年、由蘇哈托總統和印尼軍方所掌控之政經體系，使得印尼在經過一陣混亂期後逐漸邁向民主化道路；不過也因爲軍方掌控力量減弱，導致分離運動四起、東帝汶獨立和回教勢力竄升，這是眾多研究東南亞學者在分析印尼政經發展情勢時、都沒有料到會有這麼快與激烈的結果。有關金融風暴對於各國體制的影響，學術界著述甚多，本文不在贅述。在此要探討的是金融風暴對於東協的區域經濟與安全政策之衝擊。

這次東亞金融風暴讓東協各國領袖最感到刻骨銘心的經驗、應該是急需建立一個區域經貿及金融組織，以有效對抗國際外匯投機客的襲擊。以目前每天在全球各資本市場總額超過二兆美元的交易量⑮，每個中小型經濟體的自我防衛力量是十分薄弱的。絕大部分東協國家所擁有的外匯儲備從數十億美元到兩、三百億美元不等，面對索羅斯（George Soros）等外匯炒手動輒數十億美元的買賣該國貨幣，經濟基本面不夠健全、卻又維持固定匯率的國家，根本撐不過幾週就被迫隨市場力量而波動。貨幣巨幅貶值的結果，不論是外資迅速撤出、政府所欠外債大增、股票及房地產市場重挫、民眾收入縮水等等都由該國社會與全體民眾承擔，得利者往往是這些國際外匯投機客。中小型經濟體要避免本國貨幣的巨幅波動，建立某種程度的區域自由貿易區、或者如日本所提議的亞洲貨幣基金（Asian Monetary Fund, AMD）等機制是很

註⑮　在東亞金融風暴發生的一九九七年，全球每日各資本市場的成交量就已經
　　　達到 1.5 兆美元，在一九八九年時每日成交量只有不到六千億美元，在一
　　　九八六年時更只有約兩千億美元，更不要說在一九七三年時的兩百億美元
　　　成交量。參閱 Richard C. Longworth, *Global Squeeze*, Chicago: Contemporary
　　　Books, 1998, pp. 7～8.

好的區域聯防體制。只是類似的經貿或者是金融整合，通常需要各成員國犧牲部分財經主權，才能換得真正成效。以往東協各國在經濟發展順境時期不覺得有需要，現在遭逢政經巨變，各國不論受害深淺如何，都有唇亡齒寒之感，也願意真正探討區域經貿合作計劃。

有鑑於此，在一九九七年十二月於馬來西亞吉隆坡所舉行的東協外長會議，東協九國（柬埔寨因政爭還未正式加入東協）邀請中國、日本、南韓等國外長共聚一堂，商討由馬來西亞和新加坡所提出的東亞自由貿易區計劃。日本因為國內各部會所代表之利益擺不平，並沒有支持東亞自由貿易區；相對的日本提出亞洲貨幣基金 AMD 機制，卻受到美國及國際貨幣基金（International Monetary Fund, IMF）的反對而不了了之⑯。倒是中國、日本、南韓三國領袖藉機洽談區域合作機制，促成三國利用一九九九年十一月在菲國首都馬尼拉的「東協加三高峰會議」（ASEAN plus 3）舉行首次東北亞高峰會，就未來三國經濟合作達成協議。東協各國看日本短期內沒有意願，而中國卻表現高度熱忱，遂於二〇〇〇年東協高峰會時宣佈成立「東協－中國自由貿易區」，雙方將於二〇一〇年時正式建立自由貿易區。

影響東協各國願意和中國成立自由貿易區的主要因素之一，是一九九八年八月香港政府在中國支持下拉抬股市、重挫國際外匯投資客的那一戰。當時外資在國際外匯市場上大量放空港幣及香港股市，準備把香港股市打落到恆生指數六千點以下再獲利了結。香港政府要支持港幣對美元的固定匯率，除了在外匯市場大買港幣、還大幅調高銀行利率。然而調高銀行利率卻導致股市失

註⑯　*Asia 1999 Yearbook*, p. 38. 日本的外務省站在贊同東亞自由貿易區一方，農林省卻要保護國內農牧業而強烈反對此計畫。

血，香港恆生指數從一九九七年八月初的高峰一萬六千點、跌到
一九九八年八月的七千點以下。香港金融管理局（Hong Kong
Monetary Authority, HKMA）在中國大陸支持下大力介入股匯市，
運用超過一百五十億美元拉抬股市，把股市拉升到九千點，使得
國際外匯投資客受到重創而退出亞洲[17]。香港金管局的干預引來
包括美國聯邦儲備局（Federal Reserve Board, Fed）主席葛林斯潘
（Alan Greenspan）的公然批評，卻讓許多東亞國家出一口怨氣，
也間接促成東協－中國自由貿易區的形成[18]。

　　另一方面，從東亞金融風暴還衍生出對東亞安全戰略環境的
衝擊，可能是更值得重視的一項發展。其中又以印尼的情況最為
嚴重。掌控印尼超過三十年、以蘇哈托總統為首的軍方集團在一
九九八年五月的大規模民眾示威後下臺，留下一個貧困不堪的社
會與宗教與族群嚴重衝突的國家。回教政治勢力趁勢興起，各地分離
意識高漲，終於導致東帝汶的獨立成功、亞齊（Aceh）、西巴布亞
（West Papua）的嚴重動亂、以及加里曼單（Kalimantan）、摩鹿加
（Moluccas）群島首府安汶（Ambon）、蘇拉威西（Sulawesi）
因宗教或族群所引起的流血衝突，整個印尼群島陷入近乎分崩離
析的窘境[19]。

　　更糟糕的是，在這段混亂期內，眾多印尼人民把國內動亂怪
罪到西方社會的幕後操控，使得印尼的回教激進勢力及團體大幅
成長，並且架構起一個超越國家，橫跨印尼、馬來西亞，菲律

註[17]　*Asia 1999 Yearbook*, p. 117. 香港能夠成功拉抬股匯市，是她和中共加起來超
　　　　過二千二百億美元的外匯儲備，以及當時索羅斯被俄羅斯市場套牢等因素。

註[18]　*Asian Wall Street Journal*, Sep. 17, 1998, p. 2.

註[19]　有關印尼的族群衝突危機，可參閱金榮勇，「印尼的族群衝突危機」，**問
　　　　題與研究**，第四十卷，第四期，民國九十年七、八月，頁65～79。

賓、新加坡及泰國等地回教社會的區域組織。他們以建立一個東
南亞泛回教國家爲訴求，除了強烈反美和反以色列外，連馬、
菲、泰等國現任政府都是他們推翻的對象。這些回教激進組織以
往只是以地下組織型態出現，表面上是各種名稱不一的回教團
體，甚至擁有自己的回教學校作爲向外吸收青年學生的管道。以
較溫和的馬來西亞而言，各級回教學校擁有十二萬以上學生，他
們平常在學校就接受反政府等激進思想，進入社會後就成爲回教
政黨 Pas 的支持者⑳。貧富差距更大的印尼，一些大型回教團體
都擁有數以千計的民兵系統，他們不論在支援阿富汗對抗蘇聯入
侵或國內宗教衝突時，都扮演重要角色。這些激進團體的活動一
直到九一一事件後才受到各國情治單位的重視。

從金融風暴發生到二十世紀結束這段期間，另外一項重要發
展是中國軍經勢力的崛起與東協對中國看法的逐漸改變。在冷戰
時期東協各國普遍把中國看成軍事安全上的最大威脅一事，早已
是眾所理解，由印尼遲至一九九○年東西冷戰結束後才正式和中
國復交即可得知。九○年代前半期中共成爲緬甸軍政府生存的最
重要支援、而緬甸幾乎成爲中國的附庸，也是東協不顧歐美各國
強烈反對、執意接納緬甸成爲會員國的主因㉑。東協那時挾巨額
外資所帶來的經濟發展，除了競相採購一些先進武器外，並不太
擔心中國在軍事安全上的威脅。譬如他們面對一九九五年中國和
菲律賓在南沙群島美濟礁（Mischief Reef）的爭執，東協立即拉
入美國共同抑制中國之訴求，即有效緩和南海情勢，並迫使中國

註⑳ *Far East Economic Review*, Dec. 26, 2002, p. 14.
註㉑ 東協和美歐各國因緬甸入會所引起的嚴重爭議，甚至被東南亞各界認爲是
美國因此想藉金融風暴給東協各國一點顏色看看；且緬甸至今仍然不能參
加亞歐高峰會。

做出部分讓步㉒。不過東協本身也因爲馬來西亞再一九九五年五月趁機佔領兩個小島引起內鬨，其中之一是在中共和菲國宣稱海域範圍之內，中共和菲律賓都大聲抗議，導致東協內部嚴重分歧，無力團結對外。

金融風暴使得東協各國普遍削減國防預算以減少政府開支，軍事現代化的企圖受阻，東協的區域安全戰略必須由外交而非軍事手段擔負重任㉓。因此東協更加希望利用已有的區域安全對話機制、諸如東協區域論壇、亞太安全合作理事會和後來舉行的亞洲安全會議（Asian Security Coference, ASC）等，透過集體對話機制以降低緊張情勢。不過在這時期東協各國和東協組織均呈現弱勢的情況之下，東協對外在威脅的看法也有所不同。最明顯的例子就是美濟礁之後續發展。中共海軍在一九九八年十月在美濟礁興建永久性防禦工事，消息曝光後立刻引起菲律賓朝野大譁，並向美國及東協尋求援助，結果在當年底的東協高峰會卻受到低調處理。東協秘書長斯菲禮諾（Rodolfo Sererino）對此事的反應是：我們還有許多更大的問題要處理，尤其在經濟方面㉔。如果我們把當年八月香港力抗索羅斯一事普遍獲得東協各國掌聲連結起來，就可以發現東協各國對中共觀感在這段時間已經有重大改變。

註㉒　有關美國柯林頓政府對此一爭議事件之反應，參閱林蘋蘋，「美國柯林頓
　　　政府對中（共）菲『美濟礁』爭議事件之立場與反應（1993～1996）」，
　　　東南亞季刊，第二卷，第二期，民國八十六年四月，頁四五～六五。

註㉓　以菲國在美濟礁事件以後爲例，菲國國會通過十五年九十二億美元的國防
　　　採購方案，不過這項撥款才實施一年就因金融風暴發生而拖延下來。

註㉔　*Far East Economic Review*, Dec. 24, 1998, p. 18. 此次中共警告菲律賓的偵察
　　　機和軍艦不要太接近美濟礁以免發生衝突，而菲國海軍也接到其政府指令
　　　避免引發衝突。

　　還有一點影響東協對中共之觀感的是緬、柬、寮等新成員國的加入。以往東協的外交政策是和美國、日本、中共、歐洲甚至俄羅斯及印度等大國維持一種等距離的外交關係，希望以集團力量周旋於各強權之間以便從中謀得最大利益㉕。一九九五年越南加入東協並沒有很大改變，因為越南和中共在西沙群島主權爭議導致一九七四年和一九八八年二次衝突，以及中共在一九七九年攻打越南等事件上留下嚴重傷口。儘管越南近年來在經濟發展和改革政策上努力效法中共，中越雙方高層也互相訪問，在安全戰略上越南對中國一向疑慮甚深㉖。可是隨著一直接受中共經濟和軍事援助的緬甸以及和中共關係密切的柬埔寨、寮國之陸續加入，中共在東協組織的影響力為之大增。再加上中共近幾年大力推動中國西南和中南半島的鐵公路及河流等交通建設，包括從新加坡經曼谷到昆明的泛亞鐵路、湄公河上、中游的疏浚等等，均使得雙方經貿關係日益密切，自然會產生增加了解、降低彼此間疑慮的效果。

肆、反恐陣線下的東協區域經貿　　與安全政策

　　美國在九一一事件得到的最重要教訓之一是：身為全球唯一超強，美國不可能在從東南亞、南亞、中亞到西亞這麼大片區域，沒有駐守任何軍隊，而想要獲得真正的安全；尤其這區域大

註㉕　Dewi Fortuna Anwar, *Indonesia in ASEAN*, Singapore: Institute of Southeast Asian Studies, 1994, pp. 174～182.
註㉖　有關越南在後冷戰時期和中國之互動與戰略顧慮，參閱梁錦文，**後冷戰時期之越南外交政策**，台北：翰蘆圖書公司，二○○二年，頁221～256。

多數國家的回教社會在長達數十年的以巴衝突一事上，一向嚴厲
批評美國偏頗以色列之中東政策。針對此一教訓，美國積極改變
過去十年來全然忽視回教社會的破壞力量，在這些區域建立親美
政權或駐防軍隊：前者包括推翻阿富汗神學士政權和努力打倒伊
拉克海珊政府，後者則爲中亞與東南亞的駐軍或建軍港。推翻神
學士政權後，美國隨即在中亞吉爾吉斯（Kyrgyzstan）首府比什
凱克（Bishkek）附近之空軍基地、駐守超過二千名美軍和法軍。
從此地美國偵察機和雷達系統可以偵測中國西北部國防大後方、
俄羅斯西伯利亞、印度及巴基斯坦的軍事活動，取得各國飛行器
之重要參數。此取很快引來蘇聯的反制行動，在離美軍基地不到
四十哩的肯特（Kent）空軍基地進駐數十架飛機和超過七百名之
軍事人員，最高可以容納五千名軍隊㉗。儘管蘇聯和美國都是以
監控回教激進組織爲藉口進駐此地，彼此互相監視的意味不言可
喻。

　　幾個月後美國又在烏茲別克（Uzbekistan）首府塔什干（Tas-
hkent）附近之一處名爲 K2 軍事基地進駐大約一千名軍隊。美國
國務院以「加強交往」（enhanced engagement）說明美國九一一
事件以後的中亞政策，不過美國主流媒體之一的華盛頓郵報以
「自亞歷山大大帝（Alexander the Great, 約西元前三百二十九年）
以來第一次西方軍隊進駐中亞」，來形容美國勢力進入中亞的戰
略含意、以及俄羅斯和中共的不安㉘。

　　美國在東南亞的戰略也從冷戰後的全面撤退，轉爲再度重視
此區域，以建立東南亞反恐第二戰線。二〇〇二年八月美國政府

註㉗　http://www.nytimes.com/2002/12/04/international/asia/04RUSS.html.

註㉘　http://www.washingtonpost.com/ac2/wp-dyn? pagename=article&node=&conten-
　　　tId=A64817- ...

宣佈將在印尼北蘇拉威西（North Sulawesi）東北角的比通（Bitung）市建立一座軍港，供美國軍艦停泊及維修之用。比通港預定二〇〇五年興建完成，將會是美國在亞太區域特別是東南亞的一個重要軍事設施。這是美國從一九九二年撤出菲律賓的蘇比克灣海軍基地和克拉克空軍基地以來，首次重新在東南亞地區找到適當地點建造軍港。比通港位於印尼國土北端，北面隔著西里伯海（Celebes Sea）遙控菲律賓南部回教大本營民答那峨（Mindanao）島，西北面為東馬來西亞，是印、馬、菲三國回教社會的中心點。從比通港軍艦能夠進入南中國海，可以隨時支援對回教激進組織的圍剿；向東北方則直接通向關島，由關島和比通港、琉球島形成一個等腰三角形，分別俯視東南亞和東北亞兩大區域，地緣戰略位置之重要不言可喻。

　　美國軍事力量進入南亞、中亞與東南亞，最緊張的大概是中共。美中關係自二〇〇一年四月軍機相撞後陷入低潮，直到九一一事件伴隨美國全球反恐戰爭而大幅改善。不過美國把中共當成未來戰略假想對手的基本架構並未改變，而中共在長遠未來試圖挑戰美國超強地位的角色也沒有更改，台灣問題更是美中關係中複雜難解卻又一定會面對的焦點。以國防安全角度而言，九一一事件以後，北京頓時發現已經被美國從東西兩面包圍，整個國家幾乎沒有戰略縱深可言，因為以往的西北部國防重地包括新疆的核子試爆場、甘肅的航天基地，太行山的戰略飛彈基地等都暴露在美國中亞軍事基地的偵測網內。對此不利新局面，北京一方面固然要加強西北部的陸空佈署以作有效干擾，另外還要打開北方和東南方往外之缺口，才不至於陷入四面包圍的窘境。

　　基於這個戰略考量，北京很快就制定出積極拉攏東協、避免

東協成為美國新圍堵中共之幫手的策略性決定㉙。所以我們看到
隨著美軍順利推翻阿富汗神學士政權、軍事勢力進駐中亞一個月
後，中共總理朱鎔基即在參加東協高峰會時、宣布和東協將在
二○一○年建立東協－中國自由貿易區。為了展現誠意拉攏東
協，中共同意讓東協最落後的緬甸、柬埔寨、寮國等可以單方面
享受自由出口到中國市場的優惠措施。中共的出擊讓日本大吃一
驚，馬上提出東協加五的的東亞區域經貿整合計畫，卻因為日本
政府內部農林省反對而拖延下來。接著中共持續釋放善意，在
二○○二年十一月金邊所舉行的東協高峰會，中國和東協領袖們
共同簽署「南海週邊國家行為宣言」，為雙方在軍事安全合作與
消除彼此疑慮上建立起良好的互動。即使有些東協國家的戰略專
家仍然質疑中共並沒有真正在南海主權問題上作出讓步，中共的
善意已經獲得東協各國普遍的肯定㉚。

　　面對九一一事件以後的全球反恐戰線，以及中共處心積慮拉
攏東協的策略，東協的區域經濟和安全政策逐漸成形：在經濟政
策上採取和中國積極邁向經貿整合，以獲取某種程度的商機、外
來投資與避免被邊緣化，日本的科技與美日的外援則是提昇工業
水準的催化劑，也是平衡華人資本的重要籌碼；在安全政策上也
因為區域內回教社會強烈反美的壓力、以及南海問題獲得初步共
識，東協傾向和中國日益接近，以避免成為美國反恐（或反回

註㉙　http://www.asiannewsnet.net/template.php? No=6992&logo_name=Columus/Analysis
　　　&Sec... 2002/10/19.

註㉚　遠東經濟評論即指出一些東協戰略專家認為中國並沒有做出實質讓步，未
　　　來南海諸島一但發生主權爭議，中共勢必不會退讓，東協未免高興太早，
　　　而南海的潛在威脅也沒有降低。中國和東協雙方在此一宣言上互有讓步，
　　　目的是建立互信基礎，為日後更密切經貿合作鋪路。*Far Eastern Economic
　　　Review*, Nov. 14, 2002, p. 26.

教）戰線的犧牲者，至於美國、日本和印度等大國，則是東協用來平衡中國的力量。換言之，以往東協在經貿上一面被日本所掌控的局面將會成為華人（包括當地華人與兩岸三地華人）與日系資本分庭抗禮的局面；而軍事上以往由美國強勢主導的局面也逐漸改為美中平分秋色的態勢。

東協的新經濟政策一方面反應出面對中國從東亞金融風暴後迅速崛起之無奈與現實考量，另一方面也明確顯示出其對原來東亞經濟盟主日本的不滿－近年來日本不論在領導東亞各國對抗金融風暴展現不出老大哥架勢，和東協所提議的區域整合計劃亦推託不前。中日兩國在金融風暴所呈現的情勢和以往之瞭解判若兩人，使得東協各國印象深刻。日本自泡沫經濟發生以來，自顧不暇，已經無能帶領東南亞各國跳出金融風暴：日圓對美元從金融風暴前的大約 112：1 跌到一九九八年八月的低點 147：1，最高跌掉超過 30 ％[31]，因而加重東協各國進一步貶值，引起東亞各國朝野一致批評[32]；日本所提議的亞洲貨幣基金也被美國反對而不了了之。

相對的，中國的人民幣在這段時期一直維持在 8.28：1 不動，對照新加坡、台灣和日本貨幣貶值 15～30 ％，人民幣和港幣成為東亞一股穩定力量，避免各國貨幣再一波貶值。中國提供數額不多的資金援助也讓印尼和泰國朝野點滴在心。最重要的是香港政

註[31]　後來因為巴西和俄羅斯趁低價買回日圓而在十月又回升到 115：1，但一九九八和一九九九兩年日圓平均價位維持在 135～145：1。參閱 *Asia 1999 Yearbook*, pp. 26～27; *The World in 1999*, London: The Economist Newspaper Limited, 1998, p. 67.

註[32]　該年稍後舉行的亞洲主要國家財政部長會議即發表強烈呼籲，要求日本穩定自身幣值及經濟，以免東亞經濟進一步下滑。*International Herald Tribune*, June 17, 1998, p. 17.

府在北京背後支持之下於一九九八年八月進場拉抬香港股、匯市，成功痛擊索羅斯等國際外匯投資商。香港政府直接進場干預股匯市做法有損亞洲最自由資本市場之名，甚至香港本身經濟亦付出慘痛之代價㉝，卻替東南亞各國出一口氣，普獲好評，也拉進中國和東協之距離。

另一方面，日本在區域整合議題上不肯和東南亞各國合作、也讓這些國家甚為不滿。東協各國於金融風暴後即確定「區域聯防」的概念，積極倡導東北亞的日本、中國和南韓共組區域經貿體系。東協首先和日本接觸，希望日本帶頭推動，東京卻瞻前顧後，遲遲不願意表態。首相小泉純一郎瞭解問題癥結在於日本國會自民黨議員基於維護本國農產品考量，絕對不會輕易同意和東南亞成立自由貿易區。他只好拖延說：「我們應該從中、長程角度思考這問題。」㉞而北京抓住此一機會向東協釋放善意，雙方遂一拍即合，在金邊的東協高峰會宣佈於二〇一〇年之前共組自由貿易區。日本首相知道後馬上亡羊補牢，第二天就和東協簽訂自由貿易協定㉟。可是東南亞各國都知道日本政府這麼做只是一種表態，一旦牽涉到實質談判內容與可能產生的利益衝突，來自日本政府與國會自民黨籍議員的反對聲浪很難擺平，何時能有真正的經貿整合，仍是一個未知數。

至於東協的新安全政策則反應出近幾年來對傳統區域安全觀

註㉝　一般評論認為香港政府和國際外匯投資客在這場戰役中是兩敗俱傷。香港政府為了要支持股市，曾經在一九九七年十月時一度大幅提高隔夜拆款利率到 280 %，Yuk-shing Cheng, Wong Marn-heong & Christopher Findlay, "Singapore and Hong Kong," Ross H. McLeod and Ross Garnaut, eds., *East Asia in Crisis*, New York: Routledge, 1998, pp. 166～167.

註㉞　http://www.nytimes.com/2002/12/06international/asia/06ASIA.html.

註㉟　http://www.nytimes.com/aponline/international/AP-ASEAN.html...2002/11/6.

的改變，和對美國反恐甚或反回教世界政策的疑慮。中共和東協雙邊關係在中共刻意拉壟以及新成員國大多親中共的情況下，東協大多數成員似乎已經建立起共識，把中國從負面的「威脅」（threat）改變成中性的「挑戰」（challenge），最好的例子是雙邊自由貿易區的建立和南海行為準則宣言的簽訂㊱。有關東協立場的轉變在前二章中已提及，此處不贅述。倒是九一一事件以後美國基於反對國際恐怖主義組織所建立起的全球新戰略，和東協各國尤其是回教國家關係產生實質改變，影響彼此戰略觀甚鉅。

美國的東南亞反恐戰線大致包括兩個層面：在政府層面是拉攏各國政府共同打擊和殲滅區域內的恐怖主義組織，以及在社會層面是試圖滲透並找出恐怖主義組織的主謀和從犯。以前者而言，美國政府於九一一事件之後立刻拉攏馬來西亞總理馬哈地，似乎忘記以前副總統高爾還親自羞辱馬國政府迫害該國副總理安華（Anwar Ibrahim）事件；美國很快即和菲國軍方合作共同殲滅和凱達組織關係密切的阿布沙耶夫（Abu Sayyaf）回教激進組織；美國還和印尼軍方恢復訓練和情報交換計劃，不管之前美國還因為東帝汶屠殺事件抵制印尼軍方。美國還在印尼的比通港建立長期軍用海港，顯示反恐戰線可能是一項中長期作戰策略，並非推翻阿富汗和伊拉克政府就結束。

問題出在回教恐怖主義組織在東南亞國家擁有眾多同情分子，已經滲透這區域回教社會內的各階層，並且建立起十分複雜與秘密的網絡。這些激進團體往往不只是一些地下組織，許多印

註㊱　*The Nation* (Bangkok), Oct. 19, 2002, p. 6. 除了這兩項協議外，中共還提出在非傳統領域的安全合作，包括東亞版的反恐和跨國犯罪的防治，讓東協各國十分認同。

尼和馬來西亞的重要回教政黨或回教團體都是他們的同情者、支持者甚或表面上的掩護者。而且一些重要回教團體領袖還在社會上享有盛名，譬如號稱擁有三千萬信徒的回教聚會所（Jemaah Islamiyah），其著名之宗教領袖巴希爾（Abu Bakar Bashir）在印尼回教界和社會上均頗受尊重，連副總統哈茲（Hamzah Haz）都公開推崇巴希爾的宗教地位和反美言論㊲。等到巴里島爆炸案後印尼軍方傳訊巴希爾，並提出回教聚會所和此案之關聯，才使世人了解到回教恐怖主義組織在東南亞回教社會的綿密組織和廣大影響力。

東南亞的回教國家政府現在陷入一種兩難的困境。外交與安全上，美國是最能保障各國安全的超強，不過在中國改善和東協關係以後，來自區域外的威脅大減，取而代之的是國際恐怖主義㊳；倒是印、馬、菲國內回教社會的反美情緒高漲，迫使各國政府領袖不能採取太一面倒向美國之政策，以免自身成為回教社會的公敵。目前印、馬政府的對策是支持美國的全球反恐戰線，享受美國所提供的軍事及經濟支援，卻反對美國在沒有聯合國授權下攻擊伊拉克。當美國進攻伊拉克後，美國和東南亞回教社會的矛盾立即凸顯出來，這些國家的政府似乎有一種進退維谷的窘境。因此東南亞各國政府的對外策略上逐漸向中國靠攏，一方面拉中國平衡美國獨大的現象，另一方面則是安撫國內回教社會的反美情緒，同時暗示美國反回教政策不要太過分。

不過東協此一新政策自然會產生一些新問題，最值得重視的

註㊲ *Far Eastern Economic Review*, Oct. 31, 2002, pp. 20～22.
註㊳ 東協發言人阿巴德（M. C. Abad）就明確指出「國際恐怖主義是柬埔寨衝突以來最嚴重的安全威脅」，http://www.washingtontimes.com/world/2002110 1-12114486.htm.

就是如何在各國經貿主權與區域整合上取得平衡點，與東南亞華
商勢力可能大增所發生的社會及經濟影響力。絕大部分的東南亞
國家在二次世界大戰以後經由談判或者長期戰爭而取得獨立，好
不容易獲得政治及經濟主權。這些國家以往是最堅持不干涉他國
內政的政策，在東協過去的決策模式也是以共識決為主要考量㊴。
現在因為要往區域經濟整合方面發展而犧牲部分經濟方面主權，
以及放棄過去數十年來所一貫實施的發展一些關鍵性民族工業之
政策，這會不會是一項選舉的票房毒藥，政黨對於當地企業界的
遊說又如何堅持己見？是以有哪一個東南亞國家的政黨願意冒喪
失選票而接受進一步的經濟整合，都是很值得懷疑的㊵。從這角
度看，東協是否真的願意和經濟和科技強權—日本組成自由貿易
區，不論在日本國內和東協各國，都不是短期所能實現的。

　　另一方面，東協和中國所發展的自由貿易區計劃也可能有許
多困難，其中最大的是華人在此區域的經貿強勢地位可能因此
更加強固，進而造成更嚴重的社會、經濟甚至政治問題。有關
華人在東南亞地區的經貿地位已多有論述，華人在當地所受到
的側目與敵視亦可從一九九八年五月的排華事件可見一斑，此
處不贅述㊶。如果東協和中國自由貿易區成形，這地區的華人自

註㊴　有關東協在東亞金融危機後所產生的共識與發展方向，參閱金榮勇，「東
　　　亞金融風暴對東協組織的影響」，**問題與研究**，第38卷2期（民國88年
　　　2月），頁55～68。
註㊵　泰國的塔信政府即為最好例證。他所組成的泰愛泰黨（Thai Rak Thai party）
　　　不論在競選和執政後都採取保護國內產業之經濟民族主義政策，頗受到泰
　　　國大企業與一般民眾支持。相對的，主張經改和政治改革的泰國民主黨就
　　　因此失去政權。參閱 *Far Eastern Economic Review*, Oct. 17, 2002, pp. 20～21.
註㊶　有關東南亞華人網絡之影響力，參閱 Murray Weidenbaum & Samuel Hughes,
　　　*The Bamboo Network: How Expatriate Chinese Entrepreneurs Are Creating A
　　　New Economic Superpower in Asia*, New York: Martin Kessler Books, 1996.

然是如虎添翼,卻極可能建立在當地資本家的挫敗之上。沒有任
何一個東南亞國家的執政者願意接受這種結果。因此如何在強化
區域經貿整合與平衡日本及華人資本家的強勢主導,將是這些國
家在思考與執行政策時所必須再三衡量的。

伍、結論:東協新區域經濟
和安全政策的影響

整體而言,東協的新區域經濟和安全政策反應出本世紀他們
對美國、日本和中國等國家國力升降所做出之調整。在東協領導
群中逐漸凝聚的共識是:美國在未來會因全球反恐戰線的實施而
更加強勢,其在科技研發和全球商業的領先亦如;中國的經濟和
軍事力量和對外影響力與日俱增,對東協的挑戰是正面或是負面
的,也是前途未卜,不過有許多倒可以用來平衡美國的獨斷與反
回教心態;日本的經濟和軍事角色似乎進入一種尷尬的調整
期,至於需要多久才能夠從經濟停滯階段重新出發、並帶動東
亞地區的經貿發展與區域經貿整合,與散發出多大的影響力,
都是東協組織需要密切注意的發展。另外東協各國對於一些中
等國家如印度、澳洲和南韓的區域影響力也是增減不一。印度
日益開放與蓬勃發展的市場經濟和國防工業的進步,被東協用
來平衡中國的一顆棋子,印度總理能和東北亞三國領袖一樣成
為東協高峰會的對談者即為明證;澳洲在東帝汶獨立和強勢先
制反恐作為等事件上引起東協普遍反感,對東協影響力大不如
前;南韓挾經濟及科技快速發展之餘威,不論在區域事務及對東

協影響力均是大增。

　　綜觀東協與東亞主要國家之互動，吾人可以得出一些結論：
中國是東協新經濟與安全政策的主要受益者，結盟、拉攏與制衡
是描述東協與中共關係的幾個形容詞；美國的角色有些模糊，需
要與疑慮並存；印度與南韓也各有所獲，澳洲小挫；日本現階段
似乎受挫最深，不過日本政府的外援一直是東協大多數國家最重
要的經濟支援，日本政府也因此仍然對東南亞地區擁有極為強大
的影響力，東協仍然期望日本的資金與技術甚殷，因此東協對日
本也是不滿與期望交雜。如果從東協的角度看出去，東亞世界從
以往的美、日為主導的雙頭馬車，改為美、中、日為主的三頭馬
車。

　　當然這也未必一直如此，一些東亞的重要軍事與經濟發展都
會影響東協與主要國家的互動，譬如南韓新任總統盧武鉉（Roh
Moo Hyun）的上台是否會引發美軍的逐步撤出南韓甚或整個東北
亞[42]？北韓政府所宣稱的擁有核子武器一事對於美國、日本和南
韓是否會造成新的戰爭危機？日本面對此一新局勢是採取擴軍建
核或是和中國分享東亞權力之政策？美國的強勢反恐政策是否會
引發東協和中國的進一步合作？日本的經濟能否或者多久自泥沼
中脫身？中國的經濟是否仍然能夠持續快速成長？中國本身的經
濟與財政問題一堆，何時會爆發危機？東協在中國經濟成長的陰

註[42]　面對南韓的強烈反美情緒，美國也有許多重量級保守派人士如沙菲爾
　　　（William Safire）和諾瓦克（Robert Novak）都撰文主張從南韓撤軍；柯
　　　林頓政府時期的美國前國防部長柯恩（William Cohen）撰文指出日本在
　　　美撤軍後不是建軍就是和中國分權。*Far Eastern Economic Review*, Jan. 23,
　　　2003, p. 17.

影下能否脫離邊緣化的危機？萬一不能，東協還會如此擁抱中國嗎？這些重要變數是吾人在評估東協及東亞形勢時所不能忽視的。

*　　　　*　　　　*

日本安保政策與日美同盟

柯 玉 枝

國立政治大學國際關係研究中心第二研究所助理研究員

壹、前　言

從古迄今，國家安全議題一直是國家關注的重大政治問題。日本防衛廳顧問佐久間一表示，安全是政治的最大責任[1]。從傳統的狹義觀點來看，國家安全等同於國防軍事安全。為了維護自身安全，國家慣用的政策選擇除了設法提高本國國力外，如提高經濟力、軍事力，或採取靈活的對外戰略，同時也會設法向外尋求支持力量，也就是對外結盟，並且強化本國所屬的聯盟的力量，或是設法弱化敵國所屬聯盟的實力。

日美同盟的出現是冷戰時代的產物，為了確保日本不致投入敵對蘇聯集團的懷抱，美國決定盡速將日本拉進以美國為首的西方團集團範圍。冷戰結束後，蘇聯因素的消失，使得冷戰時代的政策產物－日美同盟－的存在價值，備受爭議與關注。

然而，自1995年起，隨著多項與日本安保政策與日美同盟的相關政策紛紛出爐，例如新「防衛計劃大綱」、「中期防衛力整

註[1]　佐久間一，「安全は、政治の最大責任」，收錄於讀賣新聞安保研究會編，**日本は安全か**（東京：廣濟堂出版，1997），頁114～115。

備計劃」，分別在 1995 年 11 月、12 月經閣議決定，以及 1996
年 4 月 17 日，日美新安保共同宣言 (U.S.-Japan Joint Declaration
on Security: Alliance for the 21st Century) 的提出，標示的是日美兩
國體認到雙邊同盟關係仍是日本與東亞安全之基石，有繼續存在
價值與意義。1997 年 9 月兩國修定新防衛合作指針 (the Guidelines
for U.S.-Japan Defense Cooperation)，1998 年 4 月日本政府向國會
提出三項有關日美安保體制順利運作的配套法案：修正日美物品
役物相互提供協定、週邊事態法、修正自衛隊法，1999 年 4 月 26
日日本眾議院通過上述三項配套法案，1999 年 5 月 24 日，日本
參議院也通過這三項配套法案。日美同盟關係的重要性再次被日
美兩國所肯定，也正式確立日美兩國在冷戰後時代的安全同盟關
係之必要性。

　　安全 (security) 及安保政策 (security policy) 的定義，因為包含
權力 (power) 及利益 (interest) 等概念，很難得出一個大家都能接
受且面面俱到的界定。對當代日本來說，政治安全與經濟安全是
其綜合安全政策的兩個重要成分，1980 年 12 月，鈴木內閣提出
「綜合安全保障戰略」，正式把經濟與政治視為是與日本國家安
全極為相關的重要議題②。Peter J. Katzenstein 及九州大學助教授
大河原伸夫在兩人於 1993 年合寫的著作 Japan's National Security:
Structure, Norms and Policy Responses in a Changing World 中指出，
日本的國家安全政策有經濟與軍事兩個面向，軍事安全主要來自

註②　1980 年大平正芳（Oohira, Masayoshi）首相的私人諮詢研究會「綜合安全
　　　保障研究小組」即著手進行日本安全政策的探討，以因應國家利益中政經
　　　比重的變遷所導致的外交政策調整壓力。該研究小組所提出的研究報告並
　　　為繼任首相鈴木善幸所採用，而於一九八〇年十二月正式決定採用。Dennis
　　　T. Yasutomo, **戰略援助と日本外交**（東京：同文館，1989），頁 71～74。

日美政治關係，較為「僵硬」(rigidity)，經濟安全政策則較「彈性」(flexibility)③。此外，冷戰時期的日本安保政策呈現出「一國和平主義」的特性，保衛的標的是日本一國的安全，目標是維護日本一國的領土完整、主權獨立、經濟繁榮、人民福祉等。冷戰後，由於影響國際體系穩定與和平的議題增多，除了傳統的軍事議題外，如大規模緩滅性武器的擴散、國內紛爭、地區性爭端，更涵蓋與全球人類利益相關的人口、糧食、環境、難民等問題，因而使日本的安保政策特性出現質變的現象，不再僅強調保護日本一國的自身獨立及安全，而是從多層次的構造中，強調須同時保障國家、地區及國際社會全體的安全④。

　　本文分析的重點為日本安保政策與日美同盟之關聯性，所以筆者擬採用 Glenn H. Snyder 在 Alliance Politics 一書中的「目的論」(purpose) 的分析方式，找尋日美同盟關係的形成 (formation) 與日本軍事安全之關聯性，藉以突顯為何日美兩國在冷戰終結後，仍然肯定兩國在冷戰時期所形成的同盟關係，有其存在價值，至於有關日美同盟關係的運作 (alliance management) 則非本文討論的內容。

　　在文章章節安排上，本文將先就聯盟政治及維繫日美同盟關係存在的主因先作分析，而後續就日美同盟對日本安保政策的影響、再定義後的日美同盟之影響加以討論，最後為結論。

註③　Peter J. Katzenstein and Nobuo Okawara, *Japan's National Security: Structure, Norms and Policy Responses in a Changing World* (New York: Cornell University Press, 1993), pp. 7～8. 本書在 1994 年得到日本大平正芳賞。

註④　森本敏，**極東有事で日本は何ができるのか**（東京：PHP研究所，1999 年 5 月），頁 107～108。

貳、聯盟政治與安全保障

政策是環境的產物,從現實主義的角度觀之,國家向外尋求結盟以維護自身安全的行為在國際關係中相當重要。同盟關係的出現常與國際情勢演變相關,而國際體系不僅提供國家結盟的動機(motive for allying),體系的特徵(characteristics of the system)也將左右同盟的本質 (nature of alliances)。George Liska 指出,分析或討論國際關係時,幾乎不可能不注意到同盟關係,一般來說,同盟關係多有針對性的,也多半會因某些國家或某些事所促成⑤。國家間互動關係的友好或敵對氛圍,將會影響國家對於國際互動關係是否應採取合作或敵對的態度,並可能促使國家產生平衡(balancing) 或轉向支持佔優勢的一方 (bandwagoning) 的政策想法,進而採行結盟或反結盟 (counter-alliance) 的政策作為⑥。

在國際體系中,國家為何要以結盟來維護其國家安全,Glenn Snyder在其 1997 年的著作 *Alliance Politics* 一書中,以體系結構、關係、互動、單元等四個環境要素,來觀察同盟的形成與運作。首先,Snyder 認為國際體系是無政府狀態的,而國家身處在無政府狀態的國際體系中,必須時時刻刻關心國家的安全與生存問題。在安全競逐的體系中,體系將達到平衡。而國家會為了增進自身安全,向外尋求結盟或建立合作關係。Snyder 認為,在這樣

註⑤ George Liska, *Nations in Alliance: The Limits of Interdependence* (Baltimore: Johns Hopkins University Press, 1962), pp. 2～3.

註⑥ Stephen M. Walt, *The Origins of Alliance* (Ithaca: Cornell University Press, 1987).

的無政府體系中，極化現象很容易產生，或許是二元，也可能是
多元⑦。第二，Snyder 所稱的「關係」指的並非是一般的行為，
而是指任何可能引發及型塑行為選擇的衝突、協力及權力關係，
「關係」是介於結構與互動間的溝通渠道，經由「關係」可將結
構的效果轉化為行為。第三，Snyder 所指的互動是一種受到對手
刺激或影響的行為。第四則是單元貢獻，主要著重在同盟成員的
內部因素。至於國家緣何結盟或選擇不結盟的動機？Snyder 認為
與「體系結構」、「主要國家間軍事力量的不平衡」、及「主要
國家間特定的衝突與共同的利益」相關⑧。

表一　同盟關係的體系結構與過程

關係要素	體系結構 （外部）	關係渠道	互動行為	單元貢獻 （內部）
主要成分	無政府狀態 極化現象	協力與同盟 共同與衝突的利益 能力 依賴與互賴	充實戰備 外交溝通 軍事行動	偏好 預期 政治

資料來源：Glenn H. Snyder, *Alliance Politics* (Ithaca: Cornell University Press, 1997), p. 21, Figure 1-1.

　　Snyder 認為在同盟關係形成的過程中，首先必須考慮同盟的
價值，也就是利益與代價的問題。安全同盟最主要的利益在於：

註⑦　Glenn H. Snyder, *Alliance Politics* (Ithaca: Cornell University Press, 1997), pp. 16～20.
註⑧　*Ibid.*, pp. 16～39.

在本國及盟邦遭受攻擊時，增強嚇阻力；增強本國防衛能力；阻
止同盟夥伴與對手形成結盟或合作關係；消除遭盟邦攻擊的可能
性；增加對於盟邦的控制力或影響力。主要的代價則為：被迫做
出某些政策行為的可能性；被迫捲入戰爭的可能性；出現反同盟
關係的風險性；降低自身政策選擇的空間；限制政策行動的自由
度等。其次，與敵對國家或集團的關係、是否存在國防戰略利
益、盟邦間是否存在可能引發衝突的議題等，也會在同盟關係形
成的過程中，發揮影響⑨。

　　理論上，國家會在「避免被拋棄」(avoiding abandonment) 或
「避免被捲入」(avoiding entrapment) 這兩個「安全困境」中，設
法找到最適點 (optimum mix)，這個點通常會因為國家對同盟的依
賴或承諾的程度，以及國家預測盟邦依賴與承諾的程度有關。在
同盟關係存在的期間內，盟國承諾的程度會有高有低，同盟國領
袖通常會在適當的時機，對同盟作出一些補充。盟國間的承諾不
僅只是為盟邦間型塑一個同盟條約，也同時發揮在條約之外，盟
邦間相互援助以確保其利益的作用。此外，如果同盟關係中又存
在戰略利益，那麼一國被盟邦放棄的機率將會降低。一般來說，
當同盟的一方因為安全環境的變化，而改變其對同盟價值的看法
時，最終將導致同盟所有成員對於同盟價值的看法。而影響政府
做出抉擇的決定因素 (determinants of choice) 有三：利益 (inte-
rests)、相對的依賴程度 (relative dependence)、承諾的程度 (degree
of commitment) ⑩。

註⑨　Snyder, pp. 43～46.
註⑩　Snyder, pp.108～191.

參、維繫日美同盟持續存在的主要因素

日美同盟關係何以能從冷戰時期延續到冷戰後時期，本文擬借用Snyder前述觀點，從「國際體系結構」、「日美兩國軍事力量的不平衡」、及「同盟國間的共同利益與衝突」三個面向，來觀察日美同盟關係。

一、國際體系結構

(一) 二元對峙的冷戰結構與日美同盟

冷戰時期日美同盟關係的形成與維繫，主要是為了因應前蘇聯在二戰後對遠東地區的軍事威脅，避免日本遭到外來勢力的武力攻擊⑪。美蘇對峙的冷戰結構在二戰後的迅速形成、韓戰爆發、以及中國陷落於共產集團等東亞局勢演變，使美國迅速調整其對日政策，從以解除武裝、非軍事化、民主化來防止日本軍國主義再起，轉變成希望儘速結束對日本的軍事佔領，促簽對日和約、恢復日本的主權與獨立地位，以避免日本投向蘇聯。Ridgway 將軍在渠於 1952 年 4 月 9 日給陸軍部的信件中表示：「達成美國在遠東地區的目標最主要因素是，以我們（美國）保證日本基本安全的承諾來維持日本的忠誠，除非它（日本）已經具備承擔主權國家責任的能力。⑫」1978 年，日美兩國為避免美蘇對立波及日

註⑪　森本敏，頁 90～91。

註⑫　General Ridgway to the Department of the Army, 9 April 1952, FRUS, 1950～1954, Vol. ⅩⅣ, p. 1236, 轉引自 Roger Buckley, *US-Japan Alliance Diplomacy* (New York: Cambridge University Press, 1992), p.49.

本週邊的安全，遂以日本北部地區可能遭受蘇聯攻擊政策假定，制定安保指針，並以該指針爲基礎，進行雙邊安全合作，並擬定共同作戰計劃⑬。

(二) 蘇聯崩解後的東北亞地區：不穩定的體系

東歐民主化及前蘇聯瓦解，宣告冷戰結構的正式崩解。蘇聯威脅降低、朝鮮半島局勢變化、中國大陸的內政與軍事動向，雖也使亞太地區情勢發生變化，但是冷戰後的亞太區域體系的變遷程度卻不如歐洲地區的劇烈。加拿大 Calgary 大學政治學助理教授 Kimie Hara 在其 1999 年發表的「亞太地區冷戰的再省思」一文中指出，即使所謂的「冷戰終結」的概念雖在近十年來似乎成爲想當然爾的事情，然而亞太地區冷戰的基本結構依舊存在，並且可能成爲未來衝突的潛在根源，換言之，亞太地區的體系結構並未因冷戰終結而改變，至多僅出現和解現象⑭。Richard J. Samuels & Christopher P. Twomey 在「老鷹眼中的太平洋：冷戰後美國在東亞的外交政策選擇」一文中也表示亞洲的國際安全體制與主要國家的大戰略並未發生類似歐洲的變化⑮。

面對持續不穩定的亞太區域情勢，以及亞太地區主要國家的軍事擴張與軍事現代化政策，日美兩國均無法輕忽。擁有核武的俄羅斯、企圖發展核武的北韓、崛起的中共，仍舊是日本來自東

註⑬　森本敏，頁 91～92。

註⑭　"Rethinking the 'Cold War' in the Asia-Pacific," *The Pacific Review*, Vol. 12, No. 4, 1999, pp. 515, 515～536.

註⑮　楊紫函等譯，**美日聯盟過去、現在與未來**，第一章，頁一，台北：國防部史政編譯局，九十年七月。

方及北方的威脅，也將影響美國在亞洲地區的前置部署。1994～1995 年間中共的核試爆、1996 年的台海飛彈危機、1998年北韓的導彈試射、以及海上不審船事件，在在使日美兩國政府必須重視重新肯定日美同盟關係，在冷戰後時期東亞地區穩定與和平，以及日本安全戰略及防衛政策中的重要性⑯。

二、日美兩國軍事力量的不平衡

日本在二次大戰後受限於戰敗事實與和平憲法，不僅永久放棄戰爭權，在軍事力量的建構與發展上，也受到重重限制，進而使日本即使在經濟領域國力大增，卻全然無法改變日美兩國軍力失衡的情況。

冷戰期間，日本的國家安全政策目標是保障日本安全，策略是「依賴美國」，並以相當節制的方式來發展日本軍事能力。戰後的日本，因被解除武裝，並無法自力承擔國防安全的責任，遂使早期日本的安保政策呈現「依賴美國」，並以日美同盟爲安保支柱的情況。美軍佔領的事實、韓戰爆發與中共的一面倒向蘇聯帶來的東北亞緊張局勢，迫使日本幾乎是在別無選擇的情況下，必須選擇與軍事超強美國形成同盟關係。1951 年 9 月 8 日，日美兩國在舊金山對日和約簽署後的幾小時內，簽訂「日美安保條約」(the Japan-United States Security Treaty)，日美同盟正式確立，成爲賦予美軍駐日的法律基礎⑰。1960 年 1 月 19 日日美兩國新訂

註⑯　Toshio Saito, "Japan's Security Policy," *Strategic Forum*, No. 163, May 1999. http://www.ndu.edu/inss/strtorum/forum163.html.

註⑰　日美安保條約於 1951 年 9 月 8 日簽署，1952 年 4 月 28 日生效。Roger Buckley, p. 42.

「日美共同合作與安全保障條約」(Treaty of Mutual Cooperation and Security between Japan and The United States of American) 取代原有的舊安保條約⑱。1978 年兩國進一步擬定安保指針，以增強兩國軍事合作的功能。

　　冷戰終結後，日本雖然擴大其國家安全戰略目標為降低東北亞安全困境的緊張程度，也在 1995 年擬定新防衛計劃大綱，並將該計畫作為日本 21 世紀軍力發展的指導方針，然而相對於美國的發展，日本的建軍計劃與規模仍然相當節制，依據日本防衛聽 2001 年資料顯示，航空、海上、陸上自衛隊的實際軍力仍低於編制軍力（表二），自衛隊所配備的戰鬥機數量不及400 架（表三），飛彈配備也多以防空及反艦等防衛性武器為主（表四）⑲。

表二　日本自衛隊法定及實際人員編制

分　　項	陸上自衛隊	海上自衛隊	航空自衛隊	統合幕僚會議
法　　定	167,383	45,812	47,266	1,612
實　　際	146,780	43,323	44,775	1,437
百分比（％）	87.7	94.6	94.7	89.1

註⑱　該約於 1960 年 6 月 23 日生效，也是當前日美安保同盟體制的條約基礎。Roger Buckley, p. 98.

註⑲　Tsuyoshi Kawasaki, "Postclassical realism and Japanese security policy," *The Pacific Review*, Vol. 14, No. 2, 2001, p. 222.

表三　日本自衛隊主要航空器及其性能

	型號	主要性能	數量	最快速度
Fixed wing	F-15J/DJ	戰鬥	203	2.5
	F-4EJ	戰鬥	104	2.2
	F-2 (A/B)	戰鬥	32	2.0
	F-1	戰鬥	27	1.6
	RF-4E/EJ	偵察	27	2.2/1.8
	B-2C	早期預警	13	325
	E-767	早期預警和	4	450
	T-1A/B	訓練	16	478/462
	T-2	訓練	33	1.6
	T-4	訓練	199	0.9
	T-3	訓練	48	190
	T-400	訓練	12	0.78
	C-1	運輸	27	0.76
	YS-11	運輸	13	290
	C-130H	運輸	16	335
	B-747	特別運輸	2	0.92
	U-125	Flight check	3	0.8
	U-125A	救難	19	442
	MU-2	救難	7	250
Rotary wing	U-4	Utility	5	0.8
	V-107A	救難	15	137
	UH-60J	救難	25	143
	CH-47J	運輸	17	150

表四　日本自衛隊配備的飛彈種類

	名　稱	服務單位	重　量 （公斤）	長　度 （公尺）	直　徑 （公尺）
防 空	patriot	ASDF	約 1000	5.0	0.41
	Type-81 Short-range Surface-to-Air Missile	GSDF/ MSDF/ ASDF	約 100	2.7	0.16
	Portable SAM (Stinger)		約 10	1.5	0.07
	Type-91 Portable Surface-to-Air Missile (SAM2)		約 12	1.4	0.08
	Sparrow (AIM-7E)	ASDF	200	3.7	0.20
	Sparrow (AIM-7F)		200	3.7	0.20
	Sparrow (AIM-7M)		200	3.7	0.20
	Sidewinder (AIM-9L)		89	2.9	0.13
	Type-90 Air-to-Air Missile		91	3.0	0.13
反 艦	Type-80 Air-to-Ship Missile (ASM-1)		600	4.0	0.35
	Type-93 Air-to-Ship Missile (ASM-2)		530	4.0	0.35

資料來源：表二至表四資料引自日本防衛廳網站。

　　Katzenstein 及大河原伸夫在兩人合著的 *Japan's National Security* 一書中指出，憲法限制、經濟發展為主、社會民意不重視自衛隊發展等因素，使日本的國家安全政策趨向守勢（defensive），強調自衛隊能力只要大小適中、足夠就好，以免影響經濟發展或違反和平

憲法規定⑳。因此，雖然日本在 1970 年代時已恢復經濟力，而美
國也希望日本能肩負維護東亞地區安全的部份責任，但是日本官方
在強化日本自衛隊軍力議題方面，仍舊相當謹慎，也不願過度投
資。

川崎健 (Tsuyoshi Kawasaki) 也認爲日本是以相當節制的方式
來發展其軍力，並強調非核原則，此種政策特質在日本已經成爲
經濟大國的 1970 年代中期之後，依舊爲日本政府所遵循。1976
年日本防衛計劃大綱雖是戰後日本第一個建軍計劃綱要，也大幅
提昇日本軍事實力，不過在川崎健的眼中，日本政府仍舊是以一
種與其經濟力量不相符的、相當節制的方式來發展軍事能力，這
種節制的政策傾向一直持續冷戰結束㉑。

三、同盟國間的共同利益與衝突

(一) 共同利益：安全需求

存在共通的敵對國家或集團，或是相類似的安全疑慮，與同
盟關係的建立有關。日美兩國在亞太區域體系中的共同利益是
「安全需求」，主要政策目標在於：冷戰時期是防止蘇聯集團的
勢力向外擴散，對中國政策、貿易問題、及其他必要的緊密合作
等面向；在後冷戰時期日美兩國在於維持民主主義、市場經濟、
尋求亞太地區的穩定與和平等方面存在共同利益。而如何在變動
時代中，促進亞太諸國的政經發展，維持本區的和平與安全，則

註⑳　Peter J. Katzenstein & Nobuo Okawara, *Japan's National Security Structure, Norms and Policy Responses in a Changing World* (Ithaca: Cornell University Press, 1993), pp. 101～129.

註㉑　Tsuyoshi Kawasaki, p. 222.

是冷戰後日美同盟關係的主要利益所在。

面對仍舊不穩定的亞太情勢，在冷戰時期結爲同盟的日美兩國面臨一個嚴肅的課題，那就是應該採取什麼樣的方法或策略，以因應環境變遷所帶來的調適壓力，尤其是在冷戰時期扮演保衛日本，使日本免於外部威脅的日美同盟應該何去何從的問題。

從日本的角度來看，冷戰後的國際情勢演變，與日本安保政策特性的質變（拋棄一國和平主義，轉而強調多層次的安保政策特性的政策取向），使得日本政府對於日本應在國際社會中所扮演與發揮的角色及功能，有了不同於以往的想法與做法。日本開始強調日本應在國際社會扮演積極角色，包括在日美同盟中，且將日美同盟的共同目標擴大爲，尊重自由民主主義，尊重人權、擴大市場經濟體制，以及維持地區的和平與穩定，並期許日本能在國際社會、在日美同盟中扮演更積極的政治角色㉒。

1990 年海部俊樹首相在向國會提出的施政報告中表示，在新時代的開端，日本應在國際社會扮演與其經濟實力相當的角色㉓。同年 5 月間，日本外務省事務次官栗山尚一在**外交論壇**上發表專文，提出「必須由日美歐等先進國家來共同承擔建立 90 年代國際新秩序的責任」的看法，並強調日本被動外交的時代已經過去，今後日本必須積極參加構築國際秩序的行動，以確保本國的安全與繁榮㉔。9 月間，海部首相在**外交事務** (*Foreign Affairs*) 季刊上發表題爲「動盪不安的九〇年代與日本外交的新進展」的專文，

註㉒　蕭偉，**戰後日本國家安全戰略**（北京：新華出版社，2000 年 1 月），頁184～185。

註㉓　外務省編，**外交青書**，東京：大藏省，1991 年。

註㉔　栗山尚一，「激動の時代の日本外交の新展開」，**外交フォーラム**（東京），1990 年 5 月號。

將栗山的看法納入其外交政策理念㉕。1992 年 1 月宮澤喜一首相
在與布希總統共同發表的東京宣言中，強調日美兩國是肩負形成
新時代的特殊責任之國家，而後在聯合國安理會上，宮澤並提出
有關改革安理會功能與結構的建議。

其次，冷戰後美國的東亞政策因蘇聯瓦解，安全利益壓力驟
減，經濟利益的比重增加，東亞政策的重心轉變爲如何塑造一個
適合經濟發展及符合美國利益的「和平與穩定」的東亞國際環
境，並保持美國影響力的繼續存在於東亞。

1991 年 11 月 11 日，布希政府的國務卿貝克 (James Baker) 在
日本東京發表演說，表示美國在亞太的利益在於維持市場的開
放，並阻止任何與美國及美國友邦處於敵對狀態的國家或國家集
團在本區域稱霸㉖。柯林頓時代的國防部長培里 (William Perry) 在
1995 年 2 月的亞太戰略報告中也同樣指出，美國在亞洲的利益兩
百年來持續不變，即和平與安全、市場准入 (market access)、航行
自由、阻止任何霸權國家或集團的興起㉗。

因之，美日兩國對於在冷戰後時期可能影響其共同利益的因
素，也就是具備影響亞太地區穩定及和平的可能對手，例如迅速
崛起的中共、依舊極權的北韓等，自然無法掉以輕心。其中，尤
以對中共政策最受關注，即使兩國一再否認日美同盟具有任何圍
堵或抑制中共的意圖，但是在抗蘇因素消失後的 1990 年代裡，
如何對待或因應崛起中的中共早就是各國政學界最熱門議題之
一。對於中共是否會成爲亞洲的區域霸權，進而威脅東亞其他國

註㉕　*Foreign Affairs*, autumn, 1990, p. 32.

註㉖　周煦，**冷戰後美國的東亞政策**（1989～1997）（台北：生智，1999），頁
43～44。

註㉗　同前書，頁 55。

家,甚至是太平洋對岸的美國的這個問題,主張中國威脅論及新
圍堵(中共)的學者認爲必須及早因應中共的崛起及其所帶來的
威脅㉘。另一派論者則認爲中共目前仍不具備威脅美國的實力,
主張美國只有將中共內化到國際社會之中,才能降低中共對美國
的威脅,因爲孤立的中共將宛如困獸一般十分危險,而美國唯有
與中共接觸才能對中共發揮正面的影響,是故應與中共交往㉙。

(二) 衝　突

在安全同盟關係中最常見的矛盾與衝突是「被迫捲入戰爭的
可能性」,以及「究竟該付出多少的貢獻與代價」這兩個問題。
在日美同盟中,這兩個問題也存在。

1. 避免被捲入戰爭

擔心日美同盟可能會使日本被迫捲入戰爭的疑慮,自 1951 年
日美安保條約簽署後即存在迄今。日本國內的左翼政治勢力認爲
追隨美國並無法確保日本的國家利益,也憂心美國重新武裝日
本,使日本成爲東北亞反共軍事盟邦的做法,將嚴重影響日本國
內政治㉚。1955 年 8 月日本外相重光葵訪美表示,日本境內左翼
及在野勢力經常以安保條約的不平等性爲由煽動反美情緒,渠並
提出有關以修約來緩解左翼反安保浪潮㉛。

美國國務院於 1956 年時便深刻了解日本的意向,Allison 大

註㉘　張建邦策劃,林正義審校,**未來台海衝突中的美國**(台北:麥田出版股份
　　　有限公司,1998 年),頁 82～85。

註㉙　Carter & Perry, *Preventive Defense*, 許綏南譯,前揭書,頁 151。

註㉚　"Treaty of Mutual Cooperation and Security between Japan and the United Sta-
　　　tes of American," http://www.jda.go.jp/policy/f_work/anpo.htm.

註㉛　陳水逢,**戰後日本政治外交簡使－戰敗至越戰**(台北:台灣商務印書館,
　　　1979 年 10 月),頁 167～170。

使曾在 1956 年 9 月 21 日提出日本正在緩慢地離美國越來越遠的看法，遠東事務局 Marshall Green 也認爲必須以加強軍事關係來阻止日美關係朝向酸化 (souring) 發展㉜。1957 年甫繼任日本首相的岸信介訪美，正式向美方提出修約問題，岸信介向美國艾森豪總統表示，安保條約是在日本沒有自衛能力的時候締結的，現在的日本已經逐漸具備相當的自衛能力，日美應以相互承認的對等原則來重新研究並討論安保條約㉝。1960 年初日美兩國簽署新安保條約，期望能徹底消除反日美同盟的異聲，然而專守防衛的防衛政策及「遠東條款」，則使修訂後的日美安保條約，實際上仍未降低日本被捲入戰爭的疑慮。

2. 日本應分擔的同盟角色

對於日本應在日美同盟中扮演或分擔何種角色，在日美安保條約簽署後，美國政府原本希望日本至少能負擔起保衛日本本土的工作，甚至分擔美國的軍事責任，因而不僅促成日本警備隊、保安隊、自衛隊的出現，使日本一步步朝向再武裝的道路邁進，更希望日本能肩負起美國後援的角色。不過吉田茂政府以經濟發展爲優先的國家發展政策，則使日本再武裝的實際進展相當緩慢。在冷戰期間，日本的防衛政策以不妨礙經濟發展爲重新武裝的基本原則。無論是 1957 年日本的「國防基本方針」(Basic Policy for National Defense)、1976 年的「防衛計劃大綱」(National Defense Program Outline, NDPO) 都是基於這個原則來訂定㉞。

1989 年起，隨著東歐變革與前蘇聯瓦解，經濟國力僅次於美

註㉜ Allison to State Department, 21, Sept. 1956, 611.94/9-2156 Box 2578, RG-59; 轉引自 Roger Buckley, pp. 75 & 198.

註㉝ 蕭偉，頁 96～97。

註㉞ Tsuyoshi Kawasaki, p. 222.

國的日本應在新時代扮演何種角色,成爲日本政府因應國際情勢
變遷時,必須認真思索的問題。1994～1996 年間,日美同盟經過
一段時間如船橋洋一所稱的漂流(Alliance Adirft)階段,或森本敏
所稱的再構築的過程。在這段期間,日美兩國常因經貿與維和行
動等問題進行磋商,最後則以 1996 年橋本首相與柯林頓總統兩人
於東京發表的新安保共同宣言劃界,並於 1997 年通過新安保指
針,1999 年通過安保三配套法案,來重新界定日本在日美同盟中
的職能㉟。

肆、日美同盟對日本安保政策的影響

一、提供日本軍事安全的保障

誠如森本敏在其書中所示,日美同盟是日美安保體制的基
軸,對日本與亞太地區的和平與安定極爲重要。冷戰後,信賴度
高的緊密日美同盟是美國亞太戰略的基礎,也是維繫日本安全、
亞太地區和平與安定的最重要成分㊱。

日本經濟同友會代表幹事牛尾治朗認爲日美安保體制是安定
的基軸。渠指出冷戰後時代,不透明的國際關係使日本必須揚棄
以往的「國際環境對應型」之外交路線,改採「國際環境創造
型」的外交路線,並積極參與國際秩序的構築。在經濟同友會於
1996 年 4 月發表的「安全保障問題調查會報告書」中,經濟同友
會指出對日本來說,爲因應冷戰後朝鮮半島情勢與中共的國力提

註㉟ Yoichi Funabashi, *Alliance Adrift* (New York: Council on Foreign Relations Press,
1999);森本敏,頁 93～94

註㊱ 森本敏,頁 92。

升等亞太局勢的演變，必須與美國合作，以保障日本的安全㊲。

二、成為日本防衛政策的支柱

　　二戰後的日本安全政策受到國內及國際情勢演變、和平憲法、吉田茂「經濟中心主義」(Yoshida's doctrine) ㊳等因素的影響，其政策取向趨於守勢，在因應外部威脅時，受制於憲法第九條的規定，日本不僅放棄戰爭權，也不允許任何武力存在㊴。然而韓戰的爆發卻使日本本國國警備力量的存在成為維護日本治安的必要成分，進而促成自衛隊（前身為保安隊）於 1957 年的成立㊵。自此，日美安保同盟與自衛隊便成為肩負維護日本國家安全的兩個重要支柱㊶。

　　二次戰後，日本政府共提出三次國防政策，三次都將日美同

註㊲　讀賣新聞安保研究會編，**日本は安全か**（東京：廣濟堂，1997 年），頁140～141。

註㊳　吉田主義有三項重要成分：(1) 致力於經濟與社會的重建，迅速恢復戰前經濟，在新憲法的變動中，維持社會穩定，以構建一個繁榮且獨立的日本；(2) 開創強而有力的日本經濟，使其能超越大多數西方國家的經濟水準，因此只需擁有最小的防衛力；(3) 決定以「依賴美國」來維持日本的基本安全。Wolf Mendl, *Japan's Asia Policy* (London and New York: Routledge, 1997), pp. 2～3.

註㊴　日本憲法第九條規定如下，九條第一款：日本國民真誠渴望基於正義與秩序之國際和平，永久放棄以發動國權之戰爭，以武力威嚇、或行使武力，為解決國際紛爭之手段。第二款：為達到前項目的，不保持陸海空軍及其他之戰鬥力，不承認國家之交戰權。轉引自張隆義主編，**日本**（台北：政大國際關係研究中心，1996），附錄，頁 422。

註㊵　1950 年 7 月 8 日，麥克阿瑟指示成立警察預備隊，以維持日本國內的治安與秩序。1952 年 10 月 15 日，警察預備隊更名為保安隊，1954 年 3 月 8 日，日美簽定「相互防衛援助協定」，同年 7 月 1 日，日本將保安隊改為自衛隊，保安廳改為防衛廳。

註㊶　張隆義，**日本**，頁 144。

盟當成是日本國家防衛的主要支柱。第一次是 1957 年 5 月 20 日，
由岸信介內閣會議及國防會議㊷通過國防基本方針（Basic Policy
for National Defense），該方針將日本國防的目標設定在：防止對
日本進行直接或間接的侵略，當遭受侵略時必須排除，以保衛日
本的獨立與和平，而日美同盟則是維護日本國家安全的重要原則
之一㊸。

其次是 1976 年由三木內閣通過的防衛計劃大綱（National De-
fense Program Outline, NDPO），依舊強調日美同盟在防止發生針
對日本的侵略事態，以及萬一發生侵略事態時，可以運用日美同
盟力量加以排除的政策理念㊹。

第三次則是在冷戰後時期由日本政府於 1995 年提出的新防衛
計劃大綱，其中也將日美同盟當作是確保日本安全必不可少的因
素，同時肯定安保體制將可在確保日本周邊地區的和平穩定、建

註㊷　國防會議於 1956 年 7 月依據國防會議構成法而設置，會議由內閣首相擔任
　　　議長、議員由外務大臣、大藏大臣、防衛廳長官、經濟企劃廳長官等擔任。
　　　1986 年（昭和 61 年）5 月日本政府制定安全保障會議設置法，該法於 7 月
　　　正式施行，並成立安全保障會議取代國防會議的功能，參與會議的是首相、
　　　外務大臣、財務大臣、內閣官房長官、國家公安委員會委員長、防衛廳長
　　　官、經濟財政政策擔當大臣等人，資料引自日本防衛廳網站，http://ww.jda.
　　　go.jp/policy/f_work/frame21_.htm 及日本政府法律網站 http://law.gov.go.jp/
　　　htmldata/S61/S61HO071.html。
註㊸　1957 年岸信介內閣所決議的國防基本方針（国防の基本方針）共提出 4 項
　　　方針，分別是：推展國際協調等對爭取和平的努力、穩定國民生活以確立
　　　安全保障基礎、整備有效的防衛力量、以日美安全保障體制爲基本方針，
　　　而按照國防基本方針，日本一貫堅持以下基本政策：貫徹專守防衛、不成
　　　爲對他國構成威脅的軍事大國、堅持不持有、不生產、不進口核武器的非
　　　核三原則、確保文人執政、堅持日美安全保障體制、整備適當的防衛力量。
　　　"Basic Policy for National Defense," in *Japan's Defense Policy*, 日本防衛廳網
　　　站資料，http://www.jda.go.jp/policy/f_work/f_work.htm
註㊹　*Ibid.*

立更穩定的安全保障環境等方面，發揮重要作用㊺。

伍、1996年再定義後的日美同盟之影響

一、雙邊軍事合作層面跨大，但軍力不平衡的同盟結構續存

再定義後的新日美同盟中的日本的同盟角色與功能雖然略有增強，但不平衡的同盟結構依舊繼續存在。日本在同盟關係中配合的功能略有提升，但是操作同盟關係的主控權仍在美國手上。因之，美國的意圖 (intention) 即十分重要。在再定義後日美同盟關係中，日本仍扮演應美國要求，支援美國行動的角色。新日美防衛合作指針及其配套法案雖然部分解除日本自衛隊跨出國境的限制，而所謂周邊事態的涵蓋範圍雖可及於台灣海峽，但是由於解釋權與主動權均操在美國，日本所能發揮的功能仍侷限在配合性質。

二、亞太區域體系結構的影響：日中美三邊關係

日美同盟的強化，象徵日美關係的趨近，自然將對日美中三角關係的另外一個角：中共造成衝擊。對日本而言，若能同時維繫美日、美中（共）關係友好，自然是最佳的政策選擇，然而一旦必須在美國及中共間選邊站之時，美日關係則成為最重要的外交基軸。Snyder 在其 *Alliance Politics* 書中指出，在兩弱一強的三邊關係中，一強一弱的結盟關係對兩國最有利㊻。所以日本選擇

註㊺　日本防衛廳，「我國防衛政策概要」，2002年5月，pdf版本，頁3。
註㊻　Snyder, pp. 58～59.

在冷戰後時期同美國站在一起，當然是較好的策略選擇。

在美國與日本間，美日安保合作與經貿衝突是雙邊關係中的兩大要項。在經貿議題上，美國要求日本必須進一步開放市場、改善美日不平衡貿易結構，在安保議題上則呈現合作的情況。

在中共與日本間，當政治大國碰上經濟大國，當朝經濟強國行進的中共遇上朝普通國家邁進的日本。日本需與中共進行國際政治合作，以因應區域情勢，需中共支持以便成為安理會常任理事國，然面對日益強大的中共，日本自易生恐懼感，因為在東亞歷史上，從未出現中國與日本同為強國且並列的國際政治格局。

在中共與美國間，戰略性的需求讓雙方必須在國際政治、區域安全、經濟等議題上進行合作，然而，目前是「上升型」國家的中共對美國而言，絕對會是一個不可忽視的未來挑戰者，必須小心對應[47]。

三、新舊安保指針對區域情勢的影響：「周邊事態」的界定

為了維繫日美同盟體制，日本的政策選擇也會受到一些限制，以 1996 年的日美安保新宣言、1997 年的新日美安保指針為例，日本堅持日美同盟在冷戰後仍有存在的價值，以及對於「周邊有事」的事態定義及對防衛範圍是否包括台灣海峽一事不願作明確的地理認定，顯然是受美國因素的影響[48]。

有關新指針中所列的周邊事態部分，中共甚為關切，也成為

註[47] Patrick M. Cronin 以經濟衝突、政治夥伴來形容日美關係。Patrick M. Cronin, "The U.S.-Japan Alliance Redefined," *Strategic Forum*, No. 75, 1996. http://www.ndu.edu/inss/strforum/forum75.html.

註[48] Richard Bernstein & Ross H. Munro, *The Coming Conflict with China*, 中譯本由許綬南譯，即將到來的中美衝突，前揭書，頁 207～210。

日中（共）兩國在 1996～1999 年間經常爭執的焦點之一。首先是
有關「範圍」的問題，新安保指針中的「事態性質」以及「周邊事
態法」第 1 條將周邊事態界定為：若事態置之不理將會發展成為使
日本處於直接遭受武力攻擊危機之情況，以及日本周邊地區發生會
影響日本的和平與安全的情勢。其次，則是有關「自衛隊角色」的
問題，「周邊事態法」第 11 條，准許自衛隊員在協助救援時，若
遭遇生命安全之威脅（本人及受援者），得有限度使用武器⑭。

　　對中共而言，日美同盟的涵蓋範圍是否包括台灣海峽是相當
重要的問題。中共認為若將台灣海峽置於美日安保防衛範圍，將
嚴重約制中共在處理台灣問題時的政策彈性，甚至可能變相鼓勵
台灣朝分裂國土的道路走去，是對中共國家安全利益的重大挑
戰，必須嚴厲制止。

　　1996 年 4 月，當日美兩國針對安保架構作出包括將安保防衛
範圍擴大為「遠東周邊」的 9 點共同聲明後，中共便開始高度關
注有關周邊事態的定義與範圍之議題。1997 年日本官房長官梶山
靜六在橋本於 1997 年 9 月往訪中國大陸前公開表示「周邊」範圍
包括台灣海峽的言論，則正式激起中共的反彈，並使兩國關係陷
於緊張。為此，橋本還特別在訪問中國大陸時的北京公開記者會
上表示：(1) 防衛指針的「周邊有事」乃「在地理上無法加以特
定，而是視事態的性質」；(2) 日本政府無意與中共或任何特定國
家討論此問題，而日本亦不認為台海會發生紛爭，並希望由兩岸
當事人和平解決；(3) 日本今後仍不會支持「兩個中國」或「一中
一台」⑮，然中共顯然並不滿意橋本的解釋。在李鵬 1997 年 11

註⑭　日本周邊事態法引自 http://law.e-gov.go.jp/htmldata/H11/H11HO060.html.
註⑮　**中國時報**，1997 年 9 月 7 日，版 10。

月的訪日行中，李鵬再度向日方表示，中共決不接受日美同盟防
衛範圍包括台海地區的做法，而橋本首相則以重申其 9 月間在北
京記者會上的看法：不違背日本憲法；不違背國際協定；非地理
上的概念，也沒有特定對象等三原則作回應，惟表示為提高透明
度，將繼續向中共說明[51]。

　　然而，對日本而言，日美同盟的擴大防衛範圍，不僅可強化
日本與美國之關係，基本上也與日本的政治大國策略方向相符。
反之，若將台灣海峽排除在周邊範圍之外，則將會限制日美安保
架構對於東南亞情勢的效力與機動力。

　　當然，日美兩國的親近不必然代表日美兩國將以對抗的姿態
來因應中共的崛起，也不必然代表日本將會對中共採取敵視的態
度。因為雖然美國是日本對外關係中最重要的交往對象，中共卻
是日本在東亞地區，最不容忽視的交往對象。

　　從日美兩國在 2002 年 3 月所做的民調結果顯示，日美兩國均
認為日美關係是其對外政策重點，卻同時肯定中共是第二重要的
對外關係重點國家。依據日本政府 2002 年 3 月所做的有關安全保
障問題的民意調查結果，日本國民認為為了維護和平與安全，76.7
％的受訪者認為應加強與美國的關係，其次則是中共的 47.2 ％，
第三位則是韓國的 27.8 ％[52]。同一時間的有關美國民眾對日本的
印象之民意調查顯示，49 ％的一般大眾及 81 ％的意見領袖認為
日本是友善的，67 ％的一般大眾及 91 ％的意見領袖認為日本是
美國的可靠盟邦，這些數字均創下有關美國民眾對日本觀感的歷

註[51]　**聯合報**，1997 年 11 月 13 日，版 9；**中央日報**，1997 年 11 月 14 日，版 10。

註[52]　日本外務省，「安全保障に關する世論調查」，調查時間為 2002 年 3 月 7
　　　日～10 日，訪談對象為年滿 20 歲之男女，標本數 2000 人，有效回收數 1397
　　　人，有效回收率為 69.9 ％。http://www.mofa.go.jp/mofaj/gaiko/ah_chosa/index/
　　　html。

史新高。在有關哪一個國家是美國在亞洲最重要的伙伴？46％的一般民眾及64％的意見領袖認爲是日本，遠超過第二名的中共之22％（一般民眾）及23％（意見領袖）㊣。

伍、結　論

誠如Snyder所指，體系結構、主要國家軍力不平衡、共同利益與衝突等三個指標，是判定同盟關係是否有繼續存在的意義的重要觀察點。日美同盟自冷戰時期延續到冷戰後時期，更跨進21世紀，也有Snyder所指稱的三項指標因素。

蘇聯因素是冷戰時期維繫日美同盟的主要體系結構因素，在冷戰後時代，隨著美、日、中共三國同對抗蘇聯戰略需求的消失，雖曾引發有關日本安保政策與日美同盟是否應該調整的議論，然而中共崛起、北韓威脅等造成東北亞體系紊亂、不穩定的因素，再次爲日美同盟的續存，創造基礎，1996年4月日美新安保宣言及1997年新安保指針的相繼提出，日美同盟又再度成爲日美兩國亞太安全政策的重要成分。

其次，美國在二次戰後初期軍事力量的凌駕於日本之上，促成日本別無選擇的必須站在美國與西方的這一邊，也促簽了1951年的日美安保條約。1976年防衛計劃大綱擬定後，日本雖曾進行一連串的建軍行動，不過不管日本如何強化自衛隊的戰力，自衛隊受限於和平憲法，僅能在日本境內執行任務，因而無法因而無法在日美同盟中，發揮協同作戰的能力，僅能提供補給、救援等功能。

註㊣　"The 2002Opinion Survey on the Image of Japan in the U.S.," 資料引自日本外務省網站，file://C:\DOCUME~1\IIR\LOCALS~1\Temp\triOKDOG.htm.

　　第三，日美兩國在亞太地區的主要共同利益，在冷戰時期是共同抗蘇，冷戰後時期則是維持亞太地區和平穩定，因應北韓挑釁、中共崛起的情勢變化，對日美兩國所造成的衝擊。兩國在安全議題上的衝突或矛盾則是，日本擔憂可能因美國的外交或軍事戰略而被捲入戰爭，美國則希望經濟大國日本能承擔更多的防衛責任，強化軍力，因應亞太區域情勢變化。

　　日美這兩個國家，在經過近六年的摸索後，終於在 1996 年決定再次肯定日美同盟，在維護包括日本國土安全在內的東亞安全議題上的重要性及必要性。

　　日美兩國強化同盟關係，自然會對東亞的另一大國──中共──造成壓力，也成功引發中共對於日美是否聯手圍堵中共的疑慮，中共對於日美兩國重新確認日美同盟的時代意義的反應當然是不悅的，且嚴詞批評，不過因為主控權不在手上也莫可奈何，是故面對日美同盟續存的事實，中共所能做的就是穩定其與美國、日本的雙邊關係，並關切認任何可能包含台灣海峽在內的周邊事態發展。

　　當前新日美安保指針所強調的周邊事態之事態定義所彰顯的戰略性模糊特質，相當程度提高日美兩國的亞太政策彈性，也進一步擴大了日美同盟可能的適用範圍。

　　當然，在日、美、中共三角關係中，日美親近不必然代表兩國將與中共疏遠關係，或是不重視中共的國際角色。日美兩國政府均將對中共政策列為主要外交重點，也肯定中共在有關促進亞太地區穩定與和平議題上的重要性。

　　　　　＊　　　　　＊　　　　　＊

亞太綜合性安全合作的發展

李 瓊 莉

國立政治大學國際關係研究中心第二研究所副研究員

　　亞太地區各國之間存有高度異質性，就經濟發展程度而言，有美、日等高度已開發國家、有向已開發國家邁進的新興開發工業經濟體、有國民所得較低的開發中國家；就政治制度而言，有民主政體、有威權政體、有極權政體；加上各國相互間既存的文化差異及歷史爭端，使得各國對國家安全威脅的認知有別，所採取的安全策略也因各國主、客觀條件不同而難有共識，進而影響區域安全機制的發展。

　　冷戰結束後區域權力結構改變，各國間多元地緣戰略利益考量下的合作與競爭，鬆動了權力平衡的區域安全基礎，加上在同時期漸形的東亞經濟網絡，使得各國在國家安全考量上的共通性及互賴性增加，維持區域穩定發展成爲共同目標，區域安全成爲各國的共通價值，因而改善了區域內部異質性所產生的安全合作困境，促進區域安全合作的發展。當各國正在探索穩定的互動模式、後冷戰時期亞太安全建構漸露曙光之際，1997 年因金融危機所衍生的亞洲政治經濟失序，再度掀起各國重新釐定東亞戰略，注入區域安全合作新思維。

　　本文主要討論亞太區域安全合作自冷戰結束後的發展，首先分析亞太區域安全合作的驅動力，探究亞太地區側重綜合性暨合

作性安全的必要性;其次討論綜合性安全合作在亞太地區形成的
概念基礎,以及當前亞太安全合作機制的特質;最後,討論亞洲
風暴後亞太安全合作的新趨勢。

壹、亞太區域安全合作的驅動力

蘇聯解體對亞太地區至少有兩大安全戰略意涵:一是霸權權
力結構的改變;一是經濟戰略價值的提升。亞太地區各國隨地緣
政治及地緣經濟的發展,重估區域安全政策環境,調整參與亞太
安全合作的步調。

一、多元地緣戰略利益挑戰權力平衡概念

冷戰期間的亞洲局勢勘稱穩定,主要是美國與蘇聯相互抗衡
所致。蘇聯解體後,俄羅斯國內政治經濟困境使其無力亦無暇在
亞洲爭霸。美國雖維持在亞洲的駐軍,並保持雙邊軍事同盟關
係,但柯林頓政府的亞太政策基本上是以美國本身在亞洲的利益
為出發點,不以對抗特定強權的戰略佈署、或維持霸權為目標。
美俄無意在亞太爭霸,中共、日本等區域強權對亞太安全的影響
力於是相對提高。冷戰期間為圍堵蘇聯所形成的美中「實際盟
友」關係(de facto alliance)在冷戰後立即呈現不穩①,中共成為區
域強權的潛力逐漸造成美中關係的緊張,為亞太安全帶來變數。
日本的區域經濟強權角色,並未使其成為領導亞太安全的動力核
心,但中日、美日、及俄日關係的發展卻足以牽動亞太地區的穩

註① William Carpenter and David Wiencek, "Introduction," in Carpenter and Wieneck (eds), *Asian Security Handbook* (New York: ME Sharpe, 1996), p. 9.

定。不僅區域強權之間的關係起伏不定，邊緣國家(peripheral sta-tes)，包括加拿大、澳洲、南韓及東協，亦摸索著本身在亞太安全秩序重建中可以扮演的角色。換言之，後冷戰初期亞洲出現權力真空，美國行單邊主義的意願不高，中共、日本兩個區域強權的形成與屬性未定，邊緣國家的躍躍欲試，使得各國亟需調整冷戰期間的戰略思維模式。

　　兩極化的安全體系下，美蘇集團內各國之間的政經爭端，在各自霸權對附庸國的影響下得以穩定局勢，不致造成直接衝突。集團間各國的政經糾紛，則常演變成霸權間的衝突，因此，冷戰期間不論是集團內或集團間造成附庸國或邊緣國家之間直接衝突的機率較小，亞太安全與全球兩極化的安全體系息息相關。兩極安全體系瓦解後，各國雖在政治外交上脫離美蘇霸權而獨立自主，但在國家安全考量上卻直接受到區域環境變遷的影響，引起各國直接衝突的爭端增加。也就是說，霸權式微後，各國所面臨的國家安全挑戰反而未因冷戰結束而減少，除核戰的威脅外，各國必須面對區域異質性所帶來的安全威脅，其中包括尚未解決的領土主權糾紛②白熱化的機率升高之外，因經濟互動與社會交流所引起的非軍事跨國性衝突對國家安全的意涵，造成區域穩定及邊界安全的威脅。

　　安全威脅的來源自核戰等高階安全議題擴增至低階安全議題之潛在衝突，若賴以軍事對抗為解決衝突的手段，則用武的機率將大增，對區域穩定的威脅則將較冷戰期間大。武力解決衝突對

註②　包括中共與印度、俄羅斯、越南邊界劃界問題；中共與日本、我國、南韓、越南等國之島嶼及海域劃界問題；馬來西亞與新加坡、汶萊、印尼、越南、泰國、菲律賓等國陸、海疆劃界問題及島嶼主權爭議；日本與南韓、俄羅斯島嶼主權問題，越南與印尼、柬埔寨、泰國之邊界及海域劃界問題；以及泰國及緬甸邊界劃界問題等。

國家安全帶來的負面影響使得各國同意尋求非軍事、非對抗的爭端處理方法，以綜合性暨合作性安全補充軍事權力平衡建構中的安全兩難，藉發展安全合作議題，減緩潛在爭端國之間的緊張關係，進而達到衝突預防的效果，降低武裝威脅。簡言之，後冷戰初期，亞太地區的權力真空狀態，以及無共同外來威脅存在的情況下，各國共享的軍事戰略價值不明確，加上多元安全議題的興起使得各國戰略利益交錯，敵我界線不清，集體安全體系建構或權力平衡概念的落實皆有所困境，多邊安全合作於是成為主要發展方向。

二、區域經濟網絡深化安全互賴關係

後冷戰時期亞太情勢的另一個突顯現象是亞太經濟的興起。相對於東歐及蘇聯因國內政治經濟體制轉型所產生的失序現象，亞洲地區轉變中的穩定力量多源自於區域內經濟的成長與繁榮。東亞出口導向的經濟成長模式使得美國成為其經濟成長的動力，然而 1980 年中期以來，美國為削減與東亞貿易夥件的雙邊赤字，調整自由貿易政策為公平貿易政策，有條件的開放美國國內市場，美國在東亞的經濟霸權開始鬆動。1985 年廣場協定 (Plaza Accord)③之後，日本將對外投資大量轉移至東亞後，區域內的貿易及投資互動遠較區域外經貿往來成長快速，東亞經濟有凝聚性區域化的趨勢。然而，為確保經濟利益，分享亞太經濟高速成長之利，美國在亞太經濟發展中亦不願缺席。亞太經濟出現美日雙領導的局面，深化美日共同致力維持區域政治與安全穩定，以達成

註③　1985 年 9 月 22 日，美、日、西德、英、法五國財長於紐約簽署廣場協定，企圖以非美元的貨幣升值來削減美國與貿易夥件之間的雙邊貿易赤字，日元在一年之內，從 250 日元對一美元升值為 150 日元對一美元。

持續成長的共同目標。

　　雖然安全互賴的概念擴及全球，地緣關係卻是區域安全考量的原動力，鄰國間的重大安全環境變遷或重要安全政策發展，對彼此皆可能造成影響，安全互賴關係的存在使得鄰國間相互關注境內社會及政治動向等國內因素對國家暨區域安全的影響。當亞太地區因經濟互賴及整合程度加深後，影響各國國家安全的共同議題在各國之間的共通性也隨著增加，改善亞太區域異質性所造成的安全價值分歧。另外，安全威脅的跨國性在區域化的過程中更為明顯。一國因政治、經濟、或社會因素所引起的內部安全考量，隨區域互賴及社會整合程度的加深，可能形成鄰近國家的外來安全顧慮，這些安全威脅的本質多屬非軍事的綜合性安全議題，包括跨國犯罪、非法移民、恐怖主義、政治顛覆、環境污染等。換言之，國家安全威脅的肇因可能源自於單一國家內部因素，但所造成的安全後果，因經濟社會區域化程度的加深，可能遍及他國甚或整個區域。此一跨國界的擴散效應 (contagious effects)，使得單一國家的安全威脅不再是一國所獨有，應付安全威脅的代價亦不是由單一國家能全部承擔，區域內的安全互通性及互賴性趨於明顯後，為了共同預防多面向的安全威脅，有必要發展綜合性安全合作。

貳、亞太綜合性安全合作的概念基礎

　　1960 年代的東協以及日本在 1980 年代初期所提出的綜合性安全概念，早為亞太綜合性安全合作奠定初步基礎。另外，美國柯林頓政府的亞太政策對亞太綜合性安全合作的落實有重要的推進作用。

一、東協的綜合性安全概念

綜合性安全概念在東協的蘊釀已久，東協各國的社會結構多半呈現多元種族及多種文化，國家向心力及凝聚力則多建立在經濟成長及現代化基礎上，政權的正當性繫於國家內部的穩定發展，如同其他經濟開發中及體制建構中的國家，來自內部的不穩定因素往往成爲國家安全的主要考量④，對國家安全的界定因而涵蓋政治、軍事、經濟、社會等層面的綜合性安全考量，凡事對國家構成基本要素 (人民、領土、及政權) 造成威脅的因素，皆可視爲國家安全考量。就維持政權穩定及國家發展要件的手段而言，認爲軍事鎮壓只會加惠於精英份子，並進一步植下潛在的衝突因子，並非解決之道⑤。相對的，杜絕顛覆政權之舉最佳策略是謀求經濟及社會的穩定發展，確實以保障人民福祉爲宗旨，因此，發展包括非軍事議題的綜合性安全概念才能確切維護國家安全。

就整體而言，東協於 1967 年成立之初，各國雖體認以合作來共謀國家安全及區域穩定之必要性，但各國之間尚留有未解決的

註④　相關論述參見 Barry Buzan, People, *States and Fear: The National Security Problem in International Relations* (Chapel Hill, NC: University of North Carolina Press, 1983), pp. 65～69; Alan Dupont, "Concept of Security," in Jim Rolfe, ed., *Unresolved Futures: Comprehensive Security in the Asia-Pacific* (Wellington, New Zealand: Centre for Strategic Studies, 1995), p. 4, David Dewitt, "Introduction: the new global order and the challenges of international security" in Dewitt et al., eds., *Building a New Global Order: Emerging Trends in International Security* (NY: Oxford University Press, 1993) p. 9.

註⑤　Shaine Narine (1998), "ASEAN and the Management of Regional Security," *Pacific Affairs*, vol. 71, no. 2, p. 196.

歷史糾紛及政治歧見，發展軍事合作並不實際，相對的，發展綜合性安全概念，以非軍事手段來保障區域安全，避免正式公開討論彼此間的爭端，以防止政治紛爭或武裝衝突的產生，成為東協安全的要義⑥。東協綜合性安全概念的重要內涵在於區域彈力 (regional resilience) 的培養，透過意識形態、政治、經濟、社會、及文化各方面基礎性建構的互賴及互助，使東協得以有對抗外來威脅的能力，面對外來因素所造成的衝擊得以有強勁的復甦能力，以追求永續安全為區域安全合作目標。區域彈力的根基在於國家彈力 (national resilience) 的累積，因此，各國內部綜合面的基礎建構因而被視為國家暨區域安全的根基。

然而，受限於國家體質的脆弱性，當亞太安全互賴性及共通性在後冷戰時期深化後，東協必需借助外力建構國家暨區域彈力所備的經濟與社會發展基礎條件，因此，與東協以外的國家發展合作關係，成為落實綜合性安全概念的重要一環⑦。與東亞各國建立對話夥伴關係，發展合作關係即為一重要策略。迄今東協共有十個對話夥伴，其中美、日、歐盟等先進國家早就與東協發展經濟與科技轉移等合作關係。冷戰結束後所建立的對話夥伴關係則包括南韓 (1991)、俄羅斯 (1993)、以及中共 (1993)。

註⑥　東協對綜合性安全概念的闡述，參閱 *The ASEAN Declaration* (Bangkok Declaration), 1967; *Zone of Peace, Freedom and Neutrality Declaration*, 1971; and *Declaration of ASEAN Concord* (Bali Concord), 1976.

註⑦　Wanandi, Jusuf, "ASEAN, The Wider Region and the World: The Political-Security Agenda," in Stephen Leong, ed., *ASEAN Towards 2020: Strategic Goals and Future Directions* (KL: CSIS, 1999), p. 191.

二、日本的綜合性安全概念

二次大戰後，日本和平憲法中揭示反軍國主義的國家發展方向，以營造有利戰後經濟復甦的國際環境為目標，即所謂的 Yoshida 主義。其中主張限制軍備於自衛能力，對國家安全的保障則有賴美日安保架構及美日雙邊關係的穩定發展，使日本免於軍事威脅並得以加速戰後復甦國力。然而，當國際情勢開始反映出泛美主義的式微，尤其在一九七三至七四年間的石油危機之後，日本意識到單仰賴與美國發展雙邊關係並不足以保障日本整體國家利益，為保障能源及其他原料及物資的充分供應，日本在與美國發展軍事安全合作之外，同時與擁有天然資源的南方經濟弱國加強合作關係，發展綜合性安全概念，試圖在美日安保架構之外，獨立謀求鞏固日本整體國家發展的安全保障⑧。

日本綜合性國家安全報告於一九八〇年七月出籠⑨，主要針對美國軍事及經濟力量式微可能帶來的國家安全威脅提出因應之道，除了善理美日關係之外，強調與其他利益相通的國家深化關係，並在國際多邊機制中扮演積極角色。在憲法第九條的軍備限制前提下，國家安全一向有賴透過政治、外交、及經濟手段，報告中則進一步揭示能源安全及經濟外交的政策原則及方向，包括

註⑧　J. W. M. Chapman, R. Drifte and I.T. M. Gow (1982), *Japan's Quest for Comprehensive Security: Defence-Diplomacy-Dependence*, (New York: St. Martin's Press), pp. xi〜xiii; Nobutoshi Akao ed. (1983), *Japan's Economic Security* (New York: St. Martin's Press).

註⑨　參閱 Summary of the Report on Comprehensive National Security in Robert Barnett, *Beyond War: Japan's Concept of Comprehensive National Security* (Washington DC: Pergamon Brassey's, 1984).

減少軍備預算、增加經濟外交預算，並直接與中東等能源供給國發展經援及外交關係。除此之外，日本以維持及加強國際體系運作為重，願意以維護區域安全與穩定為己任，使其經貿夥伴的政治經濟發展不至於受國際體系崩潰而中斷⑩，以達到日本積極扮演國際角色的目標。冷戰結束後，日本面對國內外壓力，重新思考本身在國際安全的角色。在國內對修憲的辯論仍未有定論之際，美日安保架構、經濟安全及外援政策等非軍事手段仍為日本綜合性安全政策的重心，除了加強雙邊關係之外，並強調參與多邊機制及關切全球議題的重要性⑪。在 1992 年美日共同發表的東京宣言中 (Tokyo Declaration) ⑫，將安全議題的界定擴及環境安全，因難民及國際販毒所引起的社會安全及跨國犯罪問題，以及攸關「人的安全」 (human security) 的糧食、貧困、及疾病等問題。廣義的界定安全議題，並積極參與亞太及全球多邊合作，支持謀求集體的永續安全，是後冷戰初期日本綜合性國家安全概念的新義。

三、美國柯林頓政府的亞太政策

除了東協與日本對綜合性安全概念的早期蘊釀之外，美國柯

註⑩ Pauline Kerr, Andrew Mack and Paul Evans, "The Evolving Security Discourse in the Asia-Pacific," in Mack and Ravenhill (eds.), Andrew Mack and John Ravenhill (eds) *Pacific Cooperation: Building Economic and Security Regimes in the Asia-Pacific Region* (Boulder, CO: Westview Press, 1995), pp. 253～254

註⑪ Eiichi Katahara, "Japan's Concept of Comprehensive Security in the Post-Cold War World," Susan L. Shirk and Christopher P. Twomey (eds) (1996), *Power and Prosperity: Economics and Security Linkages in Asia-Pacific* (New Brunswick, USA: Transaction Publishers, 1996), pp. 213～232.

註⑫ 東京宣言由美國總統布希及日本首相 Miyazawa 於 1992 年 1 月 9 日發表。

林頓政府的亞太政策亦加促亞太綜合性安全合作。分兩個面向探
討，一是美國本身對國家安全的新界定，正視非軍事安全利益對
美國內外發展的重要性；二是美國的亞太戰略從雙邊主義朝多邊
主義發展的效應。

　　1993 年美國總統柯林頓上任後於二月間首次針對外交政策發
表演說，重新界定國家安全，強調除軍事手段之外，發揮經濟實
力與領導力對推展外交事務的重要性⑬；由國防部發表的全面檢
討報告 (Bottom-Up Review) 中，把多項綜合性安全威脅與核武問
題同列為威脅國家安全的環境⑭；同年十一月份前國務卿克里斯
多福於參議院外交委員會的證詞中將「經濟安全」列為柯林頓政
府對外策略六大重點之首⑮；次年，白宮所發表的國家安全戰略報
告中，強大的經濟實力與國防力量、及全球的民主開放同被列為
美國外交政策的三大支柱⑯；前國家安全顧問雷克在說明美國對外
用武與國家重大利益之關係時，列舉七大美國國家利益，其中保
護重大經濟利益與保衛國土、對抗侵略、防止核武擴散等傳統國
家安全議題並列⑰；在一九九五年二月白宮所發表的「交往與擴

註⑬　Remarks by President Clinton at American University Centennial Celebration, re-
　　　leased by Office of the Press Secretary, The White House, <http://library.whiteh-
　　　ous.gov>

註⑭　Les Aspin, "Report on the Bottom-Up Review: Forces for the New Era," US De-
　　　partment of Defense, October 1993.

註⑮　Warren Christopher, *The Strategic Priorities of American foreign Policy*, Stat-
　　　ement before the Senate Foreign Relations Committee, Washington, DC,
　　　11-4-1993, U.S. Department of State Dispatch, vol. 4, no. 47, pp. 796～798.

註⑯　Bill Clinton, *National Security Strategy Report*, statement released by the White
　　　House, Office of the Press Secretary, Washington, DC, July 21, 1994. (source: U.
　　　S. Department of State Dispatch, vol. 5, no.31, pp. 522～523.)

註⑰　Anthony Lake, "American Power and American Diplomacy," address at Harvard
　　　University, 10-21-1994, *U.S. Department of State Dispatch*, vol. 5, no. 46, p. 767.

大的國家安全戰略」中 (National Security Strategy of Engagement and Enlargement)，再次重申透過非軍事手段促進國家安全⑱。

一九九三年七月柯林頓就任以來的首次亞洲之行，在東京早稻田大學及韓國國會中先後發表演說，可謂正式揭示建立「新太平洋共同體」(New Pacific Community) 爲美國的亞太政策⑲。雖然在日本的演說中側重於經濟，而在韓國的演說中側重於軍事安全的討論，但綜合分析可得知經濟繁榮、軍事安全、及民主開放乃當前美國亞太政策的三大支柱，與美國國家安全利益相關立場一致。其內涵強調 "「新太平洋共同體」應建立在區域內國家軍事力量共有 (shared strength)、經濟繁榮共享 (shared prosperity) 及對民主價值觀共識 (shared value) 的基礎上"⑳。換言之，當時美國對發展單邊主義持保留態度，而以經營美國與亞太地區之間的利益相關性爲政策基點。

另外，有別於前布希政府在後冷戰時期對亞太事務的處理態度，柯林頓對多邊安全機制表示支持。布希政府的亞太安全架構主要基於前國務卿貝克 (James Baker) 所提出的「扇形架構」(Fan Structure) 集體安全體系，其主要主張乃美國應個別強化與日本、南

註⑱　The White House, *A National Security Strategy of Engagement and Enlargement*, February 1995, p. 7.

註⑲　Bill Clinton, "Building a New Pacific Community," address at Waseda University, Tokyo, Japan, July 7, 1993, *U.S. Department of State Dispatch*, vol. 4, no. 28. pp. 485~488; Bill Clinton, Bill Clinton, "Fundamentals of Security for a New Pacific Community," address before the National Assembly of the Republic of Korea, July 10, 1993, *U.S. Department of State Dispatch*, vol. 4, no. 29, pp. 509~512.

註⑳　Bill Clinton, "Fundamentals of Security for a New Pacific Community," address before the National Assembly of the Republic of Korea, July 10, 1993, *U.S. Department of State Dispatch* , vol. 4, no. 29, p. 509.

韓、東協、澳洲，中共的雙邊關係，在個別的雙邊關係加強後，
亞太地區的安全便可在以美國為中心的扇形架構下更形穩固㉑。
布希政府對於多邊安全對話的看法則反映於在一九九〇年的東亞
戰略報告書中，其中指出 以多邊諮商方式討論安全議題並不被美
國及其盟邦所歡迎。相對的，柯林頓政府在面臨選擇雙邊或多邊
為維繫安全的政策工具時，所採的取向是兩者並重。也就是說，
一方面除了重申與日本、南韓、菲律賓、泰國、澳洲等雙邊盟邦
關係外，另一方面則強調多邊安全對話的重要性。認為區域性組
織的建立有助於長期因應區域內的潛在衝突。然而，這些區域性
機制的建立旨在輔助美國在此區的領導地位，而非企圖取代雙邊
的盟邦關係。

參、亞太綜合性區域安全合作的具體內涵㉒

後冷戰時期亞太地區的多元戰略結構及美日雙領導的政經
區域發展為亞太安全啓開新思維，美日發展綜合性安全概念以
及邊緣國家在安全事務上積極參與，奠定了亞太綜合性安全合
作的基礎，東協長久以來的合作經驗更對亞太安全合作模式有
重大啓示。各國的綜合性安全概念雖在內涵上有異，但皆將國
家安全威脅及確保安全的方式擴及非軍事安全考量，主要特質

註㉑ Baker, James A, "America in Asia: Emerging Architecture for a Pacific Community," *Foreign Affairs*, Vol. 70, No. 5, Winter 91/92, pp. 9～17.

註㉒ 限於篇幅，為突顯本研究討論焦點為亞太地區整體安全考量，區域內現有
的多邊安合作案例討論，以在參與成員上最具概括性的機制為限，次區域
或跨區域的安全合作機制暫不在此討論。例如東北亞四邊會談、東協、處
理南海潛在衝突研討會、亞歐會議等。

歸三方面討論。

一、政府間與智庫間的雙軌合作模式

亞太安全合作借鏡亞太經濟合作模式，不以規範建制(legalist approach)為目標，相對的，呈現循序漸進、對話諮商的「東協」步調 (ASEAN way)。APEC 論壇堪稱亞太區域合作成功之例，檢視其發展過程，非官方力量的貢獻不可忽視，1967 年各國企業界領袖成立太平洋盆地經濟理事會 (Pacific Basin Economic Council, PBEC)、1968 年學界成立太平洋貿易暨發展討論會 (Pacific Trade and Development Conference, PAFTAD)、及 1980 年產官學界成立太平洋經濟合作會議 (Pacific Economic Cooperation Conference, PECC)，先後為 APEC 於 1989 年正式成立鋪路。

冷戰結束後，在安全議題上，許多非政府機構紛紛發展智庫間或研究單位之間的安全研究及會議，其中最具規模的是由東協智庫聯盟 (ASEAN Institutes of Strategic and International Studies, ASEAN-ISIS) 主辦的亞太論壇 (Asia-Pacific Roundtable)。由官方人士提出的論壇構想則包括 1990 年，澳洲外長 Gareth Evans 提出成立亞洲安全合作會議 (Conference on Security and Cooperation in Asia)，同年加拿大外長 Joe Clark 亦倡導成立北太平洋合作安全對話 (North Pacific Cooperative Security Dialogue)，擬借鏡歐洲安全暨合作組織的經驗，發展亞太安全合作。1991 年由東協智庫聯盟、美國太平洋論壇、漢城國際事務論壇、日本國際事務研究所共同進行一項亞太安全合作計劃，吸引亞太各國學者及官員的參與，開始蘊釀將第二軌道多邊安全合作對話會議機制化。1993 年亞太各國重要智庫便共同成立亞太安全合作理事會 (Council for Se-

curity Cooperation in the Asia Pacific, CSCAP) ㉓，1994 年屬於官方
合作的東協區域論壇 (ASEAN Regional Forum, ARF) 隨後成立㉔，
爲亞太安全合作寫下新頁。

　　CSCAP 代表後冷戰時期亞太第二軌道外交，爲促進區域暨國
家安全合作爲目標，雖以智庫爲會員主體，但半數會員與官方關
係密切，其中日本國際事務研究所、中國國際問題研究所、北
韓、外蒙、越南的國際關係研究中心、印度的國防研究暨分析中
心、柬埔寨合作與和平研究中心、及巴紐的國家研究中心皆官方

註㉓　1993 年 6 月 8 日，CSCAP 於吉隆坡正式成立，十個創始會員爲日本國際事
　　　務研究所 (Japan Institute of International Affairs)、美國的太平洋論壇 (Pacific
　　　Forum/CSIS)、漢城國際事務論壇 (Seoul Forum for International Affairs)、國
　　　立澳洲大學的戰略與國防研究中心 (Strategic and Defence Studies Centre, Aus-
　　　tralian National University)、加拿大多倫多—約克大學之亞洲太平洋研究聯
　　　合中心 (University of Toronto-York University Joint Center for Asia Pacific Stu-
　　　dies)、印尼的戰略與國際研究中心 (Centre for Strategic and International Stu-
　　　dies, Jakarta)、馬來西亞的戰略與國際研究中心 (Centre for Strategic and In-
　　　ternational Studies, Kuala Lumpur)、新加坡國際事務研究所 (Singapore Institute
　　　of International Affairs)、菲律賓的戰略與發展研究所 (Institute for Strategic
　　　and Development Studies)、及泰國的安全暨國際研究所 (Institute for Security
　　　and International Studies)。目前共有 20 個會員，其中 IDSS 取代原新加坡會
　　　員、UBC 取代原加拿大會員，成立後始加入者有紐西蘭、北韓、俄羅斯於
　　　1994 年加入，外蒙古、中共的中國國際問題研究所 (China Institute of Inter-
　　　national Studies)、與越南的國際關係研究中心 (Institute for International Re-
　　　lations) 於 1996 年加入，歐洲於 1998 年加入，印度的國防研究暨分析中心
　　　(Institute for Defence Studies and Analyses)、柬埔寨合作與和平研究中心
　　　(Cambodian Institute for Cooperation and Peace)、及巴紐的國家研究中心 (Na-
　　　tional Research Institute) 則於 2000 年加入。
註㉔　1994 年 7 月 25 日，東協區域論壇在曼谷舉行首次會議，共有十八國參加，
　　　包括當時東協會員國：汶萊、印尼、馬來西亞、菲律賓、新加坡、泰國，
　　　東協對話夥伴：澳洲、加拿大、歐盟、日本、紐西蘭、南韓、美國，東協
　　　諮商夥伴：中共、俄羅斯，及當時東協觀察員：寮國、巴布亞紐幾內亞、
　　　越南。之後加入的有印度、柬埔寨、緬甸、外蒙、北韓，迄今共 23 個國家。

直屬智庫，政府官員得以個人身份受邀出席會議，因此，CSCAP
本身內部會議就已經呈現官、學、研界的互動模式，一方面企圖
超越地緣政治的零合遊戲規則，結合學官兩界共同為區域整體的
安全利益建言，另一方面透過具官方身份的出席代表反映國際政
治現實的一面，使第二軌道的安全合作兼顧自由主義與現實主義
考量。

　　借鏡於東協與東協智庫聯盟的互動關係，以東協主導的東協
區域論壇本身就具雙軌運作的特質㉕，第一軌道活動包括每年夏
天舉辦的外長年會、資深官員會議、會期間支援工作小組會議(in-
ter-sessional supporting group)、以及由政府主導的專家層次會議
(Expert Group Meeting)。就第二軌道而言，ARF 除了對非官方機
構所舉辦的第二軌道安全合作對話表示支持外，本身亦推動第二
軌道活動，包括與 CSCAP 聯合主辦的對話會議。

　　一般而言，ARF 第一軌道會議僅限官方人士參與，對安全合
作的貢獻多側重對政策執行面的意見諮商及交換，對區域安全建
設性的倡議則有賴第二軌道會議的貢獻。ARF 主席在與會員國諮
商後，得以與第二軌道論壇代表舉行非正式會議，並決定是否向
第一軌道推薦第二軌道的會議結論，因此，ARF 雙軌運作的成效
與 ARF 主席的態度息息相關，是否推薦 CSCAP 會議結論，亦視
個案而定，並無固定模式。然而，透過第一軌道與第二軌道推動
安全合作人士的密切互動，第二軌道對話機制對區域安全的重要
性遠超過其他地區，是亞太安全合作的重要特質。其中 ASEAN-
ISIS 在建立 CSCAP-ARF 連結上可扮演重要角色，事實上，AS-
EAN 主導 ARF 的成立及主要議程，其智庫 ASEAN-ISIS 的大部

註㉕　ASEAN Senior Officials, "The ASEAN Regional Forum: A Concept Paper," p.
113

份會員是 CSCAP 會員，因此，ASEAN-ISIS 與 CSCAP 的重疊會員對 ARF 的影響力自然存在。例如 ARF 首次資深官員會議於 1994 年四月召開時，CSCAP 執委會準備了第一份備忘錄㉖，日後並供七月首次 ARF 外長會議參考。

二、信心建立與衝突預防為主要合作目標

亞太地區在無共同外來軍事威脅、待解決的政治及主權衝突繁多、各國既存的差異性大的現勢中，區域合作的發展從第二軌道外交循序漸進的向官方合作邁進，一方面反映出各國對區域合作的需求，另一方面亦反映出各國對區域合作的謹慎態度。顯然在主、客觀環境限制下，目前在亞太地區形成規範性或強制性的安全合作，時機尚未成熟，因而必需以不具約束力的對話協商作為信心建立的首要步驟，以共識原則相互牽制決議的產出，並以階段性進展為考量。

ARF 成立之初，擬在謀求區域安全的步驟上分三階段：促進信心建立措施 (confidence-building measures)、發展預防外交機制 (preventive diplomacy mechanisms)、及發展解決衝突機制 (conflict resolution mechanisms)㉗。就第一階段的目標而言，除了以對話協商作為信心建立的首要步驟之外，強調以兼顧各國考量的合作步調，不訴諸投票作成集體決議，換言之，只要有任何會員國對某項議題反對，則 ARF 便不作正式決議。目前 ARF 決議推動的信心建立措施事項包括：從事政治與安全合作問題之對話與諮商、提交國防政策白皮書、參加聯合國傳統武器之登記 (UN Register

---

註㉖ CSCAP Memorandum No. 1 on *The Security of the Asia-Pacific Region*, 1994.

註㉗ ASEAN Senior Officials, "The ASEAN Regional Forum: A Concept Paper," (The Second ARF meeting in Brunei in August 1995.)

of Conventional Arms) 等。然而，各國的執行與否仍有相當大的彈性及空間。在亞太呈現高度異質性的困境下，ARF的成立已經顯示出信心建立措施的良好開端，如何使合作的步調向第二階段的合作目標預防外交推動是一大挑戰。目前預防外交仍在第二軌道論壇中討論，仍有許多國家持保留態度。

　　CSCAP以連結當前活躍安全智庫與研究機構爲主，其成立以既有架構爲基礎，旨不在建立新的機制，爲二軌機制迄無政策執行的考量，合作目標自然在於衝突預防及建議衝突解決方案。然而工作目標在會員之間有不同意見，主要爭議在於是否與ARF掛勾。雖然 ARF 本身有第二軌道外交機制的設計，部分 CSCAP 會員仍期望 CSCAP 與 ARF 發展進一步互動，將 CSCAP 執委會所通過的備忘錄提交ARF討論，透過區域安全政策，落實二軌外交對區域安全的貢獻，然與 ARF 的互動至今仍以個案而定。

三、軍事議題與非軍事議題皆重的合作範疇

　　ARF除了鼓勵各會員國交換國防政策資訊及傳統武器資訊、積極支持全球軍備管制及裁軍行動等軍事安全議題交流、並關切南海問題、兩韓問題、核試暴及擴散問題、柬埔寨問題、及台海問題等潛在軍事衝突。會期間支援小組會議 (Intersessional Support Group, ISG) 則以非軍事安全議題爲主，其中包括信心建立措施會議 (ISG on CBMs)、災難救濟會議 (ISG on Disaster Relief)、搜尋與救援協調合作會議 (ISM on Search and Rescue Coordination and Cooperation, ISM on SAR) 等。

　　CSCAP除內部行政組織與各國委員會之外，設有執委會與五個工作小組會議，執委會爲最高決策單位，決議處置各工作小組會議的會議結論。目前共有五個 CSCAP 工作小組，從各工作小

組所關切的議題發展趨勢來看，顯示綜合性安全合作在亞太地區的發展潛力。北太平洋工作小組 (North Pacific Working Group) 針對東北亞安全議題開展對話管道，以朝鮮半島問題為焦點，因議題的敏感對政策建議的信心較弱。信心暨安全建立措施工作小組 (Confidence and Security Building Measures) 因推動軍事信心建立措施遇阻㉘，轉而進行核能安全透明化措施㉙及預防外交。綜合性暨合作性安全工作小組 (Comprehensive and Cooperative Security Working Group) 主要探討適用於亞太地區的安全概念新思維，界定綜合性安全為在國家內部及外在的範圍，各主體透過合作方式，追求全方位各領域 (包括人群、政治、經濟、社會、文化、軍事、環境) 的永續安全㉚。海事合作工作小組 (Maritime Cooperation Working Group) 以支持合作與對話、強化各國因應海事問題、促進各國對區域海事問題的了解、從事區域海事安全政策研究、促進海事信心建立措施等為發展目標㉛。跨國犯罪工作小組 (Transnational Crime Working Group) ㉜以喚起區域正式跨國犯罪對區域安全的威脅，了解區域內跨國犯罪趨勢並建議合作方案為目標。

註㉘　CSBM 工作小組原定目標在促進國防白皮書、傳統武器登記、及核武非擴散等議題，其中傳統武器登記一案因多數會員國認為較 UN 傳統武器登記為詳細，不願重複登記而停頓。

註㉙　與美國 Sandia 監控中心 (The Cooperative Monitoring Center at Sandia) 合作，成立核能透明化網站，網址為 www.cmc.sandia.gov/Nuc_Trans

註㉚　*CSCAP Memoradum, No. 3: The Concepts of Comprehensive and Cooperative Security*, The CSCAP Working Group on Comprehensive and Cooperative Security, 1996.

註㉛　於 1994 年 11 月於工作小組界定此等目標後，送 12 月之執委會確認。

註㉜　跨國犯罪工作小組原僅為研究小組，1996 年十二月始經執委會通過成為工作小組並確認小組目標。

肆、亞洲風暴後的發展與新研究議題

1997 年七月泰銖驟貶，東亞多國相繼發生金融危機，隨後引發區域性、甚或全球性的經濟衰退現象，雖然針對這次金融風暴的肇因各界所見未必相同，但各界卻目睹經濟風暴所引發的外溢效應已對部份國家的政治、社會秩序造成嚴重衝擊，並且形成區域或次區域問題，可謂亞洲風暴。亞洲風暴對區域安全的影響已廣被討論，但針對區域安全合作的啓示，探討不多。本節以討論亞洲風暴對亞太地區綜合性暨合作性安全概念帶來的省思。

一、調整「論壇式」的合作模式

雖然非協議的諮商合作是亞太區域合作現階段的最適發展模式，然而，在後風暴時期，對於區域合作機制未能發揮危機處理的功能仍受到嚴厲的批判。相對於區域整合理論在歐洲的落實，論壇式的亞太區域合作模式對危機的預防、處理、以及危機後的重建，都顯出困境。

不難理解的，ARF 是一個論壇，並非一個具有執行力的機構，雖然其長遠目標在於探討建立解決衝突的機構與方案，但並不必然使 ARF 本身成爲一執行機構。換言之，ARF 本身機制運作的過程及模式已經定位其在區域安全中扮演的角色，檢視ARF危機處理的功能不應超過對機制本身運作所能產生的效果期待。以東帝汶事件爲例，ARF 所能扮演的角色就有限。

後風暴時期，ARF逐漸體認到制度化及措施具體化的重要，當ARF朝預防外交此一區域安全合作第二階段發展之際，除了強調共識、自願、及杜絕軍事威脅之外，對於處理經濟造成的安全

問題及其他非軍事議皆須有具體措施。值得注意的是，經濟衰退的結果，使各國紛紛消減國防合作方案所需經費，相對的非軍事安全議題的合作增加，討論具體措施的專家會議亦相對增加㉝。未來 ARF 之制度化及措施具體化的發展，值得進一步研究。

二、正視內部安全威脅與「人的安全」
(human security) 概念

國家內部安全考量是開發中國家最主要的國家安全考量，但從未成為多邊安全合作的主要誘因。後冷戰時期亞太地區的安全合作主要受地緣戰略結構的改變及區域經濟發展產生的安全互賴性所驅動，為避免軍事衝突、減緩跨國爭端等外在安全考量是促進區域安全合作的主要誘因。相對的，亞洲風暴則喚起直接遭受風暴震撼的各國正視國家內部的安全威脅，以印尼為警惕，調整對國家安全的界定，從造成內部安全威脅的肇因著眼，體認到保障國家安全的方法應從杜絕內部安全威脅開始。

雖然東協的綜合性安全概念向來強調國家內部安全的重要，但主要著眼點是強調國家彈力為區域彈力的基礎，另一方面卻又強調以區域途徑強化國家彈力，大致上，區域安全與國家安全的互賴關係可以理解，但兩者安全考量的本質及因果關係未能明確界定，使得化解國家內部安全威脅的區域手段不明確，共識決與「互不干涉原則」的堅持將持續成為以區域合作解決國內困境的障礙。「人的安全」概念的落實化解了此一困境。

註㉝　包括人道援助、災難處理、維和任務、國防相關事務、及相關安全政策等會議。

　　「人的安全」概念主要強調人類基本的需求及權力保障才是
國際安全的基礎，包括個人的經濟、糧食、健康、環境、政治、
社群等面向。透過國際社群採取集體預防措施，得以避免人類發
展過程中的衝突與剝削，改變以往集體善後的思維模式㉞。正視
因個人綜合性安全困擾造成國內內部失序、或成爲跨國社群的共
同考量，對國家或區域安全所造成的威脅，則足以喚起人的安全
議題超越人道主義，進入安全政策範疇。

　　亞太綜合性安全合作的特質之一即在非政府間的合作動力，
常引導區域安全合作的方向，非政治組織所扮演的角色遠較其他
地區重要。後風暴時期亞太區域合作的新方向，在內部安全及人
的安全議題的主導之下，進一步把以智庫爲主的非政府角色，擴
及其他私有部門，以及以社會爲單位的區域活動組織，強調人對
人 (people-to-people) 的合作理念對區域穩定的重要，發展多軌、
多面向的合作管道，開啓亞太安全研究之新頁。

結　語

　　本文概論 1990 年代亞太地區綜合性安全合作之發展，以作爲
觀察未來亞太區域安全合作的基礎。自 2000 年布希上任美國總統
以來，傳統安全概念再次成爲美國亞太政策之思維主軸，軍事面
向的安全議題遠較其他面向之安全議題受到重視。2001 年 911 事
件後，強化與亞洲各國的軍事合作被視爲美國的反恐行動的後
盾。然而，ARF 對反恐行動的具體作爲，強調跨國性安全威脅的

註㉞　Hans van Ginkel and Edward Newman, " In Quest of 'Human Security'," *Japan
　　Review of International Affairs, vol. 14, no. 1, Spring 2000, pp. 59～82.

反制之道，不以軍事爲主要手段，而以防治跨國犯罪、反海盜、及追究經濟因素等非軍事安全合作議題爲主。美國與ARF強調的不同途徑，將影響亞太區域安全合作的實質內涵，乃新世紀初値得注意之新議題。

*　　　　*　　　　*

後冷戰時期俄羅斯亞太政策
的形成與發展

李 明 峻

國立政治大學國際關係研究中心第二研究所助理研究員

壹、前　言

約在十六世紀時，莫斯科皇帝伊凡四世即已征服西伯利亞，但其對亞太地區的態度開始轉趨積極，則是自彼得大帝初年（即蘇菲亞攝政時代，1689 年）與清國締結尼布楚（Nerchinsk）條約，約定兩國以外興安嶺爲界起。其後，尼古拉一世任命穆拉比耶夫（Muraviev）伯爵爲東部西伯利亞總督，更使得俄羅斯在遠東的擴張政策日益蓬勃①。

1858 年，因發生太平天國之亂及英法聯軍進攻北京，使清國無暇顧及北方邊陲，穆拉比耶夫伯爵便在黑龍江建造海蘭泡（Bla-goveshchensk）和伯力（Khabarovsk）爲根據地，並於同年與清國簽訂璦琿條約，兼併黑龍江左岸一帶土地。1860 年，他更與清國締結北京條約，獲得烏蘇里江東岸的土地，並開設海參崴（Uladivostok）港。此地名之俄文原意是「東方的命令」，充分表其雄

註①　藤清太郎，**露國の東亞政策**，岩波書店，昭和 8 年，頁 7～10。

大的野心②。經過穆拉比耶夫的努力，俄羅斯在亞太地區的領域顯著膨脹，並在太平洋岸獲得可作爲海軍根據地的重要海港。

1875年，俄人更倡議建設從伏爾加（Volga）河畔的下諾夫戈羅德（Nizhnii Novgorod，後改名爲高爾基 Gor'kiy）直達太平洋岸的鐵路③。在 1877～1878 年俄土戰爭之後，由於經巴爾幹半島向地中海發展的戰略受挫，而藉由中亞突進印度洋的嘗試亦爲英國所阻，使得俄國決定建設自莫斯科到海參崴全長 5,542 英哩的西伯利亞大鐵路④，以便其勢力能深入亞太地區。此計畫使俄羅斯隨著交通時間的縮短而增強其在亞太地區的影響力，同時藉由經濟聯繫的強化，使俄國與亞太各國意識到立足於世界性經濟活動基礎的相互利益，促使彼此間更爲緊密的政治關係⑤。其後，俄國即向滿州與朝鮮半島伸展勢力，從而與日本發生衝突。此點顯示俄羅斯在沙皇時代即曾積極向亞太地區發展⑥。

共產革命之後，由於蘇聯主要關心的重點在歐洲，對外政策主要著眼於巴爾幹半島及中亞一帶，使其控制亞太地區國際商業活動的計劃未能繼續。二次大戰後，由於資本主義陣營對其採取圍堵政策，使得蘇聯更無法涉足亞太事務⑦。特別是在 1956 年 2 月蘇共第 20 屆大會之後，以清算史達林的問題爲導火線⑧，中蘇

註② 同上，**露國の東亞政策**，頁 10～11。

註③ Prince A. Lobano～Rostovsky, Russia and Asia. The Macmillan Co., N.Y., 1993. p. 217.

註④ 該鐵路動工日期爲 1891 年 2 月 12 日。*Ibid.*, pp. 217～218。

註⑤ スラフ問題研究所譯，**露西亞帝國滿州侵略史**，ダイヤモンド社，昭和 9 年，頁 59～60。

註⑥ E. Wishnick, "Soviet Asian Collective Security Policy from Brezhnev to Gorbachev," *Journal of Northeast Asian Studies*, Fall-1988, pp. 3～28。

註⑦ 前揭書，川田侃，**國際關係概論**，東京大學出版會，1977 年，頁 183～190。

註⑧ 山田浩，**戰後におけるアメリカの世界政策と日本**，原書彥，1979 年，頁 127～128。

兩國發生和平共存路線論爭，使雙方的對立進入決定性階段，導致蘇聯對亞太地區的發展益發受限。

　　1969年7月，美國發表尼克森主義(Nixon Doctrine)⑨，表示將修正過往美國過度介入亞太事務的作法。於是，蘇聯爲填補美國退出亞洲後所發生的權力真空狀態，並以「包圍中國」爲目標，方始基於國際戰略考量，首度針對亞洲提出創立集團安全保障體制的構想⑩。然而，這個構想具有強烈的反美性格，企圖加速美方軍事同盟的解體，因此除少數國家之外並未獲得支持。綜言之，在當時東西兩極對立的前提下，蘇聯對外政策的中心課題是本國的軍事安全保障。因此，以軍事同盟相互對峙的歐洲（大西洋方面）即成爲蘇聯對外政策的第一正面，而亞洲在蘇聯外交中僅處於第二正面的地位，且其最大目標僅是對抗美國與亞太諸國間既存的軍事同盟，並不重視其與亞洲各國的經貿關係。

　　戈巴契夫上台之後，由於其最大課題是國內經濟改革，故而著力於對外政策的去意識形態化，以貢獻國內經濟重建爲外交的第一任務。因此，國家的政策目標改爲經濟與安全保障並重，積極參與區域經濟以追求經濟利益，此點爲蘇聯轉變亞太政策的契機。本文旨在針對戈巴契夫政權以降的俄羅斯亞太政策，探討其如何從冷戰時期的意識形態轉變爲合作與協調的亞太觀，並如何在九〇年代初期的外交論爭中，於思考國內外各項因素之後，決

註⑨　Sunthorn Hongladarom, *Nixon doctrine: an Asian viewpoint, Center of Asian Studies*, St. John's University, 1978, pp. 89～91.

註⑩　1969年6月，蘇共中央總書記布里茲涅夫發表在亞洲創立集團安全保障體制的構想。雖然這個構想除印度及蒙古外並無任何國家支持而無法實現，但在1970年代前半期經常被蘇聯的新聞及雜誌報導。有關蘇聯對亞洲集團安保構想的看法可參照 I.コワレンコ著、ソビエト外交研究会譯，**ソ連とアジアの集團安全保障**，恒文社，1977年，頁27～29。

定採取獨立自主的戴高樂主義路線的經緯。

貳、亞太觀的變化

　　一國外交政策的變化牽涉到其國家戰略觀和意識形態邏輯。在冷戰期間，由於對外政策的中心課題是軍事安全保障，因此俄羅斯亞太政策亦根植於意識形態立場，甚至連前述布里茲涅夫提出的亞洲集團安全保障構想中，雖亦提及加強和亞洲各國經濟合作的主張，但基本上仍是以軍事戰略為出發點，並不表示其重視與亞洲各國的關係。在戈巴契夫以前，蘇聯的亞太經濟政策，只是藉由經援亞洲的開發中國家，減低以美國為中心的西方國家在此地區的影響力。俄羅斯真正提出積極參與亞太地區事務，則要遲至戈巴契夫上台之後。

一、戈巴契夫時期亞太觀的變化

(一) 海參威演說

　　1985 年 3 月，主張推動「重建（Perestroika）政策」的戈巴契夫上台。就國際政治的角度而言，「重建政策」意味著蘇聯在處理國際關係的問題方面，從過去著重於資本主義及社會主義階級對立的想法，轉變成針對人類未來所面對的共通課題，以理解政治、經濟、社會等變化，從而承認兩者（資本主義及社會主義）間存在相互依存關係。此點顯示蘇聯將放棄以往與資本主義國家對立的意識形態，不再藉此謀求政權的延續和國際地位的提昇，改變歷來利用「資本主義國家間的矛盾」的外交基本戰略。

　　戈巴契夫就任 4 個月後，為展開新的外交方針，即以謝瓦納

茲取代葛羅米柯擔任外交部長，並於翌（1986）年表明蘇聯協助
與參加亞太經濟活動的意欲。由於美國雷根總統於 1984 年 4 月強
調「美國爲太平洋國家」，使得戈巴契夫於 1986 年 4 月提出「太
平洋安全保障會議」構想⑪，宣稱蘇聯爲太平洋國家，主張在新
能源的使用、通訊、環境保護及和平使用太空研究等進行合作，
減少太平洋軍艦數目並畫定太平洋爲非核區，顯現其積極參與亞
洲事務的意圖。甚至連其一向宣稱是「以美日爲首的反蘇國際組
織」的太平洋經濟合作理事會 (Pacific Economic Cooperation Coun-
cil, PECC)⑫，蘇聯亦積極表示亟欲參加活動，並派遣外交官列席
在溫哥華舉行的第五屆大會。

　　然而，首次正式表明蘇聯亞太觀的變化是戈巴契夫的海參威
演說。1986 年 7 月 28 日，戈巴契夫於海參威發表亞太關係演說，
正式表明「蘇聯爲太平洋國家」，此種蘇聯亞太政策的轉變，引
起世界各國的注目。首先，戈巴契夫肯定日本是俄國在東亞最重
要的大國，此點與蘇聯在 1970 年代後半到 1980 年代初期嚴厲批
判日本相較，可說是極爲明顯的變化。其次，該演說中亦明白表
示將謀求改善中俄關係⑬，此點也是 1970 年代以來的重大變化。

註⑪　Mikhail G. Nossov, The USSR and the Security of the Asia-Pacific Region: From
　　　Vladivostok to Krasnoyarsk, *Asian Survey*, Vol. XXIX, No. 3, March 1989, pp.
　　　252～267.

註⑫　由澳洲克勞福 (John Crawford) 爵士與日本大來佐武郎（Saburo Oki）博士
　　　提議，讓各國學者專家、企業領袖以及私人身份出席的政府官員同時與會
　　　（即所謂的產官學組合），其目的是將太平洋地區區域合作之理念透過官
　　　員傳達給各國政府。1980 年 9 月，由日本前首相大平正芳於澳洲首都坎培
　　　拉倡議舉行「太平洋共同體研討會」（Pacific Community Seminar）時，正
　　　式成立此一常設委員會，以從事策劃及資料收集。關寬治編，**國際政治學
　　　を學ぶ**，有斐閣，1982 年，頁 144～146。

註⑬　中野潤三，「ロシア外交の基本路線とロシアのアジア政策」，**外交時報**，
　　　1993 年 1 月，頁 38～39。

然而，其內容仍未完全脫離過去蘇聯時代的亞太觀，相當警戒美國擴張在太平洋的影響力，擔憂此區域的「軍國主義傾向」及批判「華府、東京、漢城」三國同盟。基本上，海參威演說仍含有極強的反美性格，只是想改善與日中兩國的關係，而與「階級敵人」的美國對峙，顯現其意識形態的包袱仍重。

(二) 克拉揚斯克演說

1987 年 6 月，前世界經濟國際關係研究所所長雅柯布列夫被任命為蘇共中央委員會政治局委員，進一步促成亞太觀背後意識形態的轉變，蘇聯不再認為資本主義必然導致軍國主義，也表明未來願意參與國際經濟體系的活動⑭。同年 11 月 2 日，戈巴契夫在革命 70 周年紀念大會上發表演說，盛贊日德義三國的「經濟奇蹟」，認為他們是「在將軍事費用壓至最低的條件下，不依恃軍國主義，從而能發展資本主義經濟」，強調「資本主義經濟亦有不往軍國主義發展的可能性」⑮。

1988 年 6 月 28 日，蘇共舉辦第十九屆黨務協調會議，戈巴契夫在會中主張現代國際關係中雖然仍存在階級問題，但國家

註⑭ 1988 年 3 月，蘇聯在莫斯科成立「亞洲太平洋經濟合作委員會」，由戈巴契夫密友——布里馬克夫（蘇聯科學院國際關係研究所所長）出任委員長，並由其以觀察員身份參加同年在大阪召開的第六屆 PECC 大會，會中並重提加入 PECC 之事。木村汎，**總決算 ゴルバチョフの外交**，弘文堂，1992 年，頁 32。

註⑮ 日本經濟的高度成長，實際上已取代蘇聯而成為僅次於美國的世界第二經濟大國。這個事實令蘇聯震驚的程度，可比擬日俄戰爭的挫敗。蘇聯在檢討之餘，再度體認日本「全方位和平外交政策」與經濟發展的互動關係。Joseph L. Wieczynski ed., *The Gorbachev bibliography, 1985~1991: a listing of books and articles in English on perestroika in the USSR*, Norman Ross Pub. 1996, pp. 46~53.

間、國民間的相互關係亦日漸重要，必須以國家利益的多樣化思考新的政治問題，從「全人類的觀點」解決核武等國際問題。換言之，戈巴契夫提出「全人類的價值」優先於「階級利益」的說法⑯。

　　同年9月18日，戈巴契夫更以此論點爲基軸，在東西伯利亞的克拉揚斯克發表其有關亞太政策的演說⑰，進一步提出許多解決亞太僵局的具體內容，包括：1. 蘇聯和東南亞的越南、寮國等的合作，在解決柬埔寨問題上已取得一定的成果。2. 蘇聯在改善蘇中關係上已有成果。3. 盛讚日本是「不靠軍國主義而取得大國地位的國家」，主張在蘇中關係改善的基礎上，強化蘇日關係。4. 若美國願意撤出菲律賓的軍事基地，蘇聯亦會撤走駐在越南的艦隊。5. 發展美日蘇三國關係，探究能否在亞太地區實現信心建立措施，並認爲建立該機制確屬必要。6. 除了軍事安保議題外，希望和亞太各國針對環境問題的解決進行合作。7. 蘇聯希望參與亞太地區的國際經濟合作架構。綜言之，克拉揚斯克演說主要是表明蘇聯積極參與解決區域紛爭的決心，強調其和週邊各國合作的重要性。

　　此次演說呈現幾項重要意涵。首先，蘇聯已不再批判美國的帝國主義，而著重美國在亞太地區所扮演的重要角色，並希望和美國在亞太地區的某些議題上進行合作。第二，蘇聯不再希望組成和亞太地區既有軍事同盟對立的另一同盟，也未提到要加速亞太地區既有軍事同盟的解體。第三，蘇聯已不再敵視中國。最後，蘇聯希望積極和亞太各國進行經濟交流合作，這和過去批評

註⑯　Sakwa, Richard, *Gorbachev and his reforms, 1985～1990*, Prentice-Hall, 1991, pp. 137～8.
註⑰　マヤーク通信，第六〇七號，1992年11月24日，頁4。

資本主義國際經濟體系有 180 度的轉變。

二、俄羅斯時期的亞太觀

(一) 葉爾欽的亞太觀

1991 年 2 月蘇聯解體，俄羅斯成爲獨立主權國家，並取代蘇聯過去的國際地位，葉爾欽繼戈巴契夫之後擔任國家元首。基本上，葉爾欽是沿襲「重建政策」的亞太觀，但除繼承戈巴契夫的理念之外，其亞太觀更有下列三點值得注意之處。第一是葉爾欽政權對美日安保體制看法，不再似以往般將其視爲反俄羅斯的機制，而改稱其爲維持亞太安定的機制[18]。亦即，美日不再是蘇聯外交思維中必須打垮的資產階級敵人，轉而認爲美日安保體制對亞洲安定環境貢獻良多，甚至表示蘇聯本身亦想參與該體制。此點顯示俄羅斯已揚棄以往將美日安保體制視爲「美國帝國主義」與「日本軍國主義」混合體的看法。第二是俄羅斯希望在亞太各國共同建立或參與國際經濟體制，葉爾欽在 1992 年 11 月訪韓時，即表現想要參與 APEC（亞太經濟合作會議）的強烈意圖[19]。第三是葉爾欽修正其在俄羅斯獨立初期向西方國家一面倒的外交路線，轉爲兼顧東西雙邊均衡的外交立場。

然而，俄羅斯雖較以往更重視亞太地區，但亞太政策在其外交比重仍排名稍後。在 1994 年 2 月的國情咨文中，葉爾欽明白表示將與舊蘇聯各國的關係置於最重要的問題，其餘外交優先順位爲與七大工業國（G7）的關係、與歐洲各國的關係、與亞太各國

註[18] **日本經濟新聞**，1992 年 3 月 21 日。

註[19] Alexei G. Arbatov, *Russia's Foreign Policy Alternatives*, *Foreign Policy*, Vol. 18, no. 2 (Fall 1993), pp. 9〜14.

的關係,最後則是亞非拉等第三世界國家。俄羅斯的政治、經濟、文化中心仍是在國土的歐洲部分,故其外交重點當然是西方與南方,但在全方位政策下也不會忽略亞太地區。葉爾欽總統曾表示:「追求俄羅斯的國家利益並不會損及亞太各國的利益,兩者之間並不存在矛盾對立,因此俄羅斯不會放棄目前在亞太地區已建立的機制或利益。」⑳。葉爾欽亦以實際行動進行此一外交路線,他自 1992 年秋起即先後歷訪亞洲各國,首先於 1992 年 11 月訪問韓國,12 月訪問中國,1993 年 1 月訪問印度,陸續展開亞太外交的活動。總之,葉爾欽已較以往更重視亞太地區。

(二) 普丁的亞太觀

在葉爾辛當政的九〇年代,俄國不惜任何代價維持與美國及其他西方國家的友誼,當然他希望的是西方的善意回報,但西方的經援並沒能挽救俄國的經濟。尤有甚者,在政治與軍事方面,北大西洋公約組織(NATO)反而將力量擴展到俄國門前,且西方無論在波士尼亞或科索沃問題都毫不顧及俄國的顏面,而堅持修改反彈道飛彈(AMB)條約更使俄國人感到屈辱。在此種情形下,導致俄羅斯國內民族主義高漲,而普丁即是因提倡俄羅斯愛國主義,以俄羅斯的偉大與光榮為號召而當選總統。然而,為了建立強盛、現代化的俄羅斯,普丁不惜以政治和解交換西方世界的資金與技術,積極重塑其外交政策以向西方靠攏。普丁透過國家統制捍衛新興市場,加強軍力與掃蕩犯罪,引進外資以挹注俄國凋敝的經濟。

在美國「九一一事件」發生之後,普丁更進一步將俄羅斯塑

註⑳　Andrew Felkay, *Yeltsin's Russia and the West*, Praeger, 2002, p. 258.

造成一個值得信賴的夥伴。他在美國出兵阿富汗的戰事中給予實
質上與外交的支持，一反過去對美國在南斯拉夫以及波斯灣干預
行動的敵對態度。普丁表明俄羅斯在外交上將不再走過去冷戰時
期的擴張路線，美國和俄國不再是敵對和敵人的關係，「我們一
方面必須放棄過去的帝國野心，一方面又必須清楚了解自己的國
家利益何在，確實釐清，努力捍衛。」㉑

　　2002 年 7 月 21 日，普丁指示當前俄國外交的四大任務爲：
一、對抗恐怖主義威脅；二、強化俄美間的互信關係；三、直接
參與歐洲經濟一體化的形成；四、促進 CIS 架構內的經濟整合等。
然而，普丁也強調將終結後蘇聯時代與西方的蜜月關係，表示俄
羅斯外交仍具全球性格，俄羅斯的國家利益無所不在，在東西南
北方都存在。俄羅斯應該在各地找尋伙伴與盟友，但更重要的是
那些現實上願意承認俄羅斯利益的伙伴。

　　在此情況下，普丁的亞太政策主要是在軍事和經濟兩方面。
冷戰結束後，亞太地區仍如以往存在勢力強大的軍事對立，若干
國家還擁有核武，因此確保區域安全的多邊對話機制（如東協區
域論壇）極爲重要。另一方面，經濟對亞太地區的和平與穩定產
生很大的影響。在此情況下，日本經濟的發展狀況與美國在此地
區的盟友及駐軍，都在強化亞太地區穩定與和平事務上扮演重要
角色。普丁基於此一認知，更進一步積極參與亞太地區現存國際
組織，改善對亞太各國的關係㉒，維持亞洲現有利益。俄羅斯的
此種亞太觀可以說已經固著。

註㉑　**中國時報**，2002 年 7 月 22 日。
註㉒　2003 年 5 月 23 日，普丁訪問東北亞的南韓三天，然後再轉赴東南亞的越
　　　南訪問。普丁此行具有重大外交意義，旨在增加俄國對亞洲的影響力。

參、俄羅斯外交路線中的亞太政策

如前所述，由於對資本主義國家和體制的評價改變，連帶使得蘇聯的國際觀和對外政策發生轉換。戰後蘇聯一方面以強大軍事力量為後盾，與西方民主國家採取對決的姿態；另一方面以意識形態為基礎，強化與第三世界國家及開發中國家的外交關係，企圖孤立西方各國。但是，在現實種種環境壓力下，戈巴契夫理解到必須以「安全保障（軍事）、政治、經濟」㉓三位一體來考量，於提出上述轉變意識形態之新思惟後，修正過去的傳統外交政策，轉而實行較彈性及柔軟的「新思維」外交，使得俄羅斯對亞太地區的國際秩序與關係也因而全面改觀。

蘇聯解體之後，俄羅斯國內出現「大西洋主義」和「歐亞主義」的外交論爭，其結果當然會影響到俄國的亞太政策。另一方面，以務實聞名的普丁上台之後，俄羅斯的外交路線再生轉折，此點對其亞太政策亦造成影響。

一、「新思維」外交與亞太政策

如前所述，由於「外交的經濟化」使得蘇聯開始真正關心亞洲事務。在克拉揚斯克演說結束後兩個禮拜，1988 年 9 月 30 日蘇共黨中央委員會召開大會，進行內政及外交方面的人事異動及

註㉓　為維持霸權以對抗西方國家，蘇聯在世界各地（例如越南、阿富汗、非洲）不斷地支出，但由於成本太高而不堪負荷。同時，東歐各國的改革浪潮也使蘇聯體會到，維持過去社會主義帝國盟主地位事實上已不切實際，故唯有節省軍費及各種戰略援助，方能挽救崩潰的蘇聯經濟。參照岡田邦生、小川和男編，ロシア、ＣＩＳ経済ハンドブック，全日出版社，2002 年，頁 278。

組織改造。其中，在外交方面廢除黨內的國際事務部，而改以在黨中央委員會下設國際政策委員會，並任命雅柯布列夫為秘書長，開始進行「新思維」外交。

「新思維」外交的基本理念，即是放棄蘇聯以往強硬抗爭的外交策略，而改為化解與各國對立的策略，藉以緩和國際緊張局勢。例如，1987 年 12 月，美蘇召開高峰會談，簽定廢除中程核武條約（INF 條約）㉔，美蘇加速改善關係，使得蘇聯的外交思維進入新的協調時代。其後更與歐洲展開裁減傳統武器之交涉（CFE）、裁減戰略武器交涉等縮減軍備對策，自阿富汗撤軍、協調古巴自安哥拉撤軍、要求越南自柬埔寨撤軍、以及納米比亞紛爭等地域紛爭的解決策略，其它如繳交聯合國經費，與以色列改善關係以協助中東和平安定，關心地球環境惡化問題等，都是推動「新思維」外交的結果。

蘇聯的新思維外交，在歐洲方面帶動匈牙利及波蘭的政治改革，也促成柏林圍牆的倒塌及兩德統一；在亞太方面，則促成中蘇關係的友好，戈巴契夫甚至在 1989 年 5 月訪問中國。除此之外，最明顯的轉變是戈巴契夫政權的朝鮮半島政策。原先蘇聯的政策是積極提供北韓軍事及經濟援助，以對抗美日韓三國的反共聯盟，但在 1988 年 7 月以後即積極和南韓總統盧泰愚來往，雙方正式及非正式的國際交流急速擴大，進而在 1990 年 9 月時完成兩國的建交。在對日方面，謝瓦納茲在 1989 年第九屆日蘇定期外長會議中表示「美日安保條約的存在並不會妨礙日蘇締結和平條約」㉕，積極尋求與日本建立友好關係的途徑。「新思維」外交

註㉔　下斗米伸夫，**ゴルバチョフの時代**，岩波書店，1988 年，頁 88。

註㉕　**朝日新聞**，1989 年 5 月 4 日。

促成亞太地區國際局勢的和緩。

二、「大西洋主義」和「歐亞主義」的外交論爭

1990 年 10 月，俄羅斯率先成立外交部，首任外長柯茲列夫是「新思維外交」的支持者，他主張外交政策應在於擁護「全人類的利益」，目標是使俄羅斯成為「文明國家」以進入國際社會。「八月政變」使俄羅斯正式告別過去的蘇聯時代，採取獨自的外交路線。

柯茲列夫認為蘇聯的解體是無可避免的趨勢，不應以外力加以抑制，且俄羅斯不應成為「獨立國家國協（CIS）」新共同體的中心，而應加入以 G7 為中心的「世界政府」體制，發展為崇尚法治、人權至上和政治多元化的社會。亦即，俄羅斯的外交戰略是應切離與CIS的關係，且毫無保留地接近西方而成為文明國家。是俄羅斯選擇民主主義與市場經濟，當然希望構築與西方國家及國際組織的同盟關係，藉此回歸所謂的文明世界，因此在路線上當然是形成與西方國家的友好同盟關係。換言之，俄羅斯應與二次大戰戰敗的日德義三國相同，接受西方支援進行經濟重建，全面學習西方的政治、經濟與安全保障體制，此即所謂與西方社會一體化的「大西洋主義」㉖。

在「大西洋主義」的前提下，至 1992 年秋為止，俄羅斯的對外政策主要是以維持與西方的協調關係為主軸，以對美國等西方國家為第一順位，於1992 年 6 月與美國簽訂「第二次削減戰略武器條約（START 2）」，所以大方向上是沿襲戈巴契夫的新思維外交。柯茲列夫以俄羅斯政治社會體制的轉換為新外交的主軸，

註㉖　Andrew Felkay, *Ibid.* pp. 276～278.

主張對西方國家一面倒的外交是唯一的選擇。

然而，俄羅斯國內對於向西方國家一面倒的做法相當不滿，不斷對其提出各種質疑與挑戰，認爲「大西洋主義」欠缺「國家利益」理念，從而提出東方和亞洲才是俄羅斯利益與使命所在的所謂「歐亞主義」，從而引發所謂「大西洋主義」和「歐亞主義」的外交論爭。

1992 年 2 月，總統顧問史丹格維奇主張俄羅斯有其歷史與地緣政治的特異性，應採取重視東方國家的「歐亞主義」外交理念，否則只會淪爲西方國家的二等夥伴，所以應以不損及國家利益和獨特性的方式，自主地加入世界經濟體系㉗。俄羅斯最高會議國際問題委員會主席魯金亦支持此種看法，他主張現實主義外交，認爲無視西方國家間的對立與矛盾，一味親近西方的作法，將損及俄羅斯的國家利益。反對向歐洲一面倒的主張，強調對亞洲政策的重要性㉘。他認爲，俄羅斯位於先進的歐洲和發展中的亞洲之間，歐洲現在亟思以統合恢復力量，但亞洲是目前世界上最具發展潛力的地區，此點將給予俄羅斯極大的可能性，但亦存在被兩大區域挾制窒息的危險性。因此，魯金極爲重視遠東情勢，認爲此區域存在極大的危機，而關鍵就是能否避免與中國的衝突。由於俄羅斯對中國不再具備以往的經濟優勢，因此必須提出新的亞洲政策，加強對日、對中和對東南亞的關係。基本上，史丹格維奇和魯金則以俄羅斯地緣政治環境的變化爲基點，強調東西（甚至南方回教世界）均衡外交的必要性。

柯茲列夫亦提出反駁。他反對使大國俄羅斯弱化的作法，認

註㉗　岩下明裕，「ロシア外交の變容」，**ロシア研究**，第 19 號，1994 年 10 月，頁 24～29。

註㉘　"Russia's Foreign Policy Concept," *International Affairs*, 1993. 1, p. 16.

為主張「歐亞主義」的國會是國內舊勢力的復辟，要求與西方國家更進一步的接近，不只是人道救援和經濟援助，更須形成民主體制與全面經濟改革，創設新的經濟市場，確立俄羅斯在民主國家陣營的地位。世界經濟國際問題研究所所長波茲涅可夫同意俄羅斯應成為「普通大國」，但不必超越美國與法國，而只要擔任東西雙方文明的橋樑，於國際均勢中發展俄羅斯獨自的國家利益。

　　由於俄羅斯共和國最高會議主席哈茲布拉得夫（R. Hazbula-dev）認為前蘇聯諸國侵害居住當地的俄羅斯國民的人權，主張應優先處理與蘇聯諸國的關係，故而反對「大西洋主義」，導致俄羅斯國會與外交部的不睦，多次要求柯茲列夫下台[29]。當時支持柯茲列夫的副總理凱達爾主導急進改革路線，引發以國會為主的穩健改革派不滿，而批評急進改革路線者幾乎都主張「歐亞主義」，故而大肆批判大西洋主義外交。魯金出任駐美大使後，更是對柯茲列夫大加撻伐，使得此種外交政策的對立更隨著國內政爭而益形白熱化[30]。

三、外交路線的確立

　　由於外交論爭日益激烈，葉爾欽特別於 1992 年夏成立外交防衛政策評議會，以研擬俄羅斯的外交國防政策。此評議會雖是非政府組織，但由於其成員包括外交國防的有力人士和安保問題專家，因此實際上對政策的形成極具影響力。1992 年 8 月，評議會提出第一次報告書，要求改善俄羅斯對西方國家一面倒的外交[31]。

註[29]　Richard Sakwa, *Russian Politics and Society*, London, New York,1993, pp. 344～345.

註[30]　俄國外交部於 1991 年 2 月舉辦的外交問題會議中，柯茲列夫外長與史丹格維奇總統顧問的對立即是一例。

註[31]　中野潤三，「ロシア外交におけるアジアの比重」，**ロシア研究**，第 19 号，1994 年 10 月，頁 67。

其後，由於穩健改革派陸續進入政權中樞，使得柯茲列夫不得不加以讓步，俄羅斯即修正其對西方國家一面倒的外交政策，轉變為多角化的均衡外交。

1992 年 10 月，葉爾欽特別召集外交高層，明白指出俄羅斯的外交理念是「保持自主性，推動多角外交」，表示「俄羅斯的對外政策必須多角化，但以往並未努力展開對東方的外交活動」，準備開始強化對亞洲諸國的關係㉜。1993 年 1 月，俄國外交部印行「俄羅斯聯邦的外交理念」手冊中，強調居住於 CIS 各國的俄國人民的權利，保持以往與以美國為首的西方國家的協調關係，但同時也與彼等保持一定的距離。

1994 年 5 月 27 日，前述外交防衛政策評議會公佈「俄羅斯的戰略」報告書，進一步確立俄羅斯外交政策的原則。報告書中指出，為因應俄羅斯政經利益的分散及國力相對弱化的情勢，俄羅斯除放棄以往的世界革命政策之外，更有必要採取符合現有國力的政策。評議會的報告書中特別指出，俄羅斯必須修正對西方國家一面倒的外交，因為歐美國家並不理解俄羅斯在獨立家共同體 (CIS) 諸國的特殊利害關係，所以必須以強調自身利害關係的方式與他國交涉，採取與西方先進國家協調的獨立自主外交，即類似「戴高樂主義」的政策方針。評議會認為，以俄羅斯目前的國力而言，顯然不可能恢復超級強國的地位，而成為東方或西方的一份子，又將成為非核心的次要夥伴，因此俄羅斯只有採取「戴高樂主義」一途㉝。亦即，鼓舞國民的愛國情操，不參加否認俄羅斯對等地位的同盟或國際組織，以及強化與 CIS 各國的政

註㉜　參照，產経新聞對渥里斯基的專訪，**產経新聞**，1992 年 11 月 18 日。
註㉝　A. Pushkov, Building a New NATO at Russia's Expense, *Moscow News*, no. 39, 1993, p. 2.

治軍事同盟。

　　綜言之，俄羅斯在 1992～1995 年間對外政策的辯論焦點，即是對資本主義國家是否應採全面合作的立場，而最終結論是採取與其協調的方式，而在 1996～1998 年間實際上是朝雙方兼顧的方向進展，但基本方針是僅視美國為實利型的利益夥伴，將外交政策則從美國中心主義轉換為歐洲中心主義。然而，俄羅斯的政治、經濟、文化中心仍是在國土的歐洲部分，故其外交重點當然是西方與南方，而實際的對外政策操作亦復如此。因此，俄羅斯與烏克蘭簽訂友好合作夥伴條約，與白俄羅斯簽訂共同體形成條約或同盟條約，顯現俄羅斯的外交工作集中於與 CIS 各國的經濟、安全保障的再統合，但俄羅斯在兼顧其在舊蘇聯圈利益的同時，亦追求與西方國家的協調關係，從而先後與 NATO 簽訂「和平合作協定」、與 EU 簽訂「夥伴合作協定」等。

　　當然，亞太地區亦是俄羅斯的外交重點之一。值得注意的是，在「大西洋主義」邏輯下，亞太地區的西方國家指的就是日本，而「歐亞主義」在亞太地區的適用對象即是中國。對俄羅斯而言，與中日兩國發展合作關係，具有均衡東方外交與西方外交的重要性。如前所述，俄羅斯亦希望促進與日本的防衛交流，因此短期目標為藉此建立兩國間的信心建立措施，抹消日本對俄羅斯的不信任感，成為日本進一步援助俄羅斯的起點，長期目標則是藉此解決北方四島的領土問題，以對其自身安全保障有利的形式，構築東北亞的安全保障體制。同時，俄羅斯利用與北韓的條約關係，以巧妙地平衡外交，確保其對朝鮮半島的影響力，藉以獲得經濟利益。至於東南亞及南亞則為其有力的武器市場，俄羅斯透過武器輸出與共同生產，在該地域展開軍事商機。

肆、影響俄羅斯亞太政策的內外因素

　　與冷戰時期相同地，冷戰結束後影響俄羅斯亞太政策的最大因素仍是安全保障概念，但此一概念在 1990 年代後半發生決定性的變化。對俄羅斯而言，即使仍存在外部的威脅，但已非專指特定國家或特定集團，其安全保障的最大威脅並非是對外關係，反而是經濟危機和聯邦成員的分離主義等國內因素。然而，北約東擴、美日安保體制的重新評價與東協區域論壇（ARF）、亞太經合會（APEC）的成立等外部因素，使俄羅斯出現被排除於歐亞兩洲各自重整國際關係的框架之外的危機，俄羅斯必須設法進入這兩方的安全保障合作和國際經濟合作結構。以下即針對影響俄羅斯亞太政策的內外因素進行探討。

一、俄羅斯亞太政策的內部因素

　　如前所述，俄國當前最大的國家安全威脅有二：一是經濟危機，一是聯邦成員國對領土統一性及國家一致性的危害。1997 年12 月，葉爾欽發表的「國家安全保障概念」中提及：(一) 俄羅斯的國家利益為維持憲政體制，擁護主權與領土的一體性，追求政治、經濟與社會安定和發展國際合作。(二) 由於俄羅斯和主要國家的關係改變，目前已不存在遭受大規模侵略的威脅。(三) 俄羅斯目前的威脅不是軍事性的，而是經濟危機和聯邦成員分離獨立的國內因素㉞。

註㉞　上野俊彥「エリツイン，過渡期，政權の制度化過程」，**海外事情**，第四○號，1992 年 10 月，頁 21～36。

　　1999 年，葉爾欽重新檢討上述國家安全保障概念，並由代總統普丁於 2000 年 1 月發表，其主要內容爲：(一) 俄羅斯的國家利益爲經濟、內政、社會、國際關係、情報、軍事、國境及其他範疇的利益總和。(二)國家利益與憲政體制、主權與領土的一體性、政治經濟的安定，遵守法律與維持秩序，發展平等互惠的國際合作等有密不可分的關係。(三) 國家利益惟有仰賴經濟的發展才有可能實現。(四) 俄羅斯的威脅除經濟、社會等國內因素之外，國際關係亦存在潛在威脅[35]。除對國際關係的探討之外，二者均強調經濟因素在國家利益和安全保障上的重要性[36]。

(一) 經濟危機問題

　　1992 年以後，俄羅斯在政治上由一黨獨裁體制轉爲複數政黨的議會民主主義和總統制，在經濟上也由高度中央集權的計畫經濟，轉爲自由競爭爲原則的市場經濟。這種體制轉換的成本極高，再加上因貪污和黑道橫行，使得經濟難以確實發展[37]。

　　俄羅斯因面臨前所未有的經濟危機，因此在 1995～1998 年間事實上是處於 IMF 的管理之下。結果，通貨膨脹日益穩定，財政

註[35]　菊地茂雄「冷戰の終結とソ連・ロシア軍の脅威認識變化」，**新防衛論集**，第二十六卷第二號，1998 年 9 月，頁 112～122。

註[36]　正如俄羅斯國家安全會議書記盧卜金（I. Ruibukin）所言：「俄羅斯國家安全的保障不是依賴機關鎗，而是具競爭力的經濟。」。B. Bora, C. Findlay (eds.), Regional Integration and the Asia-Pacific, Melbourne, Oxford, Auckland, New York, Oxford University Press, 1996; A. Bergin (eds.), Asia-Pacific's Security Dilemma, London, ASEAN Academic Press, 1998, p. 2。

註[37]　在 1998 年，俄羅斯的工礦業生產約爲 1990 年的半數以下，加工業也急速萎縮。輕工業甚至減少 86 ％，多數企業不得不到不閉和破產。以往最大產業的機械工業也大幅減少 64 ％。ユーラシア研究所編，**情報總覽・現代のロシア**，大空社，1998 年，頁 613。

赤字改善，同時國營企業也民營化。私人銀行和証券交易所和正券公司也相繼成立，完成市場經濟運作的必要條件。然而，由於強力控制通貨供給量，使俄國陷入通貨緊縮、現金不足，使企業投資活動和生產活動隨之消沈。企業間信用不張，債務增加，稅務機關無法計算課稅金額，結果國家稅收大幅下跌，財政更難健全化。

同時，俄國在 IMF 建議下於 1995 年發行高利短期國債，使得新興財閥和金融產業競相集中資金購買國債，歐美各國投機資本也相繼擁入，使新生的俄國市場成爲金錢遊戲賭盤。結果，俄國財政赤字亦未因此改善，政府爲償還短期國債，只有再增發短期國債，結果陷入惡性循環，而無法中止此種政策「嗎啡」。此種情況下，俄國唯一收入只有來自 IMF 的借款，但此借款只夠償還先前的部分借款，無法投入恢復經濟的生產部門，反而是外債日益增加。

另一方面，俄國經濟因市場化而顯著國際化，對國際經濟動向反應敏感。1997 年夏天的東南亞經濟危機，使俄國金融市場大爲動搖。1998 年，短期外資開始逃離，而最重要的外貿商品——原油供格暴跌，導致同年 5 月匯市、股市和債券三重暴跌。IMF和先進工業國家雖提供緊急融資，但並無效果，俄國政府乃於 8月 17 日宣佈延後償還短期國債和停止支付民間對外債務。結果，外資流入停止，通貨膨脹再起，輸入大爲減少。

在此情形下，普丁上台後乃以政治和解換取西方國家的資金與技術，來建設強盛現代化的國家。現在俄羅斯已擁有穩定的政府、成長的經濟、平衡的預算以及低通貨膨脹，同時也簡化稅制和進行郊區土地交易自由化等措施。亞太地區是戰後世界經濟發展最爲快速，甚至美國的經濟重心亦逐漸自大西洋沿岸移自太平

洋沿岸。根據各種情勢顯示，亞太地區是廿一世紀世界發展的重心，此點使得國土橫亙歐亞兩洲但的俄羅斯也不得不對此地區加以重視。俄羅斯的課題是國內經濟改革，故而以貢獻國內經濟重建爲外交的第一任務，因此參與區域經濟以追求經濟利益，即與安全保障共同成爲國家的政策目標，此點爲俄羅斯亞太政策的主軸。

(二) 分離主義與區域主義

由於經濟危機與國力衰退，許多政治家及學者表示：爲了讓俄羅斯繼續在國際舞台扮演重要角色，俄國應該參與亞太國際合作組織，積極開發遠東及西伯利亞地區。其中尤以俄國學者阿巴拓夫 (A. Abatove) 爲最，他建議俄國利用西伯利亞及遠東的潛在力，達到成爲大國的目標[38]。

爲改善俄羅斯遠東地區的經濟，必須從強化遠東和中央政府關係及活化該區對外經濟活動兩方面著手[39]。基於上述目的，俄羅斯於 1996 年 4 月發布「俄羅斯遠東省札拜卡利(Zabaikalie)地區長期發展計劃」[40]。在該計劃中，俄羅斯擬定其遠東地區發展的

註[38]　涂照彥「APEC時代を迎えた『環日本海圈』」，小山洋司編，**APEC 時代への戰略**，所收（序章），有信堂，1996 年，頁 6～8。

註[39]　環日本海經濟研究所編，**ロシア極東ザバイカル地域長期発展プログラム**，大藏省印刷局，1997 年 9 月，頁 90～101。

註[40]　該計劃是東西伯利亞地區從 1996 年至 2010 年爲止的長期開發戰略。該計劃內容主要有以下三點：(1) 在戰略目標方面，藉由與亞太各國進行經濟合作的方式，將札拜卡利編爲世界經濟體系的一部分，不但可以改善當地經濟環境，也更能鞏固俄國在亞太地區的地位。(2) 在現狀認識方面，該區由於投資不足及距離中央政府太遠，使其經濟發展情況和亞太週邊國家存有極大落差，必須設法加以拉近。(3) 要促進俄羅斯遠東地區的發展，除需吸引外資積極到該地投資外，中央政府也要在法令規章或基礎設施上積極支援，否則該區經濟在短期內難以好轉。木村英亮、中村泰三，**最新 CIS 諸國がよくわかる本**，中經出版，2001 年，頁 168。

三階段戰略:第一階段(1996~2000)是脫離經濟危機,回復經濟
安定;第二階段(2001~2005)則是解決經濟結構改革後的問題;
第三階段(2006~2010)則是使其遠東地區擺脫只是出口原料的經
濟體質,建立多角化經濟體及強化地區自有資本㊶。若與蘇聯時
代將遠東及西伯利亞視為發展其他工業的原料提供基地,使其經
濟地位處於不平等的狀況相較,俄羅斯時代則認為西伯利亞及遠
東地區應該均衡發展各種產業,提高整體經濟水準㊷。此種重視
西伯利亞與遠東省份的作法,亦是源自其亞太觀的變化。

　　然而,加強遠東地區的發展亦有形成區域主義之虞,進而導
致此地區與亞太各國過度緊密,甚至出現分離獨立要求之虞。因
為西伯利亞及遠東地區在蘇聯時期並不存在有機及綜合性地區經
濟,而只是提供俄國其他地區工業生產時所需原料的供給地,頂
多只有將原料做低層次加工或是生產軍需產業。1990 年 6 月俄國
發表主權宣言,引發遠東地區不滿,即是在天然資源所有權及開
發權上和中央對立㊸。1992 年 12 月,於俄國外交部舉辦的外交政
策檢討會中,已有學者指出俄國遠東及西伯利亞地區有離開俄國
聯邦中央政府而和亞太地區整合的趨勢㊹。

　　2000 年 7 月 20 日,普丁在海蘭泡舉行的一項會議中警告說,
俄國如再不改善遠東地區的經濟情況,該領土恐將落入日本、中

註㊶　同上,頁 10~13。
註㊷　俄羅斯國會議員兼經濟學家葛蘭貝克,在戈巴契夫政權成立之初即主張在
　　　西伯利亞及遠東地區設立加工出口區,將該地出產原料透過加工而非單純
　　　出口的方式創造更具附加價值的產品。請參照以下網址:http://src-h.slav.ho-
　　　kudai.ac.jp/politics/ka/ku5.html#709。
註㊸　兵頭慎治「ロシア極東地域主義」,**ロシア東欧学会年報**,第 24 號(1995
　　　年版),頁 126~133。
註㊹　"What Foreign Policy Russia Should Pursue (a Forum)," *International Affairs*,
　　　1993.2. pp. 14~16。

國大陸和韓國之手。普丁認為俄羅斯必須提出明確且實際的計畫，以刺激地方經濟，如不採取實際發展行動，未來十幾年內，居住在此的俄羅斯人將以日文、中文和韓文為主要語言。許多拖垮俄國其他地區經濟的問題長期困擾著遠東地區，包括產品缺乏競爭力、官僚體制封閉、組織犯罪猖獗和腐敗的關稅體系。天寒地廣阻礙俄羅斯經濟發展，遠東地區沒有因珍貴的天然資源而受益，反而為日本和中國帶來豐厚的收入。邊境貿易造成該地區日益傾向周邊國家，而偏離俄羅斯中央政府。

　　另一方面，分離主義的發生亦與俄國聯邦制的特色及問題有關。1993 年 12 月制定的俄國聯邦憲法第五條規定：(1) 俄羅斯聯邦由和俄羅斯聯邦具同等權力的共和國、地方、州和市、自治州及自治區所構成。(2) 共和國可獨立制定憲法及法令。其他地方、州及市、自治州及自治區亦可獨立制定憲章及法令。(3) 俄羅斯聯邦在進行國家權力體系統合時，政府機構和俄羅斯聯邦構成體之政府機構間的管轄事項及權限區分，必須以各民族同權及自治為基礎。(4) 俄羅斯聯邦的政府機構和俄羅斯聯邦構成體具有相同政治權力⑤。

　　在第 72 條第 1 項第 14 款針對聯邦和聯邦共同管轄事項的規定中，聯邦構成主體的外交關係及對外經濟關係必須在履行俄羅斯聯邦的國際條約下進行。因此，聯邦構成主體要以和種形式進行對外關係，在俄羅斯外交政策來說是極重要的問題。雖然憲法內容強調共和國、地方、州及市、自治州及自治區的地位平等，但在同年 3 月制定的聯邦政府機構和各聯邦構成主體的權限區分條約卻規定：第一級是共和國，第二級是地方、州、具聯邦意義

註⑤　前揭，**情報総覧・現代のロシア**，頁 628。

的市，第三級是自治州及自治區。由於聯邦構成體間彼此地位不
平等，造成政治現狀和憲法的乖離，而這種乖離也使得聯邦和聯
邦構成主體間所締結的權限區分條約受到政治力的左右。易言
之，由於條約內容若對層級較高的構成體有利，因此除造成分離
主義的興起之外，也有可能使俄羅斯聯邦體制崩潰⑯。

然而，莫斯科大學教授安德利諾夫基於三點理由認爲遠東地
區不可能成立遠東共和國：(A)遠東地區包含一共和國、兩地方、
四個州及一個自治州，各地利害關係對立，無法合作；(B) 遠東
地區缺乏支持成立「共和國」構想的社會力量；(C) 遠東地區能
十分依賴俄國中央⑰。葛蘭貝克⑱亦表示俄國的區域主義將是一個
毫無退路的潮流，但這種運作模式並非分離主義。葛蘭貝克所謂
的區域主義是地區爲建立市場經濟及照顧居民利益而進行的經濟
運作模式，俄國反而可藉由推動區域主義助長市場經濟利益方式
促進國家整合。此外，經濟學者阿巴左夫及歷史學者雅可布列夫
也建議俄國中央政府多關注遠東地區的經濟發展及地區經濟，如
此有助於中央政府在統合遠東地區政策⑲。

無論如何，未來俄國如何將 APEC 加盟和「長期發展計劃」
做一結合，如何處理聯邦政府及聯邦構成主體間的關係及聯邦構

註⑯ 參照上野俊彦「ロシアの『聯邦制』－中央‧地方関係の政治力学」，木
　　村雅昭等編，国家と民族を問い直す，ミネルバー書房，1999 年，頁
　　83～116。

註⑰ 小澤治子，ロシアの對外政策とアジア太平洋，有信堂，2000 年，頁
　　198～206。

註⑱ 葛蘭貝克於 1960 年起在經濟研究所工作，69 年取得經濟學博士。歷任經
　　濟研究所副所長、所長。1992 年 8 月 8 日至 1993 年 12 月 17 日爲葉爾欽總
　　統任命之獨立國協 (CIS) 經濟顧問。參照馮玉軍，俄羅斯外交決策機制，
　　時事出版社，2002 年，頁 171。

註⑲ 涂照彥，前揭書，頁 7～9。

成主體間的上下關係，將是俄國未來最重要的課題之一。

二、俄羅斯亞太政策的外部因素

如前所述，由於北約東擴、美日安保體制的重新評價與東協區域論壇（ARF）、亞太經合會（APEC）相繼出現，使得俄羅斯擔心被排除於歐亞兩洲各自國際關係重整的框架之外，也就是無法進入這兩方的安全保障合作和國際經濟合作結構。此點當然會影響其亞太政策的擬定。

（一）北約（NATO）東擴

俄羅斯對北約東擴的外交政策，尤其是俄羅斯和北約在 1997 年 5 月簽署基本文件後，是否會對其亞太政策造成影響？北約東擴對俄羅斯亞太政策或東亞關係的影響，主要包括兩個層面的問題：第一、俄羅斯在北約東擴後如何調整俄日及俄中關係？俄羅斯和這兩國的關係不僅在俄羅斯的亞太政策中佔有極重要地位，俄羅斯的亞太政策亦和北約東擴相同，必須放在俄羅斯的全球政策中做一檢討。第二、俄羅斯和朝鮮半島及東協 (ASEAN) 的關係，在亞太政策中亦佔有極重要的地位，至少須保持參與多邊會議的角色。

首先，北約的東擴過程曾使俄羅斯備感威脅，從而影響到俄羅斯的亞太政策及其與亞太各國的關係。1997 年 5 月以後，俄羅斯在北約及加盟共和國間的外交關係上達成具體結果：首先是俄羅斯和北約簽署基本文件，事實上承認波蘭、匈牙利和捷克加入 NATO，北約和俄羅斯再也不存在敵對關係；而俄羅斯亦與舊蘇聯成員國（如白俄羅斯及烏克蘭）簽署友好協定。1999 年 3 月，

NATO 空襲科索沃，使俄國與 NATO 關係一度陷入低潮，但雙方在 1999 年 9 月以後即開始修復關係㊿。今後雖可能與西方國家有利害對立或國家利益衝突，但只要維持雙方的協調關係，即不可能重蹈冷戰時期的覆轍。

然而，北約對俄羅斯而言雖已不是威脅，但並非完全承認北約的做法。因此，葉爾欽總統於 1998 年新春談話中提到：「俄羅斯很難接受北約中心主義的概念，但俄羅斯只能在不和北約做對的情況下，反對北約東擴的計劃」51。換言之，俄國雖認為北約本身已無軍事威脅，但深知EC和北約均不會視其為平等的夥伴，因此在西方世界中難逃孤立的命運。但是，俄羅斯也不能選擇世界上發展最快的亞太地區為目標，因為採取「東方政策」短期內尚難獲得重大利益，且亞洲即使也像歐洲般完成統合，俄羅斯可能也極難參加，因為亞洲各國視俄羅斯為遙遠的歐洲國家，而目前俄羅斯的經濟重心仍在歐洲部分，急遽採取東方政策並不符合俄羅斯的國家利益。同時，俄羅斯與東亞各國尚有領土問題等許多未能解決的障礙。

然而，此點並非表示俄羅斯對拓展亞太各國關係沒有興趣。事實上，俄羅斯不斷改善其和東亞各國間的關係，而俄羅斯的領導階層亦再三表示願意參與亞太地區的經濟合作體制52。只是事有輕重緩急，俄羅斯當時正忙於解決北約東擴的問題，以及調整

註㊿　此乃因魯金和參謀總長柯瓦希寧（A. Kovasinin）認為俄羅斯除與NATO合作之外已別無選擇。岩下明裕「中露『戰略的パートナーシップ』と國境交涉」，伊東孝之‧林忠行編，**ポスト冷戰時代のロシア外交**，第 4 章，有信堂，1999 年，頁 149。

註51　**世界週報**，1998 年 1 月 2 日，頁 25。

註52　Mikhail G. Nossov, *Ibid.*, pp. 256～267.

其與 CIS 諸國的關係，迫使俄羅斯須先處理迫在眉梢的課題，須待情勢安定後再加強和亞太國家的關係。在這種情況下，未來俄羅斯對外政策的優先順位中，即出現提昇東亞重要性的可能性與必要性⑬。

(二) 美日安保體制

冷戰時期，美國藉由和敵視中、蘇兩國的亞太其他國家締結安保條約的方式，建構其獨自的亞太安保體系，因此美日安保體制是圍堵蘇聯的深溝高壘。同時，日俄間由於存有北方四島的領土問題，加上俄羅斯在 1990 年代熱中改善俄中關係，因此日俄關係雖在 1990 年代初期有所改善跡象，但不久即觸礁而停滯不前，直到 1997 年時俄國希望強化對日經濟交流的影響下才漸露曙光。

俄國若欲提昇與亞太各國的關係，首先即須克服美日安保問題。1992 年 3 月，在日俄外長定期會談中，柯茲列夫也表示美日安保體制與其說是俄羅斯的威脅，不如說是維持亞太安定的力量⑭。俄羅斯的媒體對日美安保體制基本上持肯定的態度，而軍方或國防部有關人士亦未積極對其做出反駁。俄羅斯軍方甚至有人認為，為調停朝鮮半島的軍事對立，中俄兩國應該加入美日安保，共同建立一個新的東北亞安保機制⑮。

註⑬　然而，俄羅斯接近東亞並非用以對抗 NATO 的東擴，而是慮及與 NATO 關係的協調過程中存在許多必須解決的問題，從而使俄羅斯對於毫無敵對因素的亞太地區提高關心度。小澤治子，前揭書，頁 207。

註⑭　Gennady Chufrin ed. *Conference on Russia and Asia-Pacific Security* (1999：Tokyo), Stockholm：SIPRI, 1999, p. 166.

註⑮　*Ibid.*, pp. 171～173.

　　隨著蘇聯的崩解，美日安保條約的共同敵人消失，美日兩國的安保體制勢必有所調整，且爲因應冷戰結束，日本國內亦興起全面修改安保政策之議。自 1994 年起，日本政府開始修改「防衛計劃大綱」，並於 1995 年 11 月通過「新防衛計劃大綱」。1996 年 4 月日美舉行領袖會談，共同發表日美安保宣言，主張「作爲兩國安保基礎的美日安保條約，爲達成兩國邁向 21 世紀共同的安保目標，在確保亞太地區持續安定繁榮的前提下，應予以繼續維持。」

　　基於上述理念，美日兩國持續修正各自的安保政策，終於在 1997 年 9 月發表「美日防衛合作指針」（又稱新指針）。若與舊指針僅停留在美日合作共同研究軍事防衛相較，新指針已從合作研究進展到擬定具體共同行動計劃。冷戰結束後的美日安保體制有以下三大特色：(1) 儘管共同敵人蘇聯消失，日美兩國認爲在安保方面尚有合作必要，(2) 日美合作中日本扮演的角色日益重要，(3) 指針內容從原本研究合作階段進展到有具體行動計劃，範圍也從「日本有事」擴大到「週邊有事」。

　　基本上，俄國政府對日美加強安保關係態度溫和。1997 年 5 月，日本防衛廳長官久間章生和訪日的俄國國防部長洛基歐洛夫舉行會談，席間久間針對「日美安保宣言」及「新指針」在修正後未針對特定國一事做說明，洛基歐洛夫也表示「俄國歡迎日美兩國間密切合作」㊿，使得日俄兩國在此次會談中達成以日美安保爲基礎創設新亞太安保體系的共識㊐。由於此種美日安保的改變㊑，使得俄國認爲必須和日美兩國在安保議題上的積極交流，

註㊿　**日本經濟新聞**，1997 年 5 月 18 日

註㊐　**朝日新聞**，1997 年 5 月 18 日。

註㊑　齊藤元秀「日米安保條約改定とソ連の對日政策」，**法學研究**（慶應義塾大學法學研究會編）第五十三卷第五號，1980 年 5 月，頁 82。

才有助於穩定亞太地區的國際關係⑤。

(三) 東協區域論壇（ARF）

與歐洲明顯不同的是，亞太地區的人口、宗教、民族組成、政治制度、安全保障觀點等都差異極大，因此在冷戰結束歐洲地區的安全體系出現相當正面的改變時，亞太地區仍如以往存在勢力強大的軍事對立，若干國家還擁有核武。因此，確保區域安全的多邊對話機制（如東南亞國協區域論壇）極為重要。

冷戰結束對亞太地區國際關係最大的影響就是東南亞國協（ASEAN）的定位問題。東南亞國協原是越戰時為對抗共產勢力在東南亞擴大的國際組織，如今俄國的威脅已不復存在，因此勢必要重新調整組織性質。由於越南、緬甸、寮國及高棉先後加入東協⑥，使東南亞各國開始思考另外建立區域性安保架構，東協區域論壇(ARF)就是在這種想法下應運而生。

自1994年召開ARF第一次會議起，參與國除東協各國之外，也陸續加入美國、澳洲、中國及俄羅斯，成為亞太地區主要的安保對話體制。對美國在亞太地區的安保政策而言，此一體制使其

註⑤　1997年10月9日，俄國國防部的新聞報「紅星」登出一篇標題為「日美及美國－舊同盟新內容」的社論，對新指針提出批判。內容有以下幾點：(1) 日美兩國同意當日本週邊發生非常事態時共同進行軍事作戰行動，但指針內卻未對日本週邊區域範圍和非常事態的具體內容做出明確定義。(2) 日本在美國的請求下可在自國領海或公海進行掃雷工作，而日本在非常事態發生時，美國軍隊可自由利用日本國內的機場及港口。另外，俄國駐日大使館參事伊凡諾夫亦表示，日美安保條約只是權利平衡過程下的產物，亦只是維持地區安定的其中一個機制。小澤治子「ロシア聯邦の對日政策―ゴルバチョフからエリツインへ――」，**外交時報**，一二八八號，1992年5月，頁36～37。

註⑥　越南於1995年7月、緬甸及寮國於1997年7月、高棉於1999年4月加入東協。

從過去兩國間的軍事合作條約（如美台、美韓、美日及美菲）轉變成參與建構亞太地區多國間安保體制。

俄羅斯對此地區早有重視，1969 年 6 月布里茲涅夫即曾提倡在亞洲設立集團安保的構想。當時蘇聯政府打算在亞太另組一個安保集團，以削弱美國及中國在亞太的影響力，但因亞洲國家不支持而胎死腹中。但在戈巴契夫當政時，蘇聯已轉向以參與及建構多國間安保組織取代過往思維。

1990 年 7 月，中國及蘇聯外長首次以來賓身分參與東協外長會議，自此起蘇聯就盡力改善其和東協間關係。葉爾欽在 1992 年首次訪問亞洲國家之行時，即於韓國國會發表演說提到在亞太地區建構集團安保組織的必要。1994 年 12 月，俄羅斯更發表「關於亞太地區安全保障的各原則及東協區域論壇宣言」，主張在亞太地區成立多國安保機制⑩。1996 年 7 月的第三屆會議起，俄國以 ARF 的正式會員身份與會，俄國外長布列馬可夫表示，俄羅斯和東協各國間沒有意識形態對立，如此不僅可以加強雙邊關係，俄羅斯還可以在新的安保體系下發揮重要功能。

然而，俄羅斯是否能在亞太安保體系中發揮重要功能令人質疑，理由是俄羅斯在亞太安保體系的功能有所自制。冷戰結束後，俄羅斯只怕在國際新秩序重編時將俄國遺忘，並未顯出積極參與國際事務的意圖，因此只要加入東協區域論壇即以此為滿足，並不想在東協區域論壇扮演積極的角色。其次，東協區域論壇本身目前尚無法單獨成為亞洲地區的安保機制，因為論壇的成員國間存在不少矛盾(如中美之間在軍事見解上的矛盾)，

因此無法對成員國實行任何強制性措施。在此種情形下，一旦發
生國際間的突發事件，東協區域論壇並無法發揮立即有效的實際
功能㉒。

(四) 亞太經濟合作會議（APEC）

對於 20 世紀後期（1990 年代後半）的俄國而言，如何參與
亞太國際經濟合作體制及開發俄羅斯遠東地區是兩個重要課題，
而俄羅斯政府亦希望透過參與亞太國際組織的方式來開發俄國遠
東。亞太經濟合作會議（APEC）於 1998 年通過俄羅斯的入會
案㉓，此距葉爾欽總統 1992 年訪韓時頭次表明願意加入 APEC 有
6 年之久。俄羅斯加入 APEC 之所以如此曠日費時，一方面是因
爲亞太各國尚不太能接受俄羅斯取代蘇聯的事實；另一方面，俄
羅斯當時對外政策的優先順序是舊蘇聯圈各共和國、西方國家，
其次才是亞太地區，這個原因造成俄羅斯和亞太國家的關係未能
積極推進。

然而，俄國正式加入 APEC 即顯示其在這方面轉趨積極，開
始企圖處理參與亞太國際組織及開發遠東兩個課題。就俄羅斯的
立場而言，加入 APEC 具有經濟及政治兩方面的意義。就對經濟
的正面意義而言，加入 APEC 可藉由降低或廢除關稅，替俄國產
品在亞洲市場的出口帶來優勢。另一方面，俄國也必須開放自國
市場讓其他亞洲國家商品進口，其結果將使得俄國產品得以和外

註㉒　川上高司「米国のアジア政策とARF」，**海外事情**，第 46 卷第 9 號，1996
　　　年，頁 73〜74。
註㉓　1997 年 11 月，亞太經合會 (APEC) 非正式領袖會議通過自翌年起俄羅斯成
　　　爲新會員國。APEC 在俄羅斯參加後，在政治上的任務相形重要，也成爲
　　　亞太安保問題上的重要組織。

國產品進行競爭，強化及改善俄國的經濟結構⑭。但另一方面，加入 APEC 對俄國經濟帶來的衝擊可能遠比不加入爲大，而加入 APEC 後也會使俄國日後要參加其他經濟圈時面臨困難。在政治方面，俄國參加 APEC 則意謂俄國在處理亞太問題上，將可和美、日、中等國具有同等國際地位，此點的意義十分重大。

伍、結　語

亞洲太平洋地區擁有全球最大的洋面、最多的人口，亦是廿世紀經貿發展最具有傳奇性的區域。早在距今百多年前（1898年），以主張對華門戶開放政策而著名的美國國務卿海約翰(John Hay)，即曾毫不諱言地指出：「地中海是過去的大洋，大西洋是目前的大洋，而太平洋則是未來的大洋。」⑥，一語道出太平洋在人類未來文明發展上的重要性。日本著名的經濟學家德山二郎（前日本野村總合研究所副所長）亦針對此點著書立論，舉出許多歷史學家、生態學家、政治學家及經濟學家的預估，認爲廿一世紀的世界文明與經濟重心，將由大西洋轉移至太平洋⑥。美國夏威夷大學海洋研究所的顧瑞文 (John P. Graven) 教授，更以海洋學家的立場，於「熱帶海洋：新世界」（Tropical Oceania: The Newest World）一書中，明列太平洋時代熱必來臨的理由，強調世界重心移至太平洋地區乃是必然的趨勢⑥。

註⑭　森本敏「アジア・太平洋地域における安全保障と地域的枠組み」，**新防衛論集**，第二十五卷第三號，1997 年 12 月，頁 26。
註⑤　John Hay ed., Boundaries in China, *Reaktion Books*, 1994, p. 7.
註⑥　德山二郎，ニクソンの外交・経済政策：アメリカの新路線を探る，ダイヤモンド社，1969 年，頁 86～87。
註⑥　John P. Graven, *Tropical Oceania: The Newest World*, Hawaii University Press, 1976, pp. 4～6.

　　由於俄羅斯的政治、經濟、文化中心仍是在國土的歐洲部分，故其外交重點當然是西方與南方，因此其外交優先順位為與舊蘇聯各國的關係、與七大工業國（G7）的關係、與歐洲各國的關係，最後才是與亞太各國的關係。然而，證諸世界經濟發展的現勢，戰後經濟快速發展的國家或地區（如日本、香港、韓國、臺灣及新加坡等）確實均位於太平洋地區⑱，甚至連位處島嶼型大陸的美國，其經濟重心亦逐漸自大西洋沿岸移自太平洋沿岸⑲，特別是自 1980 年以降，美國的太平洋貿易即凌駕其對大西洋的貿易，此點更是頗具意義的指標。根據各種情勢顯示，太平洋地區不僅將成為廿一世紀世界發展的重心，甚至是人類未來希望之所繫。此點使得國土橫亙歐亞兩洲但政治以歐陸為重心的俄羅斯也不得不對此地區加以重視。

　　如前所述，俄羅斯對資本主義的評價和安全保障概念的轉變，導致其亞太政策大幅調整。由於俄羅斯選擇民主主義與市場經濟道路，使其於 1992 年末起發生「大西洋主義」和「歐亞大陸主義」的外交論爭，使其修正對西方國家一面倒的外交，但 1996～1998 年間實際上是朝雙方兼顧的方向進展。其後，由於經濟危機、北約東擴、美日安保重新定位和東協區域論壇成立等內外因素，使其採取以強調自身利害關係而與西方先進國家協調的

註⑱　亞洲地區成為世界經濟發展的重心，例如 1987 年全球出口中，日本占 9.9％，亞洲新興工業國占 7.5％，A SEAN占 2.1％，合計約占全球的 20％，此和 1965 年時只占 9.9％相比，可說已有極大變化。渡邊昭夫、緒田原涓一編，**國際政治經濟論**，有斐閣，1988 年，頁 7～13。
註⑲　此點可以從 1980 年代後期美日發生的貿易摩擦，日本在美國的企業購併及美國積極參與亞洲經濟合作會議（APEC）看出。Stephen Gill and David Law, *The Global Political Economy: Perspectives, Problems. and Policies*, Harvester Wheatsheaf, 1988, pp. 191～203.

獨立自主外交,即類似「戴高樂主義」的政策方針。這是因爲俄羅斯認知以目前的國力而言,顯然不可能恢復超級強國的地位,而成爲東方或西方的一份子,又將成爲非核心的次要夥伴,因此俄羅斯只有採取鼓舞國民的愛國情操,不參加否認俄羅斯對等地位的同盟或國際組織,以及強化與 CIS 各國的政治軍事同盟等政策。

然則,此點並不意味著俄羅斯的外交輕視亞洲。對俄羅斯而言,與中國發展合作關係,具有均衡東方外交與西方外交的重要性。如前所述,俄羅斯亦希望促進與日本的防衛交流,因此短期目標爲藉此建立兩國間的信心建立措施,抹消日本對俄羅斯的不信任感,成爲日本進一步援助俄羅斯的起點,長期目標則是藉此解決北方四島的領土問題,以對其自身安全保障有利的形式,構築東北亞的安全保障體制。俄羅斯利用與北韓的條約關係,以巧妙地平衡外交,確保其對朝鮮半島的影響力,藉以獲得經濟利益。至於東南亞及南亞則爲其有力的武器市場,俄羅斯透過武器輸出與共同生產,在該地域展開軍事商機。未來俄羅斯對外政策的優先順位中,極有必要及可能提昇東亞的重要性。

俄羅斯以歐亞國家的地緣政治優勢,視自身的外交爲「大國外交」。無庸贅言地,此種自我意識與俄羅斯在亞洲所占的地位有些許落差。俄羅斯在亞太地區發揮影響力的手段,僅限於政治與軍事的籌碼,目前仍無法成爲亞太經濟統合體制的一員。然而,俄羅斯係以重建國內經濟爲其最高目標,必然會重視充滿經濟活力的亞洲。可以預見地,俄羅斯高層爲取得經濟成果,必將努力確保在亞太地區的政治影響力,同時致力於參加此地區的經濟統合。

＊　　　　＊　　　　＊

21 世紀初澳洲的國家利益分析

丁 永 康

國立政治大學國際關係研究中心第二研究所副研究員

壹、前　言

　　澳洲作爲一個大洋洲國家，傳統上與亞太地區國家的聯繫並不密切。由於其獨特的地緣位置、歷史文化背景及人文景觀，她的國家屬性自我定位爲屬於西方國家，卻遠離西方權力中心。從全球觀點而言，她自視爲是一個與世界強權(以前是英國，現在是美國與日本)有密切關係的「中等權力」(middle powers) 國家①；同時也是南太平洋地區的強權②。

　　一般而言，澳洲的國際關係是比較務實，重視相互依存與多邊體系，而不重視意識形態。因此，澳洲外交政策向來都是採取聯盟取向。而她的態度由過去的被動受邀，轉爲主動的倡議來建立聯盟。傳統上，從英國 1788 年開始殖民澳洲，到澳洲成爲獨立國家 (1901 年)、以至第二次大戰爆發，澳洲都依附在大英帝國外

註①　Gareth Evans and Bruce Grant, *Australia's Foreign Relations: In the World of the 1990s* (Carlton, Victoria: Melbourne University Press, 1991), p. 121～122.

註②　J. P. Schlegel, SJ, "Patterns of Diplomacy: Canada and Australia in the Third World," *The Australian Journal of Politics and History*, Vol. 30, No. 1 (1984), pp. 7～18.

交政策的光環之中③。戰後，澳洲的外交政策是跟隨著美國的外交取向。直到惠特藍政府(Whitlam Government, 1972年～1975年)上台，才採取比較獨立的外交政策，開始向亞洲轉向；但轉向的速度與幅度都不大④。

　　冷戰結束後，亞太地區戰略格局發生重大變化，美蘇兩超在該地區對峙的局面消失。澳洲不再擔心作為美國緊密盟友而隨時遭受蘇聯核打擊的危險。在這期間，澳洲經歷了工黨和聯盟黨兩屆政府。事實上，澳洲政府在90年代期間就發生了兩件相互關連議題的辯論，一是憲政制度的改革—「廢君主、建共和」的爭辯；二是在國際政治經濟的定位爭辯—「亞洲第一，還是亞洲唯一？」。本論文將從下列幾方面來探討跨世紀初澳洲的國家利益：一、澳洲國家利益的辯論與發展；二、工黨政府對國家利益評估；三、聯盟黨霍華德政府對國家利益評估；四、21世紀澳洲國家安全利益；五、結論。

貳、澳洲國家利益的辯論與發展

　　在後冷戰國際關係的發展是大國間的國際關係是以對話代替對抗、軍事安全與經濟安全議題同等重要、地緣經濟與地緣政治並重、經濟區域化與全球化同時演進、科技及網路資訊日新月異、大大地縮小了地球的時空距離。過去澳洲深受「距離暴君」(tynany of distance)之苦因而得以改善。此外，美國學者杭廷頓(Samuel P. Huntington) 認為90年代爆發了全球「認同危機」(identity crisis)，幾乎我們所見的每個地方的人民都在問：「我們是誰？」

註③　Gareth Evans and Bruce Gran, *op. cit.*, pp. 16～21.

註④　*Ibid.*, p. 25～27.

「我們屬於哪裡？」以及問「我們站在那一邊？」每個國家都在找尋歸類⑤。杭廷頓認為澳洲是一個典型的例子，並擔心澳洲脫離西方，歸入亞洲。一個國家領導人可依軍事與經濟安全利益、均勢的評估，以及他們的意識形態偏好來作一個文明選擇。文明認同是決定一個國家敵友的核心要素，一個國家雖然可以避免冷戰的結盟，卻不能沒有認同。

　　國家利益一直是研究國際政治、分析各國外交政策常用的概念。冷戰結束後，全球各國政府與學術界都在為重新界定國家利益而辯論。無論是世界超級強權的美國⑥，第三世界與社會主義強權的「中華人民共和國」⑦，中等強權的澳洲都不例外⑧。澳洲政府的政策是透過每三年一次的定期選舉，來反映當時政治精英與人民對國家利益的看法。經由選舉造成政黨更替，可能導致對國家利益看法的不同，同時會導致前後任政府政策的持續與變遷的爭論。每個國家的具體國家利益都不是永久的，會隨著國內外環境的變化而變化⑨。

註⑤　Samuel P. Huntington, *The Clash of Civilizations and the Remaking of World Order* (New York: Simon & Schuster, 1996), p. 126.

註⑥　參考 Samuel P. Huntington, "The Erosion of American National Interests," *Foreign Affairs*, Vol. 76, No. 5 (Sep./Oct. 1997), pp. 28~49.

註⑦　參考閻學通，**中國國家利益分析**（天津：天津人民出版社，1996 年）。

註⑧　工黨政府的國家利益參考 Gareth Evans and Bruce Grant, *Australia's Foreign Relations: in the World of the 1990s* (Carlton, Victoria: Melbourne University Press, 1995); 聯盟黨的國家家利益參考 The Department of Foreign Affairs and Trade, *In the National Interest: Australia's Foreign and Trade Policy* (Canberra: The Department of Foreign Affairs and Trade, 1997); *White Paper on Foreign Affairs & Trade: Advancing the National Interest*, Minister For Trade, 12 February 2003, http://www.dfat.gov.au/ani/index.html

註⑨　參考 Fred A. Sondermann, "The Concept of The National Interest," *ORBIS*, Vol. 21, No. 1 (Spring 1977), pp. 121~138; Robert O. Keohane and Joseph S. Nye, *Power and Interdependence* (Boston: Little, Brown, 1989), pp. 264~265.

　　一國的國家利益的範圍和界限應當是什麼？按理一國的國家利益應當與其實力成正比。澳洲是一個中等強國，但吾人認為澳洲企圖在 90 年代以來謀求在亞太地區擁有更多「自然影響區」(natural zone of influence) ⑩。這個概念是以「成本一收益」(bene-fit-cost) 為標準，認為每個國家都在外交、軍事、經濟、文化或政策，尋求對其他國家一定程度上的影響力。影響的獲得是要付出代價的，且距離越遠，邊際成本越高。每個國家周圍都有一定的自然影響範圍，其界線在影響的邊際成本和邊際收益的均衡點。任何國家超出自然範圍，擴展自己的影響，成本會大大超過收益。吾人認為澳洲在南太平洋地區擁有極大的影響力，但她企圖將影響力往東南亞地區延伸，往往會造成批評與衝突，是否有些高估自己的實力呢⑪？

　　外交是內政的延長，1996 年 3 月 2 日，澳洲大選的結果，自由黨與國家黨聯盟贏得壓倒性的勝利，取代已執政 13 年的工黨⑫。在議會 148 個席位中，自由黨與國家黨聯盟獲得 90 個席位，而工黨祇獲獲得 46 個席位。聯盟政黨在競選期間推出「一項有信心的澳洲聯盟外交事務政策」(A Confident Australia Coalition Foreign Affairs Policy)，聲稱其外交政策的核心是以更集中的、務實的、現實主義的及有原則的態度，來追求、保護並促進澳洲的國家利

註⑩　這個「自然影響區」概念是由美國麻州大學經濟學教授謝波德 (Willialn Sheperd) 所提出的概念。William G. Sheperd, "Self-Interest and National Security," *The American Economic Review*, (May 1988), pp. 50～54.

註⑪　Gerald Segal, "Australia seeks to forge a new regional balance of power," *International Herald Tribune*, June 11, 1996, p. 8.

註⑫　Rawdon Dalrymple, "Perspective on Australian Foreign Policy 1996," *Australian Journal of International Affairs*, Vol. 51, No. 2,(July 1997), p. 243.

益⑬。工黨基廷政府的外交貿易部長在其著作「澳洲外交政策：
90 年代的世界」(Australia's Foreign Relations: In the World of the
1990s) 一書中也倡議追求澳洲的國家利益⑭。隨著澳洲政府的改
組，吾人列舉五項指標作為分析比較澳洲工黨政府與聯盟黨政府
對國家利益的同異：(1) 國家定位、(2) 經濟利益、(3) 政治體制、
(4) 軍事安全、(5) 價值觀⑮

參、工黨政府對國家利益評估

　　工黨政府執政正好跨越冷戰的結束，國際政治經濟的結構開
始重新建構，地緣經濟與地緣政治並重。90 年代初，工黨的基廷
政府外交貿易部長艾文斯 (Gareth Evans) 在一篇探討「澳洲外交
政策：在變遷世界中的優先秩序」(Australian Foreign Policy: Pri-
orities in A Changing World) 的文章中指出，澳洲的外交決策過程
的基本考慮因素有三：(1) 精確地辨認可感知的國家利益，如地緣
政治與經濟利益、被視為優良國際公民等等。(2) 評估追求這些
利益的有利時機，不僅考慮調動有關的國家資產——經濟、政
治、與軍事或其他任何資產；而且還考慮國內外的制約因素。

註⑬　參考 "A Confident Australia Coalition Foreign Affairs Policy," p. 1. http:www.
　　　liberal.og.au/policy/foreign.
註⑭　參考 Gareth Evans and Bruce Grant, *Australia's Foreign Relations: In the World
　　　of the 1990s* (Victoria: Melbourne University Press, 1995), pp. 33～35.
註⑮　參考 Gareth Evans and Bruce Grant, *Australia's Foreign Relations: in the World
　　　of the 1990s* (Carlton, Victoria: Melbourne University Press, 1995), p. 32～43;
　　　Department of Foreign Affairs and Trade, *In the National Interest: Australia's
　　　Foreign and Trade Policy,*White Paper (Canberra: Department of Foreign Affairs
　　　and Trade, 1997), pp. 1～14; Samuel P. Huntington, *The Clash of Civilizations
　　　and the Remaking of World Order* (New York: Simon & Schuster, 1996).

(3) 戰略設計與管理，決定國家利益的優先秩序以及達成它們的現實機會⑯。對澳洲而言，一方面在獨立自主的外交政策前提下，支持美國的世界新秩序；同時發展地緣經濟的先機，脫歐歸亞，向南太平洋地區、東南亞與東北亞發展睦鄰政策與強化經濟的競爭力。所以澳洲率先倡議成立「亞太經濟合作會議」(Aisa-Pacific Economic Cooperation,簡稱 APEC)。

一、面向亞洲的國家定位

(一) 定為亞太國家 (an Asia Pacific Nation)。澳洲夾在亞洲與歐洲這兩大洲的文明與經濟中，角色很尷尬。自工黨執政以來，積極地介入亞太事務，一股「亞洲熱」在澳洲興起，澳洲開始在檢討她在亞太地區的定位問題。誠如外貿部長伊文斯於 1991 年 7 月在吉隆坡演講指出，未來幾年主導澳洲外交關係的問題是「我們是否要永遠被視為歐洲人的屯墾區，一種文化誤植於異化的地理環境之中？或是我們得認知到澳洲的未來不可避免地在亞太地區，也就是說這裡是我們戰略與經濟的生存地方，假如我們要發展我們國家的完全潛力，我們必須找一個地方與角色。⑰」

(二) 倡議「亞太經濟合作會議」。經濟全球化和經濟區域化過程是並行不悖，兩者對澳洲具有同等的重要性。為了避免被孤立，澳洲於 1989 年與韓國倡議成立「亞太經濟合作會議」。至今，此會已召開了十三屆會議。常設秘書處設在新加坡，會議對促進區域內的貿易自由化與投資聯繫功能彰顯。此外，澳洲總理基廷倡議提昇 APEC，舉行非正式定期的領袖高峰會議，1993 年

註⑯　Gareth Evans, "Australian Foreign Policy: Priorities in A Changing World," *Australian Outlook*, Vol. 43, No. 2 (Aug. 1989), p. 1.

註⑰　Department of Foreign Affairs and Trade, *Monthly Record*, July 1991, p. 386.

的美國西雅圖 APEC 就實踐了。

(三)睦鄰政策：基廷總理自 1991 年底就任總理以來，加緊睦鄰訪問，先後訪問了印尼(92 年 4 月)、日本、新加坡、柬埔寨(92 年 9 月)、紐西蘭 (93 年 5 月)、南韓與中國大陸 (93 年 6 月)、此外，派貿易部長庫克(Peter Cook)訪問中華民國(93 年 11 月)……等等，這種行動傳達了澳洲積極「面向亞洲」的訊息。在經貿重點轉移的同時，澳洲企圖在亞太事務中尋求發揮更大的作用和影響。但澳洲總理唯獨馬來西亞這個國家尚未親自造訪，僅派外交部長伊文斯於 1991 年 7 月赴吉隆坡。

二、增進經濟利益

(一) 分享亞太經濟成長：國際上與澳洲都認為亞太地區是世界經濟成長最具動力與潛力的地區，這是當前與未來 21 世紀世界的重大發展。伊文斯認為亞太地區經濟動力成功的因素有下列幾個原因：(i) 相對的政治穩定；(ii) 勤奮工作與日益增長具有良好教育的勞動力；(iii) 高儲蓄及投資率；(iv) 健全的經濟管理；(v) 實質的意願從事快速的結構變遷；(vi) 利用西方開放的國際經濟秩序的難得機會與優良技術等等⑱。澳洲目前的十大出口市場中，有七個在亞洲，譬如：日本、南韓、新加坡、中華民國、香港、中國、印尼；馬來西亞是澳洲第 11 大國出口國⑲。在 1971 年，東北亞和東南亞吸收了 39 ％的澳洲出口，並提供了 21 ％的澳洲進口，到 1994 年，東北亞和東南亞已經占澳洲出口的 61 ％，並提供 41 ％的進口。相形之下，在 1991 年，澳洲只有 11.8 ％的出口是銷往歐洲共同體，10.1 ％則是輸往美國。加強和亞洲的經濟

註⑱　Gareth Evans and Bruce Grant, *op. cit.*, (1991), p. 121～122.
註⑲　*Far Eastern Economic Review*, Dec. 16, 1993. p. 14.

關係，是因澳洲深信世界正朝三大經濟區發展，而澳洲是在東亞
經濟區內。

(二) 透過全球與區域組織來增進澳洲經濟利益。澳洲透過烏
拉回合談判及後後的世界貿易組織的談判有效的執行，來加強多
邊貿易架構，促進貿易自由化。此外，透過進一步發展亞太經濟
合作會議，來強化澳洲在亞太地區的經濟整和功能。

三、推動共和制 (republic) 政治體制改革[20]

(一) 推動政治體制改革，行共和制。澳洲早已是一個獨立自
主的國家，但它還是以英王爲其君主，由英王任命一名總督，作
爲其代表。雖然那基本上是象徵意義重於實際作用的憲政安排，
但總督仍然有解散政府的權力，在 70 年代中期，這項權力還曾經
引起一場全國爭論的糾紛。從澳洲作爲一個獨立國家的地位以及
民主的真諦等角度來看，這樣的安排顯然已經不合時宜。所以，
澳洲修憲大會的這項決定，並不令人感到意外。

在 90 年代初期，澳洲的政治領袖決定，澳洲應該要脫離西
方，重新定位爲亞洲國家，並和其地理上的鄰國維持密切的關
係。當時的總理基廷宣稱，澳洲不應再扮演「帝國的分支機構」
(a branch office of empire)，而應該是個共和國，涉入亞洲事務[21]。
澳洲不能既要以多元文化社會的身分在世界出現，投入亞洲，建
立關係，並且做得令人信服；而同時在憲法上卻還是一個「衍生

註⑳ The Report of the Republic Advisory Committee, *An Australian Republic: The Options*(Canberra: Commonwealth Informations Services,1993)

註㉑ Richard Higgott, "Closing a branch office of empire: Australian foreign policy and the UK at century's end," *International Affairs*, No. 70, Vol. 1 (1994), pp. 41～65.

性社會」(derivative society)。基廷宣稱，澳洲多年來飽受「英國
崇拜和麻木遲鈍」之苦，繼續和英國維持密切的關係，將「削弱
我們自然文化，我們的經濟未來，以及在亞太地區的命運。」外
交部長艾文斯也表達了類似的情緒㉒。1993 年 3 月工黨選舉再度
獲勝，工黨政府任命了一個共和國諮詢委員會，就最小的變動而
達到可行的共和制度，同時並保留澳洲目前的傳統及原則的方法
提出意見。該委員會得出的結論是，澳洲可通過以一澳洲國家元
首取代君主及總督的方式轉變爲共和國。

到了 90 年代中期，首先，澳洲精英階層對這個路線反應並不
熱烈。這多少牽涉到黨派問題，自由黨領袖立場搖擺不定或甚至
反對，工黨政府則遭到各種知識分子和新聞記者口誅筆伐。對選
擇亞洲，澳洲精英階層並未達成明顯共識。其次，輿論如流水，
從 1987～1993 年，贊成結束君主政體的澳洲人，從 21 ％劇增爲
46 ％，但當時支持熱度已開始退燒和流失，贊成把英國國旗的標
識從澳洲國旗上除去的人，從 1992 年 5 月的 42 ％跌到 1993 年 8
月的 35 ％。誠如一位澳洲官員在 1992 年所說的，「民眾很難接
受這點，每當我說澳洲應該成爲亞洲的一部分時，你不知道我收
到多少反對的信件。㉓」

四、維護與促進軍事安全

澳洲的軍事安全政策在 1994 年的「國防白皮書」(Defence
White Paper)中已公開說明，冷戰結束後，澳洲認爲亞太地區的國

註㉒　*Financial Times*, 11～12 September 1993, p. 4; *New York Times*, 16 August 1992, p. 3.

註㉓　*Economist*, 23 July 1994, p. 35; *New York Times*, 16 August 1992, p. 3; Richard Higgott, *op. cit.*, p. 58.

際戰略環境變得相對比較安全與和平㉔。強權間爆發核子戰爭或傳統性戰爭的可能性已降低了許多。澳洲的國防政策是獨立保衛澳洲領土、促進區域安全及穩定、及有能力履行盟邦義務。

（一）與美國聯盟，但防衛政策是追求獨立自主的取向。在傳統的軍事安全議題，事實上，儘管近幾屆澳洲政府都自稱澳洲的防衛政策是追求獨立自主，可是無論從歷史還是從現實看，澳洲的防務政策基本算不上真正的獨立自主。第二次世界大戰以前，澳洲的安全防務多依靠英國；二戰後，澳洲的安全防務轉而依靠美國。1951 年 9 月，澳洲、紐西蘭和美國簽訂了「澳紐美安全條約」（ANZUS），至今仍然有效㉕。其主要內容有，締約國將單獨和共同保持及發展它們單獨及集體的軍事力量；締約國任何一國受威脅時，應共同進行協商；締約國任何一國受到武裝攻擊時，應共同行動。該條約無限期有效。

在 60 年代，澳美安全防務關係更上一層樓，澳美在澳洲建立了 3 個聯合軍事基地，即 1963 年 6 月建立的西北角基地 (North West Gape)、1966 年 12 月建立的派恩加普基地 (Pine Cap) 和 1969 年 11 月建立的那蘭加基地 (Nurrungar)，運作仍然正常。西北角基地的設施主要用於向印度洋和太平洋西部的海軍艦隻提供低頻的無線電聯絡；位於澳中部的派恩加普基地實則是一個地面衛星接收站，通過衛星收集情報。波灣戰爭期，該基地向美國提供了大量準確的情報，為美國攔截伊拉克的飛毛腿飛彈立下了汗馬功勞；那蘭加基地服務於美國的「防禦支持計劃」，主要是對飛彈

註㉔ Robert Ray, Defending Australia: Defence White Paper 1994 (Canberra: Australian Government Publishing Service, 1994), p. 7.

註㉕ Natasha Stoott-Despoja and Andrew Bartlett, "ANZUS？ANZ who？" *Australian Journal of International Affairs*, Vol. 55, No.2 (2001), pp. 287～300.

的發射及核武器的爆炸進行監視並做出預警㉖。

(二) 積極參與聯合國的維和行動。澳洲一向支持聯合國憲章以及聯合國各專門機構的工作,並曾擔任安全理非常任理事國。在後冷戰時期,澳洲支持聯合國對伊拉克的軍事制裁,而不是根據美國的認知㉗。澳洲多次參加聯合國維和行動,尤其是「柬埔寨恢復和平計劃」,澳洲派山德森 (John Sanderson) 少將擔任聯合國駐柬部隊的最高指揮官以及五百名通訊部隊加入維和部隊協助處理「聯合國柬埔寨政權和平轉移」(the United Nations Transition Authorityin Cambodia) ㉘。澳洲對 UN 在亞太區域的參與持比較鼓勵和合作的態度,希望藉助聯合國的聲望和力量,推動她「融入亞洲」的戰略進程。

五、維護並推廣澳洲的價值觀

(一) 澳洲在價值觀及意識形態方面與西方社會相同,強調政治民主、言論自由、人權保障、法治、平等、多元文化、容忍、開放㉙。澳洲前任總理基廷並企圖在亞太地區推行她的價值觀。其結果是 1993 年 11 月,因為馬來西亞總理馬哈迪 (強調亞洲價值觀) 拒絕參加亞太經合會議(APEC),基廷批評了他一句「頑固」,立刻引起兩國的緊張。從這件事來看,澳洲雖然認同亞洲,但對亞洲的文化還不太習慣。但澳洲因為屬於歐洲文化,而自覺有權告訴別的國家什麼該做,什麼不該做,什麼是對的,什

註㉖　Gareth Evans and Bruce Grant, *op. cit.*, p. 77.

註㉗　*The Australian*, 5 February 1991, p. 5.

註㉘　Stewart Firth, "Problems in Australian Foreign Policy, July 1991～June 1992," *The Australian Journal of Politics and History*, Vol. 39, No. 1 (1993), pp. 10～11.

註㉙　參考 Graham Maddox, *Australian Democracy in Theory and Practice*, 3rd ed., (Melbourne: Longman Australia Pty Ltd, 1996).

麼是錯的。這是馬來西亞反對澳洲加入「東亞經濟會議」(EAEG)的理由。不是膚色問題，而是文化問題。㉚」馬哈迪斯認為文化和價值觀是澳洲加入亞洲社會的基本障礙。

(二) 亞洲人排除澳洲加入其組織的理由和歐洲拒絕土耳其的理由一樣：他們和我們不同。澳洲常因對民主、人權和新聞自由的尊重，及對幾乎所有亞洲鄰國侵害人權的抗議而時起衝突。澳洲一位資深外交官指出，「澳洲在這個地區真正的問題出在根本的社會價值觀，而不在國旗上。我想你找不到任何一個澳洲人，願意為了被這個地區接納而放棄這些價值觀。㉛」

(三) 領導人個性、風格和行為的差異也很明顯。誠如馬哈迪所說的，亞洲人在和其他人共同完成某些目標時，比較委婉、間接、有彈性、迂迴、不論斷、不作道德批判、也不對立。但澳洲人過於直接、突兀、坦率，有人甚至說是英語世界中對事情最欠敏感的民族。這種文化衝突，在基廷本人和亞洲人打交道時最明顯。基廷把澳洲的民族性發揮得淋漓盡致。有人曾形容他是「重量級政治人物」，行事「天生帶有挑釁好鬥」的作風，他常毫不留情的抨擊他的政治對手是，「齷齪卑鄙的人」、「娘娘腔的舞男」和「頭殼壞去的瘋子」㉜。

基廷‧伊文斯 (Keating-Evans) 的選擇可視為過分強調經濟的溶入亞洲，而忽視文化的差異的結果，亦可視為一種轉移對澳洲經濟問題注意力的政治手段。也可以說，這是一種旨在使澳洲融入和認同東亞正在崛起的經濟、政治，最終是軍事力量中心的富

註㉚ *Japan Times*, 7 November 1994, p. 19.
註㉛ *New York Times*, 16 August 1992, p. 3.
註㉜ Paul Kelly, "Reinveting Australia," *National Interest*, 30 (Winter 1992), p. 66; *Economist*, 11 December 1993, p. 34.

有遠見的倡議。在這方面，澳洲是試圖背離西方，追隨正在崛起的非西方文明的許多可能的西方國家中的第一個[33]。

肆、聯盟黨霍華德政府對國家利益評估

1996 年 3 月澳洲新政府上台後，霍華德政府維護與促進國家利益，與前任基廷政府在方法上有所轉變。澳洲國內強調傳統文化的社會思潮以及政府急於加強與美歐的軍事政治關係，表明澳洲政府今後在國際上，尤其是亞太地區的自我定位出現了政策性的轉變。當前澳洲霍華德政府的國家利益是由地理、歷史、戰略環境、經濟概況以及它的價值觀所形塑[34]。

一、扮演橋樑角色的國家定位

(一)面向亞洲，但不背對西方，扮演亞歐之間「中間聯繫人」和「橋梁」的角色[35]。自由黨一國家黨聯盟在競選綱領中明確地把澳洲定位為既不屬於亞洲，亦不屬於歐洲，而是有自已的獨特性。澳洲既不想入亞，亦不想入歐，而是想利用自己和歐洲傳統的文化聯繫及和亞洲的地域便利，扮演亞歐之間中間聯繫人和橋梁的角色。澳洲多年來由於國家定位正在轉形中，因此，產生國家認同的危機。澳洲多年來在工黨的領導下，一直為建立一個多元文化的國家而奮鬥不懈，開放移民的配額給她的亞洲鄰邦。然

註㉝　Samuel P. Huntington, *op. cit.*, p. 153.

註㉞　The Department of Foreign Affairs and Trade, *In National Interest: Australia's Foreign and Trade Policy White Paper* (Canberra: The Department of Foreign Affairs and Trade, 1997), p. 1.

註㉟　"A Confident Australia Coalition Foreign Affairs Policy," p. 1., http:www.liberal.og.au/policy/foreign

而，在聯合政府執政下，澳洲已開始有不同的想法了㊱。在澳洲與東亞的關係應擺在何種位置上，澳洲新政府與工黨政府差異較為明顯。雖然在自由黨 1996 年的競選文件中，有進一步融入亞洲在我們的外交政策中佔有最為優先的地位的表示㊲。

但自 1997 年 3 月起，亞歐高峰會議已經連續召開了兩屆，尤其是 1998 年 4 月在英國召開的亞歐高峰會也未獲邀請。盡管日本、中國和韓國都支持澳洲加入亞歐峰會，不過此事長久以來遭到馬來西亞的反對。澳洲總理霍華德昨天說，澳洲政府已經就印尼支持馬來西亞反對澳洲加入亞歐峰會的事件，向印尼作出抗議㊳。看來，澳洲一時難以獲得亞洲國家的認同，想融入亞洲的打算受挫。在亞歐直接對話的情況下，不知澳洲如何扮演中間人的角色？

(二) 澳洲對亞洲政策是「亞洲第一」非「亞洲唯一」㊴。東南亞目前面臨的經濟和金融困難說明，澳洲總理霍華德認為對該地區的政策是正確的。有人批評澳洲政府沒有與亞洲建立更密切的關係，霍華德說，澳洲現政府執行的‘亞洲第一’、而非‘亞洲唯一’的政策是正確的。他說：「我認為，亞洲在過去幾個月裡所發生的事情已經表明，上屆政府奉行的‘亞洲唯一’的政策是錯誤和短視的。」霍華德說：「關於基廷政府的亞洲政策，我的批評意見是，它把經濟和政治的前途全都押在亞洲身上，但它沒有認識到這一點的重要性，即我們和亞洲生活在兩個不同的世

註㊱ "A national identity crisis," *The Economist*, December 14 1996, pp 35～37.

註㊲ *The Asian Wall Street Journal*, March 19, 1996, p. 5.

註㊳ 「澳抗議印尼支持馬國反對澳加入亞歐峰會」，**聯合早報**，1998 年 4 月 18 日，http://www.asia1.com.sg/cgi-bin/cweb/g2b.pl? pages/gj0056.html

註㊴ 「澳洲對東南亞政策是亞洲第一非亞洲唯一」，**聯合早報**，1998 年 10 月 17 日，http://www.asia1.com.sg/cgi-bin/cweb/g2b.pl? pages/gj0065.html

界裡，我們必須與全球各地建立經濟和政治聯繫。」霍華德說，澳洲政府應該對世界大舞台有所認識，不應該把注意力只集中在區域性問題上。他說：「亞太某些地區的貨幣和經濟動盪完全說明，我們的政策是多麼平衡和富有遠見。」

霍華德政府提出「全面性的外交」(comprehensive deplomacy)⑩，在面向東亞地區的同時，保持和發展與東亞地區之外重要國家的關係。霍華德在上任後，出訪了印尼和日本、中國大陸，以行動證明亞洲仍被置於澳對外政策的優先日程上。

(三) 強調與大國發展的雙邊關係。霍華德政府認為上屆工黨政府只重視如亞太經濟合作、東協地區論壇等多邊外交，忽視了發展同大國的雙邊關係，結果是雙邊外交沒弄好，多邊外交也難有成。新政府決心補上雙邊關係這一課。澳洲除加強與美國的防務關係外，霍華德總理認為亞太三大強權日本、中國大陸及美國；以及最大鄰邦印尼是澳洲雙邊外交政策重要支柱。此外，南韓、其它東協國家、南太平洋的紐西蘭及巴布亞紐幾內亞都是澳洲重要的雙邊關係國⑪。

二、經濟利益

(一) 澳洲的經濟利益與亞太地區息息相關。澳洲的四分之三的出口集中在APEC市場，澳洲一半以上的直接投資也是在APEC市場⑫。澳洲目前的十大貿易夥伴中，有六個在亞洲，如：日本、南韓、中國、香港、中華民國、新加坡⑬。

註⑩　同註㉚。
註⑪　同註㉙。
註⑫　同前註。
註⑬　同註㉚。

(二) 減輕東亞金融危機對澳洲經濟影響的衝擊。霍華德政府上台時，東亞經濟除了日本外，仍是一片欣欣向榮之勢。但1997年7月東南亞爆發金融危機以來，已經一路延燒到東北亞，東亞經濟奇蹟只有大中華經濟圈未被嚴重波及，導致了東亞地區近三十年最嚴重的經濟危機。澳外交部長唐納告訴商界領袖們說，亞洲金融風暴是一個必然出現的惡魔，只有這樣，才能夠使東南亞各國的金融運作更爲透明㊹。澳洲與亞太地區經濟關係密切，當然受到波及。根據聯邦財政部的報告，由於亞洲金融危機的影響，礦業、農業和製造業今年將面臨嚴峻形勢。

此外，根據澳洲官方發發表的數字，到澳洲的旅游客和留學生銳減，說明亞洲經濟危機對澳洲經濟中脆弱的部門的打擊，比原本擔心的還厲害。澳洲旅遊理事會的調查結果顯示，單是截至3月的第一季度，光臨的旅游客就減少了9％，或10萬人。澳洲原本預測全年會減少20萬4000人。業者說，自從區域危機爆發以來，到澳洲修讀英文的亞洲學生人數下降40％左右。63所教導海外學生英文的大專學府中，至少有2所因學生人數下降被迫跟3所大專的分校一起關閉㊺。由於亞洲金融危機的影響，1998年澳洲產出增長率的預計減少了大約百分之一。對東南亞金融危機，澳洲霍華德政府倡議在溫哥華亞太經濟合作會議的非正式領導人會議上，籌一千三百六十億澳元(約1000億美元)，作爲緊急基金，疏困受困國㊻。

註㊹ James Woodford, "Asia cash crisis," *Sydney Morning Herald*, Feb. 23, 1998, p. 23.
註㊺ 「受亞洲經濟危機影響赴澳游客和留學生銳減」，**聯合早報**，1998年5月12日，http://www.asia1.com.sg/cgi-bin/cweb/g2b.pl? pages/gj0122.html
註㊻ "Australia set to support \$136bn Asia crisis fund," *Sydney Morning Herald*, Nov. 11, 1997, http://www.smh.com.au/daily/content/971117/national/national14.html

三、在既有的基礎上，推動政治體制改革

（一）繼續推動政治體制改革。自從前工黨總理基廷 1995 年 6 月將共和正式提上日程以來，人民要求共和的呼聲日漸高漲。這使得原本主張君主立憲派的霍華德不得不在 1996 年的大選中許下諾言，一旦當選，他將願意聽取人民意見，舉行憲政會議討論共和問題。此會於 1998 年 2 月 2 日至 13 日召開，討論澳洲成爲共和國的一些籌備事誼⑰。憲政大會的決定，雖然並沒有約束性，但對澳洲的政治發展，卻無疑是影響重大的。這次憲政曾議的三項主要議題是，(i) 要不要實行共和；(ii) 要什麼樣的共和模式；(iii) 何時和如何實行共和。根據憲法大會通過的共和國模式，澳洲將保留由總理領導一個民選政府的現行體制，另設一個總統職位，由總理從各省與民間建議的提名名單中選出總統候選人，經在野黨領袖附議後，交由國會三分之二多數表決通過。總統任期五年⑱。總統將保有總督（英國女王派駐澳洲代表）的權力，可以更換政府。不過，即便澳洲人民在明年的公投中贊成建立共和國，澳洲仍將留在大英國協內，並沿用「澳洲聯邦」（Common-wealth of Australia）的國名。

這次憲政會議的成功，在一定程度上歸功於總理霍華德的開明態度。在會議開始他曾爲會議定下基調—會議要拿出一個有明確多數支持的共和模式，共和派才算得勝，也才能就此舉行全民公決；否則公決前遠要就此進行一次全民良性公意投票。儘管霍華德個人一直是一個保皇派，並且他本人對維護現行君主立憲體制不變投了贊成票。1999 年的全民公決將是共和列車所面臨的一

註⑰　http://www.republic.org.au/conv/index.html
註⑱　http://www.ausdaily.net.au/19980213

場重大考驗⑭。決定澳洲是否將在建國 100 週年時，也就是 2001
年 1 月 1 日之前實現共和。作爲君主立憲制堅決擁護者的總理仍
如此心胸坦盪，不計個人得失，命代們深爲感動，全場爆發出長
時間熱烈掌聲。由於霍華德總理一錘定音，澳洲的共和列車終於
駛出了第一站。

四、加強軍事安全

（一）提昇與美國的安全關係，作爲美國在亞太地區的戰略「南
錨」(south anchor) ⑭。澳洲新政府在強調「獨特性」之時，卻再
三強調要重新加強與美國的傳統結盟關係，多次表示願向美國提
供軍事基地，並要求美國在澳洲預先儲備軍事裝備。其理由是本
地區 (指亞太地區) 存在一些安全方面的潛在挑戰，以及本地區各
國的高度軍事化。1996 年 7 月，澳美大幅提升雙邊安全關係，美
國國務卿克里斯多福(Warren Christopher)、國防部長裴利(William
Perry) 首次聯袂訪澳，陣容之強僅次於總統出訪。雙方發表了
「雪梨聲明：聯合安全宣言與澳美 21 世紀戰略夥伴關係」(Sydney
State-ment: "Joint Security Declaration" and "Australia-US: a Stra-
tegic Partnership for the Twenty-first Century") ⑭。澳美做出了一
系列加強軍事和防務合作的決定，其中包括：(i) 增加美澳聯合軍

註⑭　「澳洲憲法會議通過改制共和國」，**中國時報**，民國八十七年二月十四日，
　　　版十。

註⑭　Malcolm Roberts, "Problems in Australian Foreign Policy, July ～December 1996,"
　　　The Australian Journal of Politics and History, Vol. 43, No. 2 (1997), pp.
　　　111～113.

註⑭　Rawdon Dalrymple, *op. cit.*, pp. 252～253; Australia-United States Joint Security
　　　Declaration (Sydney Statement).http://www.dfat.gov.au/geo/us/ausmin/sydney_
　　　statement.html

事演習的規模與次數;(ii)更新美國設在澳洲的間諜衛星地面站、並將相關條約延長 10 年;(iii)同意美反彈道飛彈太空預警系統在澳建立地面中繼站;(iv)加強在軍事技術和情報分、後勤支持方面的緊密合作等。美國國務卿克里斯多福稱,澳美間的安全關係將是跨越下個世紀的美國安全的支柱之一。美國防部長裴利則形象地表示,美國在亞太地區有兩只錨,北描是日本,南錨是澳洲。

澳美關係升溫的原因首先在於澳洲的安全觀有所變化。澳洲認為,目前亞太地區不穩定因素有三:一是朝鮮半島; 二是台灣海峽; 三是南沙群島㊲。澳美稱,兩國決定通過美軍在澳洲的前沿部署,鞏固美在本地區的軍事存在,以有效地對付未來地區性和全球性挑戰。1996 年 5 月,當中國人民解放軍在台灣海峽舉行陸海空三軍大演習時,澳洲公開表示支持美國派航空母艦介入台灣海峽危機㊳。

(二)倡議將中國納入亞洲安全體系,導致中國的強烈反應。中國透過英文「中國日報」(China Daily)抨擊澳洲「和美國亦步亦趨」的外交政策㊴。該評論的重點認為(i)澳洲此舉促使亞太鄰邦不願和他們進一步發展關係。(ii)允諾西藏流亡精神領袖到訪後,中澳雙邊關係已顯現不睦。(iii)當白宮向伊拉克發動空中攻擊時,坎培拉當局卻表現出少見的熱切,跟著美國腳步亦步亦趨。這種有樣學樣的行為,只會引起國際社會的不滿。澳洲為了回應稍早中國對澳洲外交政策的批評,外長唐納(Alexander Downer)在新南威爾斯大學(University of New South Wales)發表一場由亞澳

註㊲　Ian McLachlan, "Defence Policy Overview," *Insight*, Vol, 5, No. 5 (24 April 1996), p. 4.

註㊳　Gerald Segal,"Australia seeks to forge a new regional balance of power," *International Herald Tribune*, June 11, 1996, p. 8.

註㊴　轉引自**中國時報**,一九九六年十一月六日,版九。

協會主辦的外交政策演說時，重申澳洲政府重視亞太集體安全的決心，並對稍早中國對澳洲與美關係緊密表達不滿一事指說，亞太區域所有國家都應該發展彼此間的互信，並形成共同利益。他表示，中國應融入亞太安全體系，和所有亞太區域國家建立互信⑤。

四、維護及推廣西方的價值觀

(一) 強調強調自由民主的價值⑤。這個價值觀是由自身的政治經驗、歐洲的主導文化和歷史傳統所形塑。此價值觀包括法治、言論自由、民選國會與政府、公平的承諾……等等。澳新政府上台後，強調它與東亞之間的政治和文化差異，與歐洲及北美的相似性。霍華德說，澳洲不是亞洲國家，有自已獨特的歷史、傳統、文化和價值觀。澳在東西方之間，願意在經貿方面起紐帶作用，但無意成爲政治和文化層面上的橋梁。這表明澳並不打算放棄自已在政治，文化和價值觀方面的西方傳統和屬性。

(二) 倡議多元化、包容與平等。霍華德政府儘管在政策上強調種族多元化、包容、平等，但實際的日常生活並無法消除及拒絕種族歧視。澳洲政府自 1970 年代以來，取消「白澳政策」，尤其是工黨政府執政 13 年以來，大力倡議多元文化政策、強調種族平等、擴大吸收亞洲移民、定位爲亞洲國家……等措施。此舉在澳洲社會產生了兩極化的反應。霍華德政府在法律與政策層面雖然持續前任政府的政策，但在執行上，則採消極的態度。因此，

註⑤　參考 Address by The Hon Alexander Downer, MP, Minister for Foreign Affairs, to the Asia-Australia Institute, University of New South Wales, Sydney, 6 November 1996.http://www.dfat.gov.au/pmb/speeches/fa_sp/asia_ins.html

註⑤　同註㉙。

當澳洲無黨派議員漢森(Paul Hanson) 9 月 10 日第一次在國會發表的演說，大力宣揚反亞洲移民理念，在澳洲國內外引起強烈的不滿情緒。這位女議員漢森警告，澳洲正面臨被亞洲人淹沒的危機，力促政府立即停止讓亞洲人進入澳洲定居⑰。在澳洲的 1800 萬人口當中，亞洲人占了約 5％。與此同時，澳洲每年約有 10 萬名新移民，亞洲人占三分之一⑱。

澳洲執政黨自由黨和反對黨工黨 10 月 30 日在國會一致通過霍華德總理提出的譴責種族歧視動議，不僅說明絕大多數澳洲人並不支持漢森的極端種族主義論調，也証明了澳洲其實是一個講求種族容忍的社會⑲。澳洲前任總理基廷說，導致澳洲舉國沸騰的種族爭論，可能導致澳洲出現危險的分裂現象，而最佳之解決方案是澳洲成為共和國⑳。關於種族主義或「漢森辯論」(the Hanson debate) 成為 1996 年十大新聞中的第二大新聞㉑。

(三) 視人權議題與外交政策不可分的一部㉒。一方面人權是澳洲人所關切的，另一方面保護與促進人權是與澳洲安全與經濟

註⑰　*The Age*, 11 September 1996, p. 1. http://www.theage.com.au:80/special/hanson/speech.htm.

註⑱　「澳議員種族主義言論風波」，**聯合早報**，1996 年 11 月 5 日，http://www.asia1.com.sg/cgi-bin/cweb/g2b.pl? pages/yx0022.html0/

註⑲　「互相尊重，擴大交流」，**聯合早報**，1996 年 11 月 3 日，http://www.asia1.com.sg/cgi-bin/cweb/g2b.pl? pages/gj0070.html/

註⑳　「種族爭論可能導致澳洲出現分裂現象」，**聯合早報**，1996 年 11 月 12，http://www.asia1.com.sg/cgi-bin/cweb/g2b.pl? pages/gj0072.html/

註㉑　根據**澳洲時代報紙** (The Age) 對一九九六年的十大新聞的調查報告顯示：種族關係與辯論佔百分之十五，居第二位；而與此相關的經濟不景氣因素佔百分之二十三，居第一位。*The Age*, 31 December 1996, p. 1. http://www.theage.com.au:80/news1/n961231e.htm.

註㉒　The Department of Foreign Affairs and Trade, *In National Interest: Australia's Foreign and Trade Policy White Paper* (Canberra: The Department of Foreign Affairs and Trade, 1997), p. 13.

利益有關。政府的人權政策是根據世界的標準，保括：民間、政治、經濟、社會與文化權利。對人權的尊重是社會穩定的力量，政府認為支持人權對與亞洲國家的雙邊關係會產生困難，甚致影響商業利益。職事之固，霍華德政府與中國及印尼雙邊關係，主張以對話代替對抗來伸張人權議題。

伍、21世紀澳洲國家安全利益

21 世紀國際政治發生許多重大事件，如美國的「9·11 事件」、「巴厘島爆炸事件」(the Bali bombing)、美伊戰爭、北韓核問題……等等。2001 年「9·11 事件」對美國以及國際社會來說無疑是一個產生大變革的時期⑥。此事件打破了美國本土永久安全的神話，反恐成了美國國家安全戰略的首要目標。「9·11 事件」後，美國朝野深切認識到，美國的國內安全與國際安全是聯繫在一起的。布希有這麼一句話：「你要麼選擇與我們站在一起，要麼站在恐怖主義的一邊」。在亞太地區，除了北韓以外，所有的大國及周邊國家都支持美國的國際反恐統一戰線。從事反恐戰爭對國際政治而言是一個嶄新的時代，澳洲將在東南亞地區扮演重要的角色。

一、霍華德主義（Howard Doctrine）的公佈

1999 年 8 月 30 日，約 40 萬東帝汶 (East Timor) 人參加聯合國主持的公決投票，以決定東帝汶是實行印尼屬下的自治，還是走向獨立。公決後，東帝汶對立兩派之間爆發了大規模流血衝

註⑥　Nicholas Lemann, "The Next World Order :The Bush Administration May Have A Brand New Doctrine of Power," *The New Yorker*, April 1, 2002.

突，社會局勢極度動蕩。在聯合國的授權下，澳洲率領一支多國
部隊進駐印尼東帝汶。澳洲爲其國際地位提高深受鼓舞，並企圖
在本地區發揮領導作用。澳洲總理發表「霍華德主義」的言論，
表明因澳洲率領多國部隊進駐東帝汶，使得他樂於看到澳洲在亞
洲扮演新角色⑭。澳洲也將提升其軍隊的實力，並扮演美國在
亞洲維持和平的「助理」角色。霍華德接受「新聞公報」(The
Bulletin) 周刊的專訪時提出這一理論的，其要點可以概括如下：
摒棄前幾屆政府同亞洲鄰國的所謂「特殊關係」，不再對亞洲鄰
國奉行無原則的遷就姑息政策；在全球維和行動中，澳將自己看
成是美國的副手，利用自己同美歐緊密聯繫的優勢，在本地區發
揮領導作用；將對外政策明確地置於國家利益和西方價値觀的基
礎之上；澳根本就不必成爲亞洲國家，澳可以按自己的條件在本
地區發揮有影響的和決定性的作用。

　　「霍華德主義」一經媒體傳播，立即在國內外引起強烈反
響。印尼、泰國、馬來西亞等國與澳國內學術界紛紛提出批評。
他們指出，這一理論反映出澳政府仍抱有白人殖民者對有色人種
的君臨態度和居傲心理。反對黨批評「霍華德主義」將過去數十
年培養起來的澳亞關係置於危險境地，而恢復這一良好關係將需
要一代人或幾代人的努力。

二、「巴厘島爆炸事件」

　　自「9‧11 事件」以來，東南亞的印尼和菲律賓接連發生爆

註⑭　Ricardo Saludo, "Backtracking from the Howard Doctrine, "Asiaweek, October
　　　6, 1999, http://www.asiaweek.com/asiaweek/intelligence/9910/06/.; 林東，「霍
　　　華德主義的淵源」，**聯合早報**，1999 年 10 月 20 日，http://www.asia1.com.
　　　sg/cgi-bin/cweb/g2b.pl? yl/yl0023.html

炸案，其中，2002 年 10 月 12 日在印尼巴厘島的爆炸案最為慘烈。這是「9‧11 事件」的澳洲版本。恐怖分子意外選擇巴厘島，報復澳洲扮演美國在東南亞「副警長」(deputy sheriff) 的區域角色⑥。在快速變遷的國際政治中，澳洲在國際重大問題上始終是美國的堅實盟友，並企圖加入美國的戰略導彈防禦系統。澳洲支持美國先發制人並呼籲把先發制人寫入聯合國憲章。

「巴厘島爆炸事件」後，根據印尼、美、澳、英四國聯合調查團的初步調查結果，嫌疑最大的是在東南亞多個國家活動、與「基地」有聯繫的「伊斯蘭祈禱團」。澳洲總理霍華德於 2002 年 6 月 8 日至 13 日訪美⑥。於 12 日在美國國會參眾兩院發表演說，強調澳洲和美國的關係是牢固而真誠的。恐怖分子對美國的襲擊，也等於是對澳洲的襲擊。在反恐鬥爭中，我們與你們共同投入戰鬥，澳洲的部隊在阿富汗戰場上與美國軍隊並肩作戰。霍華德進而提醒兩院議員：「在這個世界上，美國在任何地方也找不到比澳洲更好的朋友了。」⑥

國防部長希爾 (Robert Hill) 就於 2002 年 6 月 18 日晚通過對國防學院學員的講話宣佈，澳洲政府支援美國「先發制人」(doctrine of pre-emptive action) 的新反恐政策，並支援對伊拉克進行打擊等反恐擴大行動。在談到澳洲是否參與對伊拉克的打擊時，希爾說：「是的，我們再也不能等待恐怖分子來襲擊。這是「9‧11

註⑥　Fred Brenchley, "The Howard Defence Doctrine," *The Bulletin*, September 28, 1999, pp. 22～24.

註⑥　"VISIT TO THE UNITED STATES OF AMERICA," 2 June 2002, http://www.pm.gov.au/news/media_releases/2002/media_release1681.htm

註⑥　"TRANSCRIPT OF THE PRIME MINISTER THE HON JOHN HOWARD MP ADDRESS TO JOINT MEETING OF THE US CONGRESS," 12 June 2002, http://www.pm.gov.au/news/speeches/2002/speech1703.htm

事件」的教訓。很明顯，美國再也不允許問題惡化和威脅存在。在威脅變爲襲擊行動之前就迅速、果斷地將其剷除恐怕是「9・11事件」給我們帶來的最明確的啓示。

他說，同樣是這個原因，才促使美國制訂這一政策和戰略。「這是我們與美國共同的原則立場」⑱。希爾還進一步稱，澳洲不僅將派更多部隊參與美國的軍事行動，還很可能在澳洲以外部署武裝部隊。他說，澳洲的安全「職責」不局限於亞太地區，澳洲將經常參與聯合軍事部署，尤其是和美國部隊的聯合行動，來提高有效作戰能力，這是至關重要的⑲。

接著，外交部長唐納 (Alexander Downer) 在 7 月 16 日接受「澳洲人報」(The Australian) 採訪時指出：「對伊拉克採取姑息的立場不是我們的選擇。國際社會要維護國際法，就要制止海珊因對國際法的破壞。」澳洲認爲，強硬外交才有希望成功地迫使伊拉克裁軍，使其再也不能對鄰國和世界構成威脅。這就是澳洲支援美國對伊拉克採取行動的原因⑳。唐納還列舉了對伊拉克採取強硬行動的理由。他說，澳洲真誠地希望以外交手段、聯合國的制裁和國際上的壓力，也就是以和平的手段，能夠制止伊拉克發展大規模毀滅性武器的計劃。在對伊拉克實行制裁方面，澳洲與安理會廣泛合作；澳洲皇家海軍參與多國部隊，擔負著波斯灣的巡邏任務。

註⑱   Transcript of Defence Minister's interview on ABC PM 180602, Hill Speech 291/200
        2 Tuesday, June 18, 2002, http://www.minister.defence.gov.au/HillSpeechtpl.cfm?
        CurrentId=1607

註⑲   *Ibid.*

註⑳   "Transcript: Minister for Foreign Affairs, Alexander Downer on Iraq," 16 July,
        2002, http://www.dfat.gov.au/media/transcripts/2002/020716_fa_iraq.html

　　澳洲總理霍華德表示現在有必要對聯合國憲章加以修改，允許成員國採取先發制人的策略來打擊恐怖組織和恐怖分子。他說，在制定聯合國憲章時，對某一個國家的侵略和襲擊威脅主要是來自另外的國家，憲章規定了各國有自衛的權力。現在，情況發生了變化，恐怖組織隨時都會發動襲擊，因此有必要對憲章進行修改，給於各國先發制人的權力，打擊恐怖分子或支持恐怖活動的國家[71]。

三、公佈 2003 年「澳洲國家安全」

　　澳洲政府於 2003 年 2 月 26 日公佈「澳洲國家安全」的 2000 國防白皮書修正案 (Australia's National Security : A Defence Update 2003)[72]，強調在恐怖主義和無賴國家發展大規模殺傷性武器的威脅下，澳洲有必要加入美國的戰略導彈防禦系統。這一修正案稱，全球恐怖主義和大規模殺傷性武器的擴散對澳洲的安全構成了真正和直接的威脅。在 21 世紀，戰略導彈防禦將處於越來越重要的優先地位。修正案中提到，澳洲正在就戰略導彈防禦系統與美國進行密切對話，特別是在彈道導彈預警方面與美國進行緊密合作。總理霍華德 2003 年 2 月 27 日在接受媒體採訪時進一步表示，澳洲不得不與美國討論戰略導彈防禦系統問題。如果朝鮮真的擁有射程能達到包括澳洲在內的一些國家的導彈，澳洲人民會要求政府尋求某種保護措施。他說，這種導彈防禦系統的部署還

註[71]　TRANSCRIPT OF THE PRIME MINISTER THE HON JOHN HOWARD MP INTERVIEW WITH NEIL MITCHELL, RADIO 3AW, 29 November 2002, http://www.pm.gov.au/news/interviews/2002/interview2014.htm

註[72]　http://www.defence.gov.au/ans2003/contents.htm

為期遙遠，但如果部署，這一系統可能向參與國提供根本性的導彈防禦體系。霍華德說：「我們尚未做出任何承諾。我們不知道這一系統是否可以成功，但是可以肯定，如果我們關注朝鮮，我們的首要職責是研究保護澳洲免受朝鮮危險行為的攻擊。㉓」

　　澳洲這一新的國防政策與其外交政策密切相關。人們注意到，一段時間以來，澳洲在伊拉克問題等重大國際問題上始終與美國站在一邊。在反恐大旗下，澳美關係已經從最好朋友發展到志願同盟。霍華德總理強烈維護美對伊政策，認為如果不對伊拉克採取軍事行動，將比在必要時運用武力解除其武裝的代價更高㉔。有分析認為，在澳洲國防問題上，如果澳洲加入美國戰略導彈防禦計劃，將會使澳美軍事合作更為密切，有可能打破本地區的戰略平衡，導致新一輪地區軍備競賽，增加地區衝突的隱患，引起本地區其他國家的不安㉕。

陸、結　論

　　21 世紀初期延續後冷戰時期的國際政治體系是一超多強的格局，國際上發生許多重大事件，基於國家利益，澳洲忠於美澳聯盟優先於澳洲在東亞的聲譽。在這個問題上，澳洲主要政黨從來

註㉓　TRANSCRIPT OF THE PRIME MINISTER THE HON JOHN HOWARD MP INTERVIEW WITH JOHN MILLER AND ROSS DAVIE, RADIO 4BC, BRISBANE, 27 February 2003, http://www.pm.gov.au/news/interviews/2003/interview2161.htm

註㉔　Mark Riley and Tom Allard, " Bush recruits 'willing' Howard for his war, *The Sydney Mornign Herald*, February 12 2003, http://www.smh.com.au/articles/2003/02/11/1044927598985.html

註㉕　*The Asia Wall Street Journal*, Feb. 26, 2003, p. 3.

就沒有質疑過。這種目標的一致性不論在 1990 年的工黨政府 (決定參加 1991 年的海灣戰爭)、還是在 1998 年及 2003 年的聯盟黨霍華德政府 (決定參與多國聯盟對伊拉克實施打擊)，一直到最近澳洲支持美國對北韓核問題的多邊對話，無不反映澳美關係的的重要所在。外貿部公佈的「外貿白皮書：促進國家利益」(White Paper on Foreign Affairs & Trade: Advancing the National Interest) 及國防部於 2003 年 2 月 26 日公佈了題爲《澳洲國家安全》的 2000 國防白皮書修正案，都表明澳美關係在澳政府 21 世紀國家利益的日程表上是排在第一位的，不管在其對外政策的措辭上如何強調關注東亞。

澳美聯盟在三個密切相關的層面上進行：一是在實際防務及安全事務上進行合作，如演習、情報合作及分享，澳獲取美國軍事技術，包括關鍵及高度敏感的技術等。二是在地區進行合作。澳美聯盟在美國在亞太地區一系列聯盟鏈條 (美日、美韓、美泰及美菲) 中的關鍵部分之一，因此，澳美聯盟符合澳大利亞的關鍵利益和目標。三是在必要時互相提供包括提供武裝力量在內的各種支援。澳美聯盟最重要的是建立和加強共同防務，爲此，雙方作出了一系列加強軍事和防務合作的決定，包括增加美澳軍事演習的規模和次數等。

自 1996 年以來，澳洲霍華德政府經過兩次選舉連任，國內及亞洲鄰國對澳洲在對外關係方面有無必要根據「選擇理論」——在歷史和地理之間進行選擇——引發的爭論，總理霍華德則提出了澳洲對外關係的「交叉」理論：澳洲在世界上處在獨特的文化、歷史和地理的交叉地帶，其根基是西方的、英國的和其他歐洲國家的，又與北美有強大的聯繫，基於共同的價值觀和承諾；

澳洲在地理上又處於亞洲，所有這些都是資產而不是不利條件因素。霍華德政府提昇了與美國的安全關係，充當美國在亞太地區的戰略南錨，扮演美國在東南亞「副警長」的區域角色。在可預見的將來快速變遷的國際政治中，澳洲仍將在國際重大問題上全力支持美國，並充當堅實盟友。

*　　　*　　　*

論湄公河次區域五國經濟現況
與合作前景

洪　淑　芬

國立政治大學國際關係研究中心第二研究所助理研究員

前　言

　　湄公河發源於中國大陸青康藏高原，於中國境內稱爲瀾滄江，流入中南半島後稱湄公河。它縱貫六國，全長4880公里，是東南亞最大的河流，自中國雲南省出境後，流經緬甸、寮國、泰國、柬埔寨和越南，在湄公河三角洲注入南海。面積爲230多萬平方公里，人口2.5億，擁有豐富的水利資源、礦產資源、生物資源和旅遊資源。區域上處於中國西南省區、東南亞和南亞三大區域和太平洋、印度洋兩大洋的結合區，是亞洲僅有一條連結六國的著名國際河流，也是目前世界上最具發展潛力的地區之一，充滿投資和貿易機會，合作開發潛力巨大。

　　1990年代以來，隨著世界冷戰格局的結束以及經濟全球化、區域化的發展，瀾滄江－湄公河次區域即大湄公河次區域（Great

Mekong Subregion, GMS）經濟合作逐步成為亞太區域經濟、外
貿、投資開發的新熱點，不但沿岸國家及東協積極參與，美國、
日本、歐洲以及亞洲開發銀行（Asian Development Bank, ADB）
等先進國家與國際組織也非常關注，紛紛挾資而入。近十年來，
大湄公河次區域合作取得了重大進展，已實施了 100 多項優先合
作專案。

　　湄公河次區域六國，中國、緬甸（Myanmar）、寮國（Laos）、
泰國（Thailand）、柬埔寨（Cambodia）和越南（Viet Nam），
都是發展中國家。除泰國和中國外，其他四國都是經濟發展程度
較低的農業為主國家，一向較少引起注意，以往與我國的經貿互
動也較不頻繁。然而，這四國不但目前均已是東協（ASEAN）的
會員①，同時近年來於貿易與投資之帶動下，我國與上述四國之
往來漸趨頻繁，所以有必要對緬甸、寮國、柬埔寨和越南四國經
貿現況與次區域經濟合作前景作探討。

　　本文首先就緬甸、寮國、泰國、柬埔寨和越南各國的基本經
濟現況（參見表一）作一簡單的討論②。第二，討論次區域經濟
合作的進展。第三，分析合作的條件與面臨的挑戰。第四，前景
評估與結論。

註①　越南於1995年，緬甸與寮國於1997年，柬埔寨於1999年分別加入ASEAN。
註②　有關五國之經濟基本概況，見表一。

表一　大湄公河次區域五國基本情況

	緬甸	寮國	泰國	柬埔寨	越南
面積 (平方公里)	67 萬 6577	23 萬 6798	51 萬 3115	18 萬 1035	33 萬 1690
人口 (萬人)	5114	535	6250 [2002 年]	1330	7892
GDP (億美元)	77	17.24	1147.79	32	313.48
人均 GDP (美元)	151	330	1831	270	416
實質 GDP 增長率 (%)	5	6.4	1.5	5.3	6.8
匯率	385.43 (Kyat)	9008 (Kip)	42.97 (Baht) [200 年]	3929 (Riel)	5.264 (Dong) [2002 年]
外債 (億美元)	60 [2000 年]	26.6	674	21.85	128 [2000 年]
通貨膨脹率 (%)	40.1	7.8	1.6	-0.6	0.8
產業結構 (占 GDP%)，2000 年					
初級產業	58.8	51.3	11.4 (農業)	37.1	24.3 (農業)
工業	10.6	23.1	2.5 (建築)，35.2 (製造業)	23.3	36.6
服務業	30.6	25.6	11.7	39.7	39.1

資料來源：引自亞洲開發銀行（Asian Development Bank, ADB）、東協秘書處（http://www.aseansec.org）、經濟人智庫（Economist Intelligence Unit, EIU）、經濟部國貿局。**2002 年國際統計年鑑**（北京：中國統計出版社）

註：未註明年度者，均為 2001 年。

壹、緬寮泰三國之經濟現況

一、緬甸（Myanmar）經濟發展現況

緬甸位於中南半島的西北部，面積達 67 萬 6577 平方公里，是中南半島面積最大的國家（見附圖一），工資低廉。緬甸物產富饒，天然資源居東南亞第一，只有汶萊的石油較其豐富，其餘緬甸的物產皆名列前茅，農、林、魚、礦、石油、旅遊等資源極

待開發；又緬甸尚未對外開放，所以經濟落後天然資源豐富。緬
甸爲中南半島米倉之一，經濟結構以農業爲主，占國內生產總值
的 60％，出口產品幾乎全爲農礦產品，製造業僅占 7％。工業投
資很少，1995～2000 年僅爲 4.8 億美元。農業就業人口占了全國
近三分之二的勞動人口，然而因長久缺乏肥料、殺蟲劑、機械設
備以及現代化經營觀念，農業仍屬傳統經營型態。

　　一直以來，由於軍政府掌權並實施鎖國政策，使得緬甸成爲
東協各國中資訊最爲封閉的國家，更使得緬甸的經濟落後且封
閉，被聯合國列爲世界上最不發達國家之一。於中央集權制度
下，政府對進出口實施嚴格的貿易與外匯管制，使得經濟表現不
佳；加上英國、美國以及國際勞工組織爲了制裁緬甸政府漠視人
權與勞工權益的行徑，自 1990 年代中期後，紛紛取消對緬甸的投
資計劃與各種貿易優惠措施，並且抵制其觀光業，使得緬甸的經
濟雪上加霜。基礎設施方面，電力缺乏，只有 15％的人能用上
電；基礎教育和醫療保健得不到重視，其公共開支分別只占國內
生產總值的 0.3％和 0.17％③。此外，政府爲彌補嚴重的預算赤
字，更採取大量發行通貨的政策，造成嚴重通貨膨脹，1996
年～2000 年，年均通貨膨脹率達 27.2％；於通貨膨脹率持續上
升，貿易減緩到幾乎停頓的同時，緬甸還面臨能源危機，國家經
濟有癱瘓之虞。

　　2001 年 GDP 總量爲 77 億美元，人年均 GDP 爲 151 美元；
儘管官方宣佈經濟增長率達到了 8.4％，實際上只有 5％，甚至
更低④。緬幣（KYAT）從 2001 年 2 月中旬開始貶值，緬幣與美

註③　古小松，「富國慢 窮國快──東南亞經濟 2001 年回顧與 2002 年前瞻」，
　　　東南亞縱橫，2002 年 3、4 月，頁 12。
註④　各界普遍認爲緬甸軍政府所發布的經濟仍在成長的數據可信度極低。

元黑市匯率一度從 415：1 跌到 930：1；受緬幣貶值影響，物價飆漲，通貨膨脹率超過 50 ％⑤。此外，外債已高達 60 億美元，而外匯儲備只有數千萬美元，外貿逆差居高不下，政府根本無力還貸。

二、寮國（Laos）經濟發展現況

寮國又稱為老撾，總面積 23 萬 6800 平方公里，是中南半島唯一不臨海的國家。全國人口約 535 萬人，平均每平方公里不到 22.6 人，地廣人稀⑥。寮國雖然和越南、高棉一樣被法國統治過，但因深處內陸而且人口稀少，僅被法國視為越南的衛星地區，因而在法治時期並未對寮國做有計劃之投資，直到 1956 年後才獲美國經濟援助，使地方建設略有改善。

寮國是個傳統的農業國，經濟結構仍以單一的農業經濟為主，農業占 GDP 的 50 ％以上，農業就業人口約占全國勞動力的 85 ％，稻米為最重要農產品，約占國內生產毛額的四分之一。由於農業技術落後，缺乏灌溉與生產設備等基本設施，使得生產效率不彰，加上鄰近國家如中國大陸、越南、泰國等都是稻米主要生產國家，短期間內稻米仍難為外銷潛力的農產品。2000 年 9 月的水患使全國 20 ％的農作物受損，2001 年的水患與蟲害則造成約 10 ％的農作物損害，均對寮國經濟影響很大。在經濟作物方面，棉花品質良好，咖啡種植也自 90 年代中期開始蓬勃發展。

寮國自 1986 年推行市場經濟導向的新經濟機制政策，希望透過市場經濟鼓勵私人投資以改善經濟。然而，經過 10 年的經濟改

註⑤　李晨揚，「緬甸發展透初一線曙光」，**東南亞縱橫**，2002 年 2 月，頁 15。

註⑥　北鄰中國大陸，東與越南相接、南連柬埔寨、西與泰國為鄰、西北與緬甸交界。寮國的人口雖然少，卻擁有 68 個不同的種族。http://www2.seeder.net.tw/see/Super/LAOS/Laos1.htm

革後，因政府並未落實推動市場經濟與鼓勵外資，因此成效並不顯著。金融危機給寮國經濟帶來巨大衝擊，之後，政府積極採取措施，如：增加生產減少進口、增加糧食產量、整頓市場，打擊走私漏稅、吸引外資、積極爭取外國援助，使得經濟發展呈較快速的增長，2000 年 GDP 總值已達到 134,820 億基普（KIP），GDP 的增長率為 5.9 %。然而，目前每人國民所得仍然低於 400 美元，農業仍是寮國主要產業，而工業生產極度匱乏，民生及工業用品幾乎均須仰賴進口，外匯存底基本上是枯竭的。

寮國境內山巒起伏，自然資源豐富，近年來旅遊業的收入已成為國家財政重要收入之一[7]。然而，目前仍是商業不振的局面，交通不便則是影響其經濟發展的主因；再加上通訊不便、教育不普及、國內資金匱乏、礦產豐富未進行開發等因素[8]，使其經濟發展程度很低，外匯嚴重短缺、財政極度困難，加上國民購買力極低以及市場規模小，因此被列為世界最低度開發國家之一。國內資金缺乏，發展經濟極需仰賴國際的借貸與奧援。

近幾年全球經濟不景氣和2001 年的水患均對寮國的經濟造成影響，不過已在復甦中，國內許多基礎建設與發電廠的動工將使寮國經濟略為好轉，加上非國有經濟特別是私有經濟發展較快[9]，以及加快與中國、越南、緬甸邊境地區建立經濟特區或商品免稅

註[7]　衛彥雄，「淺談老撾的旅遊業」，**東南亞縱橫**，2002 年 12 月，頁 19～21。

註[8]　銅、錫及其他的基本金屬主要蘊藏在寮國中部，最早是由法國人於 1882～1885 年間開始探勘開採，但開採規模小。直到目前大規模的礦產探勘於寮國仍少見，多數的礦產仍蘊藏並未開採，因此寮國礦業是具有開發的潛力，但首要解決的是運輸之問題。

註[9]　目前全國私營企業數量已達 2 萬多家，2001 年，非國有經濟已占全國經濟總量的 44 %。云鶴，「政局基本穩定 外交注重睦鄰 經濟有所增長——老撾 2001 年形勢及 2002 年前瞻」，**東南亞縱橫**，2002 年 5 月，頁 11～12。

區，擴大對外開放與吸引外資，2001 年 GDP 比 2000 年增長 6.4％，約達 18 億美元。年通貨膨脹率控制在約 8％的水準，匯率全年在 9000 基普：1 美元間波動。

三、泰國（Thailand）經濟現況

泰國地處中南半島中央⑩，國土面積 51 萬 3,115 平方公里，人口有 6,000 餘萬⑪，是東南亞經濟發展較快的國家之一⑫。

1980 年代是經濟高速發展的時期，而世界經濟形勢的變化和周邊鄰國政治形勢的變化，為經濟的快速增長提供了機遇⑬，連續幾年出現兩位數字的增長⑭。「投資－出口」推動的經濟模式造就了「東亞奇蹟」，即依靠高比例的資本累積轉化為投資，加上湧入的外國資本，利用出口市場迅速推動工業化和經濟增長，這種依賴資本高投入的增長模式也傳遞到泰國⑮。1990 年代初泰國經濟依然持續強勢增長，並出現經濟過熱的徵兆，這可由房地

註⑩　東以湄公河與寮國為界，西接緬甸，南臨暹羅灣，東南界國家為柬埔寨，西南連接馬來半島。就戰略地位而言，泰國為掌控東南亞交通運輸之心臟位置，故東協組織總部設立於曼谷，充分發揮其樞紐功能與協調折衝角色。

註⑪　泰國人民主要是由中國大陸南部移民，中南半島的當地人民融合成的泰族、克倫族與寮族為主，另外還有少數大洋洲族系的馬來人與柬埔寨人，經過長時間融合混血，構成現在的泰國。http://www.gcbn.net/Economic/new/thailand01.htm

註⑫　泰國與新加坡、馬來西亞是東南亞國家中經濟發展較好的。

註⑬　因 1985 年 Plaza Accord 的簽訂，迫使美國貿易夥伴中的出超國或地區必須讓本國的貨幣升值，因此，日本、香港、台灣、新加坡的貨幣對美元的匯率升值了一倍以上。為了降低成本這些國家將一些工廠轉移到勞力較便宜的外國，泰國成為首選目標。又周邊共產主義的鄰國，越南、寮國也忙於自己的經濟改革，泰國不必擔心他們會對國家安全構成威脅。

註⑭　如 1988 年～1990 年經濟增長率分別為，13.2％、12.2％、11.6％。

註⑮　李毅，「近期泰國經濟形勢分析及展望」，**南洋問題研究**，2002 年第 1 期，頁 74～79。

產和工業不動產的價格遽增，市場期貨指數高飆便可見端倪⑯。1997 年 7 月由泰國引發的金融危機使得泰國十幾年來的財政累積一夜之間蕩然無存⑰，並且很快波及南韓、印尼、馬來西亞、新加坡等國，形成亞洲金融風暴。

亞洲金融危機之後，經濟在出口的帶動下，1999～2000 年初迅速復甦，然而，2000 年以來受美國經濟增長減緩及世界經濟不景氣影響，出口增長減緩，連帶使得經濟增長率減緩為 4.4 ％，GDP 總量為 1654 億美元，人均達到 2738 美元；儘管如此，仍是次區域六國人均 GDP 最高的國家。2001 年泰國的經濟形勢與東亞許多國家類似，受全球經濟不景氣的衝擊，交織著自金融危機以來尚未根本解決的經濟結構性矛盾，經濟再呈下滑，增長率為 1.5 ％⑱。

至於農業於 GDP 總量中的比重，大約占 35 ％左右。2001 年泰國的農業收成較好，稻米產量為 2420 萬噸，出口 755 萬噸，為世界之最。其他，如玉米、甘蔗、槿麻、橡膠、水果、棉花、煙草、和花生等經濟作物也有較大的發展。此外，旅遊業一直是泰國經濟發展和創匯的支柱產業和之一，金融危機後更為經濟的恢復有重要貢獻。目前旅遊業產值約占 GDP 總值的 10 ％左右，每年到泰國旅遊的人數從 1990 年的 520 萬人次增加到將近 1000 萬人次。儘管 911 事件對旅遊業有一定的影響，但不是很嚴重，2001 年仍增長了 4 ％，達 990 萬人⑲。

註⑯　段立生，「當代泰國政治經濟發展軌跡剖析」，**東南亞研究**，2002 年 1 月，頁 48～49。

註⑰　造成泰國金融危機的原因很多，如許多專家分析的，民營部門的債務累積、房地產過度開發、泡沫經濟的破滅、政府堅持固定匯率的失誤等。

註⑱　許可，「2001～2002 年泰國經濟回顧與展望」，**亞太經濟**，頁 23～25。

註⑲　陳俊，「瀾滄江－湄公河次區域國家國際旅遊發展前景的預測分析」，**經濟問題探索**，2002 年第 4 期，頁 120～121。

貳、柬越兩國之經濟現況

一、柬埔寨（Cambodia）經濟現況

柬埔寨位於中南半島南部[20]，國土面積18萬1035平方公里，人口 1330 萬人[21]。農業是其主要產業，約占國內生產毛額的 37 ％左右；而農業中稻米的種植占 42 ％，惟因雨量不定、生產方法不具效率及缺乏肥料等，致每年耕種率只達 70～80 ％，且收成不高。

其他作物則以橡膠、棕櫚油較為重要，橡膠一直是賺取外匯的重要出口項目之一。畜牧業，由於過去 20 年飽受戰爭摧殘，幾乎完全瓦解，目前畜牧業仍停留在家庭副業規模，尚未大規模生產，所需牛、豬及雞等，需由其他鄰近國家輸入。而原木一直是最主要的出口項目，但國際社會以保護森林作為提供援助之條件，因此柬埔寨政府宣布禁止原木出口[22]。

製造業目前主要以香港等地投資的服裝加工業和以台資、港資投入的鞋業為主，其他產業則幾乎均付之闕如。服務業在柬國的經濟中占有相當大的比重，約達 45 ％，其發展速度也快於工業和農業，增長率 2001 年約達 8 ％，而旅遊業則是服務業中的重

註[20]　東面和東南面與越南接壤，北面與寮國相鄰，西面和西北面與泰國毗連，西南瀕臨暹羅灣。雖擁有東南亞第一大河－湄公河，第一大淡水湖－洞里薩湖，但水利工程不興，農作物一年僅一種，無法外銷。

註[21]　全國共有二十多個種族，其中柬埔寨族占 80 ％。其他尚有占族、普農族等少數民族，外僑則以華僑、越僑為最多。

註[22]　原木需經加工後方可出口。為取得國際援助，柬國政府目前對木材加工業的申請並不是很鼓勵。

點。1999 年觀光人數約有 26 萬人次，2000 年更達 36 萬人次，2001 年雖受到 911 事件之影響，但外籍遊客仍達 62 萬人次，成長極為快速。觀光旅遊事業興盛的主因，應與戰亂後的新貌、尚未完全開發以及吳哥窟的魅力等有關㉓；柬埔寨政府有鑒於此，對各種與觀光旅遊有關的投資計畫，都持歡迎的態度。

與其他開發中國家相似的是，由於國內資金不足所以對外資的依賴頗深，但又由於政局不穩、治安欠佳，所以外資進入並不踴躍。柬埔寨政府雖有一系列改革措施，但一些招商引資的配套法律及法規並未貫徹落實，離外資要求甚遠，再加上貪污腐敗、效率低落、治安差等，都是導致外資裹足不前之主因㉔。

整體而言，柬埔寨經濟發展遠景仍不樂觀。由於其財政十分困難，僅有 60 % 的政府預算係由稅收支應，其餘須靠世界各國援助。於 1999 年重新組成王國政府後，其政治、經濟及社會大體已恢復平靜；1997 年的亞洲金融風暴，柬國經濟受到相當的影響，不過之後經濟的復甦還算穩定，經濟增長率由 1998 年的 1.5 % 上升到 2001 年的 5.3 %，通貨膨脹率從 1998 年的 13.3 % 降至 2001 年的 3.8 %，物價恢復平穩，但相對於大部分東南亞國家的增長，

註㉓　此舉已在國際投資者間獲得回響。例如：Inter-Continental Hotel 於首都金邊開設一個有 370 間客房的旅館；馬來西亞 Ariston 公司除投資 13 億美元興建渡假村外，並將在西哈努克港外一個島上興建賭場，以及建造一個新的國際機場及主要基礎設施。另外，又積極爭取國際航班直飛吳哥窟，包括越南及泰國每週均有多班航機飛抵吳哥窟，對開發柬國觀光業之潛力甚有助益。http://www.idic.gov.tw/html/cambodia.html#4

註㉔　政府貪污及腐敗程度超過外商預期，旅柬多年的台商表示，當地連包括繳納稅款及水電費亦需給予服務費，否則承辦人員將給予刁難。此外，柬國治安一直不佳，遭偷搶係屬平常，重大凶殺及搶案層出不窮，我國柬國台商會會長因協調私人債務糾紛遭人槍擊致死，另近年來已發生包括美國駐柬大使及我國多名台商遭人劫殺案件。

柬埔寨經濟表現並不突出。2001 年平均國民所得爲 270 美元，柬幣對美元的匯率也保持穩定，約爲3,900里耳（RIEL）兌1美元㉕。

二、越南（Viet Nam）經濟現況

越南面積爲 33 萬 1,690 平方公里，山地占面積 3/4。人口約有 80 ％居住在鄉村，且集中在盛產稻米的南部湄公河三角洲和北部的紅河三角洲。

湄公河三角州的面積有紅河三角洲的四倍大，且土質肥沃，號稱是全球生產稻米最多的地區㉖。湄公河三角州除栽種稻米外，尚包括蔗糖、香蕉及椰子。越南是世界第三大稻米出口國，但由於國際稻米市場價格持續低迷，出口管道不穩，農民增產不增收，所以政府不再強調種糧，而改爲發展水產品，出口到中國大陸、新加坡。鳳梨、甘蔗、芝麻、木薯是越南重點發展的經濟作物，作爲出口產品。至於畜牧業還很落後，雖然東歐市場對越南的畜牧產品需求很大，但越南尚未有足夠的、高質量的產品出口㉗。

越南自 1986 年實行革新開放至今，經濟發展大致經歷三個發展階段。1986～1990 年是經濟的恢復發展期。此時期，農業經濟建設是重點，不僅解決糧食自給問題，且成爲世界第三大的稻米出口國。逐漸，於經濟有了轉機時，外資開始湧入。從 1987 年 10 月至 1989 年 3 月，匯率做了 7 次調整貶值，最後改爲統一匯率，匯率實行浮動制。本時期年均GDP增長了 3.9 ％，通貨膨脹

註㉕　Asian Development Bank, Cambodia.
註㉖　北接中國大陸，西接寮國，西南面接柬埔寨。湄公河雖有洪水氾濫，但由於洪水發生頻率相當規律，洪水退後流下的積泥更是栽種稻米的好土。http://www.gcbn.net/Economic/new/vietnam01.htm
註㉗　劉星，「越南加快農業經濟結構的調整」，**東南亞縱橫**，2002 年 10 月，頁 44～45。

率從 1986 年的 800 ％降爲 1991 年初的約 100 ％[28]，人民生活漸有改善，但外貿逆差一直是政府困擾的問題，其原因是多方面的，既有國際的原因，也有國內原因，但最主要是隨著經濟的發展，進口機器和中間產品因加強國內生產力的日益增加，進出口不平衡造成的。

1991～1996 年經濟步入穩步增長期，經濟結構有積極的轉變。1991 年農業、工業、服務業於GDP所占比重分別爲40.5％、23.8％、35.7％，到1995 年則分別爲27.5％、30.1％、42.4％。通貨膨脹率也從過去的三位數降爲二位數，96 年降爲 4.5 ％，爲歷年最低。此外，外貿與引進外資方面也有很大的增長，尤其是1995 年 7 月越南加入東協以及美越建交後，外資、外援不斷湧入。於大量外資與出口推動下，經濟出現前所未有的高增長[29]。

1997 年，經濟增速減緩，尤其是亞洲金融危機後，外貿出口創匯減少，農、工、服務業都有不同程度的下降，內需不振，這一系列的問題導致經濟的相對停滯，經濟增長明顯下降。2000 年開始，情況有所好轉，尤其農業大豐收和工業生產高達 9.8 ％的高增長，外貿進出口分別比 1999 年增長了 24 ％和30.8 ％。

自 1990 年代進行經濟改革以來，經濟發展令人矚目。1991～2000 年 GDP 年均增長率達 7.6 ％。其中，農業產值年均增長4.2％，工業產值年均增長11.3％，服務業年均增長7.2％。2000 年的 GDP 增長爲 1990 年的 2.1 倍。即使在亞洲金融危機後，1998年、1999 年、2000 年的經濟仍保持高速增長，GDP的增長率分別

註[28] 許梅，「淺析外國直接投資在越南經濟發展中的作用」，**當代世界社會主義問題**，2002 年第 1 期，頁 18～23。

註[29] 91～96 年GDP增長率分別爲6 ％、8.6 ％、8.1 ％、8.8 ％、9.5 ％、9.3 ％。見許梅，前引文，頁 18～23。

爲 5.8 ％、4.8 ％和 6.7 ％。2001 年越南經濟的增長率爲 6.8 ％，
於東南亞國家中是增長最快的國家。

參、次區域經濟合作的進展

　　大湄公河次區域包含緬甸、寮國、泰國、柬埔寨、越南、和
中國（主要是西南省區）共六個國家，這些國家的經濟合作於
1990 年代上半期已初步展開。各國間的一般貿易、加工貿易、邊
境貿易和相互投資，都有一定規模的發展。

　　1992 年以來，於有關國家和國際社會的共同促進下，逐漸形
成由亞洲開發銀行主導的「大湄公河次區域經濟合作」，由東協
主導的「東協－湄公河流域開發合作」，由新湄公河委員會主
導，柬、寮、泰、越四國參加，中、緬爲對話國的「湄公河流域
可持續發展合作」，以及由泰國發起的中、緬、寮、泰四國相鄰
地區「經濟增長四角」等四種主要合作機制並行運作的發展趨
勢。這幾種合作機制雖然在範圍、層次和程度上有所不同，但都
圍繞著瀾滄江－湄公河次區域經濟合作發展。其最終的目的是於
特定區域內實現最有效的專業化生產，消除不必要的貿易投資障
礙，實現生產要素的合理流動與資源優化配置，促進流域區各國
的繁榮。

　　大湄公河次區域經濟合作機制是亞洲開發銀行（ADB）於
1992 年資助的一種次區域活動。以「共同規劃、繁榮和公平發
展」爲宗旨，致力於該地區的人力資源開發，環境保護、基礎設
施建設、電力建設、投資、貿易等領域的合作。自 1992 年至 2000
年 1 月先後召開了九屆區域合作部長級會議，5 次區域優選取項
目和私人部門投資機會研討會，並完成了優選項目篩選和機構設

置安排。1995 年湄公河沿岸 5 國於中國雲南及中國其他地區的直接投資金額爲 2.635 萬美元，其中 90 ％爲泰國的投資。亞洲開發銀行與其他的捐助者也提供約 4000 萬美元的技術援助，主要用於優選項目前期準備工作；亞銀還提供 34.65 億美元的貸款，爲 6 個交通和能源項目提供總額約 10.6 億美元的援助㉚。

「大湄公河次區域經濟合作」合作範圍涉及交通、通訊、能源、旅遊、環境、人力資源開發、貿易和投資、禁毒等八個領域，篩選出 100 多個合作項目。於交通合作方面，曼谷－金邊－胡志明市公路、越南境內紅河航運、與擬建昆明－清萊公路的工程勘查、設計、興建。在能源合作方面，建立了次區域電力論壇，確定了 12 個能源合作項目。於環境和自然資源管理合作方面，亞銀（ADB）批准了對次區域環境監督和信息網路提供技術援助，並建立環境數據庫。於旅遊合作方面，成立了「湄公河旅遊論壇」，並制定了一些旅遊合作計劃。於人力資源開發方面，亞銀對「大湄公河次區域就業與培訓合作」計劃提供了技術援助，並由國際勞工組織作爲執行機構。

2002 年 11 月 3 日，中國總理朱鎔基與次區域五國（緬甸、寮國、泰國、柬埔寨、越南）領導人於柬埔寨首都金邊召開大湄公河次區域經濟合作會議，這是湄公河開發史上最高級別的會議。在這次會議上簽署越南、寮國、柬埔寨、泰國跨境協議；六國政府間能源貿易協議。而且，中國加入《大湄公河次區域便利運輸協定》，簽署了《政府間電力協定》，發表《中國參與湄公河次區域合作國家報告》，宣佈從 2004 年起，向寮國、柬埔寨、緬甸大部分商品提供零關稅待遇，出資 3000 萬美元幫助修建昆明

註㉚　李菁，「關於瀾湄合作對雲南旅遊業發展的思考」，**江漢石油學院學報**，2002 年 12 月，第 4 卷第 4 期，頁 8。

至曼谷公路寮國境內部分路段。

　　由新湄公河委員會主導的「湄公河流域可持續發展合作」始於1995年4月，當時柬、寮、泰、越四國於泰國簽署《湄公河流域可持續發展合作協定》，其宗旨是對湄公河流域國家的水資源以及全流域的開發利用進行協調監督和合作，並積極尋求國際援助。湄公河的水電蘊藏量約有2/3位於寮國境內，其餘的分布於湄公河流經泰國和柬埔寨邊界的河段上，寮國擁有技術上可開發的水電蘊藏量約為18000MW，已開發的約只有3％。寮國國內電力市場以每年12％的速度增長，泰國的電能需求也日增，寮國計劃擴大水電開發來滿足這些電力需求，擬於2020年之前開發7000MW水電資源，其中約一半賣給泰國[31]。近幾年透過各種管道，包括採取國際合作、爭取援助、申請世界銀行和亞洲銀行鉅額貸款、鼓勵外商融資參股經營等措施，加大水電開發。水電開發的外資引進額已達45億美元，約占外商在寮國投資總額的67％。

　　由中、緬、寮、泰主導的「經濟增長四角」合作機制，於航運合作方面也已開始運作。1994年，中、緬、寮、泰召開了瀾滄江－湄公河通航合作技術及會議，就瀾滄江－湄公河通航和展開國際營運問題達成共識；之後，四國聯合考察團對瀾滄江－湄公河航運進行實地考察，並投資2000萬美元，按300噸級船舶航道標準，完成湄公河主航道的整治工程。中寮、中緬已簽訂瀾滄江－湄公河客貨運書協定。此外，四國還於貿易、投資、公路網建設、旅遊合作等方面進行研討。2000年4月，四國正式簽訂《瀾滄江－湄公河商船通航協定》，跨國航運逐步形成水上商貿旅遊通道。之後，寮、緬、泰、越四國都將2000年訂為本國的國際旅

　　註[31]　劉莉芳譯自英刊《水電與大壩》，「老撾計劃擴大水電開發面臨經濟挑戰」，**水利水電快報**，2002年7月，頁6。

遊年。

　　「東協－湄公河流域開發合作」始於1996年6月，當時東協七國（新、馬、泰、菲、印、文、越）與瀾滄江－湄公河流域中、緬、寮、柬共十一國的部長及代表，於馬來西亞的首都吉隆坡通過了《東協－湄公河流域開發合作基本架構》，其宗旨在於加強東協與湄公河流域沿岸各國的經濟聯繫；合作領域包括基礎設施、投資與貿易、農業、林業、礦業、工業集中小企業發展、人力資源開發、科技等八個方面。該機制的形成表明瀾滄江－湄公河次區域開發合作已作為東協經濟政治一體化中的一部份納入東協的合作架構，其範圍已超越瀾滄江－湄公河流域。

　　於該合作架構中，首先推出南起新加坡，北至中國昆明的泛亞鐵路計劃，它將連接新加坡、馬來西亞的吉隆坡，泰國的曼谷、清邁，緬甸的仰光，柬埔寨的波貝、金邊，越南的胡志明市、河內，寮國的萬象，中國雲南省的昆明，甚至還可從昆明延伸至北京。之後，連接東起中國連雲港，西至荷蘭鹿特丹的新亞歐大陸橋，建立起東南亞、東亞、中亞和歐洲間的鐵路網。該計劃獲得了中國和東南亞國家的支持。

　　瀾滄江－湄公河次區域是世界旅遊資源豐富區之一㉜。1980年代末，隨著該地區國際關係的緩和，以及區內多個國家實行市場經濟改革，傳統的邊境貿易得以發展，帶來各國邊境居民的更大規模流動；而人員的交流又帶動次區域內各邊境口岸城市旅遊、服務業的發展，飯店、旅館、交通、金融等行業都受到有力的刺激。近年來，隨著經濟發展的區域化和全球化，次區域各國國內統一市場的形成、各國的優惠政策以及國際組織的技術、資

註㉜　可參閱陳俊，「瀾滄江－湄公河次區域國家國際旅遊發展前景的預測分析」，**經濟問題探索**，2002年第4期，頁120～124。

金援助等，各國、各區之間的商務往來及各種交易會、博覽會等大量增加，爲該區域的旅遊業創造了良好的發展環境。

肆、合作的條件與面臨的挑戰

　　湄公河次區域的緬甸、寮國、泰國、柬埔寨和越南、中國的經濟合作於1990年代上半期已初步展開。這六個國家都是發展中國家，經濟發展水準不一，但各國都將發展經濟作爲首要任務，並不同程度的實行對外開放政策，發展經濟合作具有一些有利的條件。

　　首先，從經濟收入和產業結構而言，除泰國和中國人均國民收入相對其他四國較高並已有工業化外，其他四國都是發展程度較低的農業經濟爲主的國家，但從服務業而言，各國都已占相對較大的比重（表一）。所以，中國與泰國可以於資金與技術方面向其他四國提供援助，各國可以於農業、工業和服務業方面廣泛展開合作。

　　其次，從資源稟賦與地理條件而言，湄公河次區域各國山水相連，有許多民族跨境而居，資源稟賦豐富㉝。

一、生物資源方面：

　　緬甸盛產稻米、棉花、豆類、芝麻、甘蔗、煙草及各類亞熱帶熱帶水果。森林資源豐富，其中柚木產量占世界產量的3/4。沿海有豐富的海洋資源。

　　寮國主要生產甘蔗、花生、棉花、茶葉、橡膠、亞熱帶水

註㉝　張荇華，「瀾滄江－湄公河地區加強國際經濟合作的條件和方式」，**創造**，2000年2月，頁9～10。

果、松香、香料、柚木、檀香木、龍腦香木等。森林覆蓋面積達國土的 70 %。

泰國，水稻是主要農作物；經濟作物有甘蔗、棉花、煙草、麻等。水果則有榴蓮、芒果、木瓜等熱帶亞熱帶水果。此外還有橡膠、龍腦香等林產品。沿海也有豐富的海洋生物資源。

柬埔寨有稻穀、玉米（第二糧食作物）、橡膠、棉花、糖棕樹（爲柬埔寨特產）、椰子、榴槤，其他還有胡椒，咖啡、豆蔻、花生、大豆、芝麻、黃麻、苧麻、煙草、香蕉、芒果、木瓜、火龍果、鳳梨、紅毛丹、山竹、牛奶果、甘蔗、菠蘿蜜、人心果。木材多達 200 多種，有柚木、鐵木 、紫檀、黑檀 、觀丹木。還有藥用植物和林副產品，澎大海、沉香、藤黃、桂皮 、檀香、藤、 漆、樟腦、桐油等。洞里薩湖爲主要的淡水漁場，特產筍殼魚，沿岸海洋則盛產螳螂蝦、石斑、沙丁魚 、鯧魚等。

越南盛產稻米、咖啡、橡膠、煙草、黃麻、檳榔、各類亞熱帶水果和柚木、楠木等珍貴木材；擁有很長的海岸線，魚類種類繁多。

二、礦產資源：

緬甸主要有鐵、銀、鉛、錫、鋅、黃金、銅、鎢、銻、錳、煤、石油、天然氣、石膏、玉石等，其中紅寶石著稱於世。

寮國主要有錫、鐵、錳、鋁土、鎢、銻、銅、鉛、鋅、石膏、岩鹽、煤、玉石、石油等；但因缺乏探勘，礦產種類與儲量均不明。

泰國主要礦產資源爲錫、鎢、鉛、鋅、銅、鐵、錳、褐煤、石油、天然氣、石膏、玉石、鹽、螢石等。

柬埔寨大宗爲鐵礦、錳礦、 磷礦，寶石則以紅寶石和藍寶石

最有價值，和泰緬齊名。其他還有金、銀、銅、鋁、鋅、錫、石英砂、鎢、石灰石、大理石、粘土。

越南北部有無煙煤、褐煤、磷灰石，儲量居世界前列；金屬礦產有鐵、鉛、鋁土、鎢、錫、鉻等，南部沿海有石油。

三、旅遊資源：

緬甸自然景觀主要有風光秀麗的茵萊胡、茵雅湖、緬北的伊洛瓦底江的三峽。

寮國擁有大片的原始森林，湄公河上長達 15 公里、落差達 15 公尺的康瀑布，湖邊有許多石灰岩溶洞的太會通湖，有數百種珍貴的動植物和亞熱帶特有的自然景觀，首都萬象素有檀香木之城的美稱。

泰國的自然風景區主要有距曼谷150公里長，擁有長達40公里海灘的帕塔亞海灣，普吉島及其附近的攀牙海岸和蘇梅島，以及「金三角」的美斯樂。

柬埔寨則以位於柬埔寨西北部暹粒省距暹粒市區不遠的吳哥窟最為有名，範圍涵蓋約 400 平方公里[34]，西哈努克港舊稱磅遜港 (金磅遜Kompongsom) 為柬埔寨進出口之門戶，距金邊市約200公里，亦為旅遊勝地。

越南的自然風景區主要有河內市的還劍湖和百草原，河內西南約 120 公里的菊芳國家公園，越南北部的著名風景區三海湖、三島山、涂山和沙巴，鉛海風景名勝下龍灣、金蘭灣、海雲山、河仙和頭頓風景區等。

註[34]　吳哥窟是世界最大的石殿。聯合國教科文組織在1992年將吳哥窟列為世界遺產，與中國萬里長城、埃及金字塔、印尼婆羅浮屠寺、希臘雅典衛城、土耳其卡巴多奇亞地下城市、印度泰姬瑪哈陵並稱世界七大奇景。**聯合報**，2003 年 1 月 31 日，版 3。

此外，聯合國機構、世界銀行、亞洲開發銀行等國際組織，以及一些先進國家對此區域提供援助，為此區域與世界其他地區的合作提供了條件。

當然，此區域的經濟合作也存在一些不利的條件：

(一) 亞洲金融危機的衝擊

1997 年始發於泰國的金融危機使東南亞國家經濟普遍衰退，有的國家還出現了社會動亂和政治危機，進而對東南亞正在發展區域經濟合作產生非常不利的影響。一是，持續動蕩的股市和匯市及貨幣貶值使融資十分困難，許多外商對前往東南亞投資持觀望態度，加上危機使一些東南亞國家，尤其是泰國和印尼債台高築，使得原定的許多雙邊和多邊合作項目因缺乏資金而被擱置或延遲。例如 1998 年 3 月在曼谷舉行的「湄公河流域經濟合作」研討會上即宣布延遲部分計劃中的湄公河流域建設工程，其中包括連接越南胡志明市、柬埔寨金邊、泰國曼谷的公路以及連接中國昆明、寮國和泰國清萊的公路在內；亞洲開發銀行也遲延執行若干合作項目的貸款計劃；於航空合作方面，也因籌不到巨額經費修建各國機場而延遲計劃的實施。私營部門投資原本是次區域經濟合作項目投資預期中的主要來源，但金融危機中私營部門受損較大，合作項目的融資就顯得困難。

(二) 各方利益難協調

由於湄公河次區域特殊的地緣經濟、政治特點，因而圍繞其合作開發，區域內國家和區域外國家、地區、國際組織紛紛以各種方式進入，形成多方介入、多種合作機制並存、國際關係複

雜、競爭激烈的局面。由於各方利益關係不一，合作受到多種因素的制約，協調困難，增加合作的難度。目前較突出的問題，如水資源的分配和利用問題、上游國家工程影響下游國家用水和生態環境問題、非法移民、走私和毒品問題等。在擬議中的合作項目中也存在一些爭議，如「泛亞鐵路」計劃提出後，緬、寮、越、柬等國都要求鐵路幹線從本國通往中國昆明。此外，各種合作機制的諸多項目是重疊、類似或交叉的，這些項目於吸引投資與利益分配等方面將可能引起糾紛或分歧。如何協調各方面利益是推動次區域合作面臨的難題。

(三) 經濟全球化的挑戰

1990 年代以來，隨著世界性市場經濟、跨國公司的發展和以信息革命爲中心的高科技的迅速進步，加強了經濟全球化的趨勢。經濟全球化既給發展中國家帶來發展機遇，也帶來嚴峻的挑戰和風險。於經濟全球化過程中，先進國家憑其經濟與科技上擁有的雄厚實力和優勢，保持其於經濟、貿易、金融、科技等領域的主導權，控制發展中國家的經濟命脈，進而給發展中國家的經濟安全帶來一些負面影響。湄公河次區域國家都是發展中國家，於該區域成爲世界投資熱點之一，先進國家及國際組織紛紛挾資而入的背景下進行合作開發，必然會面臨經濟全球化的壓力和挑戰。

此外，全球經濟的不景氣使各國經濟增長減緩，外貿出口受影響，又各國交通運輸與通訊設施落後，資金、技術人才或熟練工人的短缺、貧困等，都是長期影響此區域的問題。

伍、結　論

　　綜上所述，到目前，緬甸政治尚未一體化，也沒有一個強大穩定的中產階級，現代社會民主缺乏中間力量，軍隊於各階層的力量對比中，仍占絕對的統治地位。經濟上，由於資金、技術嚴重匱乏，基礎設施陳舊，交通落後，能源短缺，出口物資主要是幾乎沒有附加值的初級產品，官方匯率嚴重扭曲等問題於短期內難以發生根本的改變。緬甸的經濟情勢仍不容樂觀。

　　寮國的總體條件仍相當不足，不過由於工業基礎薄弱，幾乎所有的工業產品與設備均需仰賴進口，所以仍具有相當之市場機會。作為創匯支柱的製衣工業持續發展，另一創匯來源的旅遊業也持續發展中。

　　寮國政府持續鼓勵外來投資者投資，以加速開發其豐富的水電資源。事實上，除了工資低廉外，政治趨於穩定、治安良好，另外還有勞資關係良好、土地價格低廉、總體經濟環境穩定、水力電力充沛、農業原料及礦產豐富等條件，均是寮國於投資環境上有利於外人投資的條件。可惜寮國國內資源並未善加開發利用，加上身處內陸必須藉曼谷出口，也成為經濟發展上的瓶頸，有待進步之改善。

　　泰國經歷金融危機的衝擊，1999 年經濟略有復甦，2000 年第三季起又開始滑落。電子和信息技術產品約占出口總額的三分之一，因而比起馬來西亞、新加坡、台灣承受的衝擊相對較小，但因出口仍占 GDP66 %的比重，因此全球衰退再加上原先尚未完全擺脫金融危機的陰影，對泰國經濟的打擊依然沉重。

　　柬埔寨 1993 年於聯合國監督下，完全民主選舉後，一度成為

東南亞相當具發展潛力的國家。但之後由於人不謀不臧，國內局
勢動盪不安，經濟局勢直轉急下；未來政治局勢能否安定、治安
是否可以好轉與政府制度能否上軌道，爲影響其經濟成長的重要
因素。

　　越南目前正處於向社會主義的過渡時期，是一個開發中的農
業國，工業基礎薄弱，南北發展不平衡，貧富差距較大，基礎設
施陳舊落後。宏觀經濟雖進行了某些行政體制改革，但由於缺乏
適應市場經濟的法律政策與配套管理制度，匯率、稅率、信貸體
制尚未市場化，改革措施緩慢，執行效率不高，於外資大量湧入
下，通貨膨脹率長期於 10 ％以上。

　　近年來實施出口導向的發展策略，大大拉動經濟的發展。目
前出口已占越南 GDP 比重的一半，世界及東亞周邊國家經濟不景
氣，對其經濟的衝擊在所難免，但 2001 年高達 6.8 ％的經濟增長
率則是東南亞十國中的第一；旅遊則是其另一主要創匯收入來
源。然而，越南建設資金不足，投資分布失衡，外債負擔過重、
國有企業經營效益差、競爭力弱、農村經濟結構轉變緩慢導致的
貧富差距拉大等問題尚未有效解決，將大大影響其經濟的進一步
發展。

　　1990 年代以來，隨著冷戰結束和世界格局的變化，湄公河次
區域進入一個新的發展時期。緬甸、寮國、泰國、柬埔寨、越南
各國政府都儘量維持政局穩定，致力於改善國際投資環境、發展
本國經濟，奉行對外開放的經濟政策及合乎共處的外交政策，爲
次區域經濟合作創造了一個良好的國際環境。

　　大湄公河次區域 10 年來已確定了共同的發展方向和 11 個重
點發展領域，以及南北、東西和南部三個經濟走廊。其中經濟走
廊的建設和運用將促進各國經濟、貿易、旅遊發展和文化交流發

揮積極作用。

　　大湄公河次區域合作已出現新的發展趨勢，一是次區域合作更具戰略性與複雜性，合作不僅要共謀發展，也要以新的安全觀共創安全的經濟環境。二是更具競爭性和挑戰性，資源優勢的競爭變成技術進步和產品質量的競爭，雙邊貿易的競爭變成了多邊貿易和貿易自由化的競爭，經濟的競爭變成了經濟一體化和區域化的競爭。三是次區域合作進程受到亞洲金融危機的影響，但危機也使得次區域合作的態度趨於積極。目前次區域合作已略具基礎，並取得一些實質性的進展。湄公河次區域經濟合作既是機遇也是挑戰。

　　　　　　＊　　　　　　＊　　　　　　＊

附圖一

國家圖書館出版品預行編目資料

新世紀亞太情勢與區域安全／主編朱松柏、副主編
蔡增家. -- 初版. -- 臺北市：政大國研中心，民 92
276 面；15 × 21 公分. -- (國立政治大學國際關係
研究中心中文叢書系列；138)

ISBN 957-01-4124-7　(平裝)

1. 國際關係　　　3. 亞太情勢
2. 區域安全　　　4. 區域經濟

578.19307　　　　　　　　　　　　　92009118

國立政治大學
國際關係研究中心中文叢書系列 ⑬⑧

新世紀亞太情勢與區域安全

發行者：何　　　思　　　因

主　編：朱　　　松　　　柏

副主編：蔡　　　增　　　家

出版者：國立政治大學國際關係研究中心

地　址：台北市文山區萬壽路六十四號

電　話：(〇二)八二三七七二七七

郵政劃撥：〇〇〇三四三六一二

國際關係研究中心

印刷者：海王印刷事業股份有限公司

地　址：台北縣土城市永豐路一九五巷九號

電　話：(〇二)二二六五一四九一～三

初　版：中華民國九十二年六月

平　裝　本：實售新台幣三〇〇元
　　　　　實售美金十元（郵資另加）

統一編號
1009201546